Hans-Christian Vatteroth · PPS und computergestützte Personalarbeit

PPS und computergestützte Personalarbeit

Die Integrationsmöglichkeiten von Produktionsplanungs- und -steuerungs-Systemen, Arbeitszeiterfassungs- und Personalinformationssystemen

DATAKONTEXT-VERLAG

Die Deutsche Bibliothek – CIP-Einheitsaufnahme

Vatteroth, Hans-Christian:
PPS und computergestützte Personalarbeit : die Integrationsmöglichkeiten von Produktionsplanungs- und -steuerungs-Systemen, Arbeitszeiterfassung und Personalinformationssystemen / Hans-Christian Vatteroth. - Erstaufl. – Köln : Datakontext-Verl., 1993
   (DV-Personalpraxis)
   Zugl.: Köln, Univ., Diss., 1993
   ISBN 3-89209-053-X

1993, Erstauflage
ISBN 3-89209-053-X
Alle Rechte vorbehalten
© Copyright: 1993 by DATAKONTEXT-VERLAG GmbH
   Aachener Str. 1052 · D-50858 Köln

Ohne ausdrückliche Genehmigung des Verlages ist es nicht gestattet, das Buch oder Teile daraus in irgendeiner Form und Weise zu vervielfältigen. Lizenzausgaben sind nach Vereinbarung möglich.

Druck: Raimund Roth GmbH, Solingen

Für

Heike und

Analena

Geleitwort

In jüngster Zeit hat der Begriff der LEAN PRODUCTION weit über die Grenzen der Produktionswirtschaft hinaus Beachtung gefunden. Unter diesem Schlagwort wird eine Fülle von Maßnahmen zusammengefaßt, die alle auf eine *abgespeckte, schlanke* Produktion abzielen, die keinen unnötigen Ballast mehr umfaßt. Dabei handelt es sich keineswegs um eine grundsätzliche Neuerung, denn aus betriebswirtschaftlicher Sicht wird schon seit langem das Ziel einer effizienten Produktion verfolgt, d. h. eine Durchführung des Produktionsprozesses ohne Verschwendung von Produktionsfaktoren.

Diese generelle Zielsetzung der Produktionsplanung und -steuerung (PPS) wurde und wird u. a. durch die Teilziele einer *minimalen Auftragsdurchlaufzeit*, einer *maximalen Kapazitätsauslastung* und/oder *minimaler Bestände* konkretisiert. Dabei ist jedoch gerade in jüngerer Zeit eine Abkehr von der Betonung hoher Auslastungsgrade der Betriebsmittel und das Favorisieren der Dominanz kurzer Durchlaufzeiten festzustellen, die letztlich in die Forderung einer möglichst weitgehenden Flexibilität der Produktion einmünden.

Als flexibelster Produktionsfaktor ist das Personal anzusehen, das deshalb sowohl in den verschiedenen Real-Konzepten der PPS – z. B. dem traditionellen *Stufenkonzept* sowie den neueren Verfahren der *Belastungsorientierten Auftragsfreigabe (BORA)*, der *Optimized Production Technology (OPT)* oder der *Retrograden Terminierung (RT)* – als auch bei deren computergestützten Realisierung in Form von PPS-Systemen adäquat einzubeziehen ist. Eine explizite Berücksichtigung des Personals erfolgt jedoch fast ausschließlich nur in den theoretischen Ideal-Konzepten der Simultanplanung und der Hierarchischen Produktionsplanung. Bei der Entwicklung von Real-Konzepten der PPS, aber auch und gerade bei der Gestaltung von PPS-Systemen bleibt das Personal völlig unbeachtet.

Diese Unzulänglichkeiten vor allem auf der konzeptionellen Ebene herauszuarbeiten und ihre Behebung im Rahmen der DV-technischen Umsetzung, d. h. auf System-Ebene, durch konkrete Integrationsansätze aufzuzeigen, ist die primäre Intention der vorliegenden Untersuchung, einer Dissertation an der Wirtschafts- und Sozialwissenschaftlichen Fakultät der Universität zu Köln. Ihr Verfasser, Hans-Christian Vatteroth, basiert seine anspruchsvollen Analysen auf einem neuartigen, sehr umfassenden Systemansatz zur Strukturierung der PPS. In Analogie hierzu kreiert er die ebenfalls sehr weitgehende Aufgabenstellung der Personalplanung und -steuerung. Unter Rekurs auf diese Funktionsstrukturen entwickelt der Autor ein mehrdimensionales Beurteilungsraster, mit dem er die grundsätzlich mangelhafte Berücksichtigung des Personals in den einzelnen PPS-Konzepten nachweist.

Um eine adäquate Personalorientierung bei PPS-Systemen zu erreichen, wird ein integrativer Lösungsansatz gewählt, bei dem eine Kopplung der PPS-Systeme mit spezifischen personalwirtschaftlichen Informationssystemen zu einem Beheben der bestehenden Defizite auf den Wegen der Daten- und Funktionsintegration führt. Wie die sehr umfangreichen und akribisch durchgeführten empirischen Untersuchungen des Verfassers zeigen, kann der Einsatz computergestützter Personalinformationssysteme zu einer angemessenen Unterstützung der Aufgaben der Personalplanung führen, während die Verfügbarkeit aktueller Personal(-einsatz-)daten durch eine Kopplung der PPS- mit Arbeitszeiterfassungs-Systemen zu erreichen ist, die ihrerseits wiederum in BDE-Systeme integriert sind.

Während die mit Hilfe der Marktanalysen aufgezeigten konkreten Lösungsmöglichkeiten wohl nur für eine begrenzte Zeit Gültigkeit besitzen dürften, wird mit dem in der Arbeit vorgestellten allgemeinen Integrationsansatz ein Konzept präsentiert, das seine Tragfähigkeit auch bei anderen Konstellationen im Einzelfall beweisen wird. Dem Verfasser gebührt der Verdienst, erstmals die hervorragende Bedeutung des Personals im Kontext der PPS, als betriebswirtschaftlichem Kernbereich jedes Produktionsprozesses, herausgestellt und dezidierte Ansätze für eine ihm adäquate Berücksichtigung dieses immer wieder – und das zu Recht – als wichtigste Ressource charakterisierten Produktionsfaktors aufgezeigt zu haben. Möge der vom Autor und seiner Schrift ausgehende Impuls in Wissenschaft und Praxis Echo und Akzeptanz finden.

Köln, im Oktober 1993   Prof. Dr. Werner Kern

VORWORT

In jüngster Zeit wird in vielen Veröffentlichungen darauf hingewiesen, daß das PERSONAL die *wertvollste Ressource*, das *bedeutsamste Aktivum* oder *the most valuable asset* einer Unternehmung ist. Auch wenn dabei die Masse der Publikationen auf die Belange von Dienstleistungsunternehmen rekurriert, so reklamiert natürlich auch eine Vielzahl von Industriebetrieben – so z. B. in fast jeder einschlägigen Stellenanzeige – diesen Standpunkt für sich. Das Personal ist für sie ein *strategischer Erfolgsfaktor*, die *Mitarbeiter stehen im Mittelpunkt* sämtlicher Überlegungen der einzelnen Geschäftsleitungen.

Als Kerngebiet einer praxis-orientierten Industriebetriebslehre ist heutzutage der Aufgabenkomplex der Produktionsplanung und -steuerung (PPS) anzusehen. So liegt es nahe, zu überprüfen, ob in diesen Funktionsbereichen dem Personal ebenfalls eine zentrale Rolle zugebilligt wird. Insbesondere gilt dies im Hinblick auf eine entsprechende Computerunterstützung, die in der Personalwirtschaft schon eine sehr lange Tradition aufweist und im Produktionsbereich auch seit circa 30 Jahren auf der Basis von PPS-Systemen erfolgt.

Vor diesem Hintergrund wird nachfolgend untersucht, in welcher Weise das Personal in den bekannten PPS-Konzepten, die den einzelnen PPS-Systemen zu Grunde liegen, Berücksichtigung findet. Aufbauend auf einer Analyse der generellen Handlungsoptionen werden konkrete Lösungsansätze vorgestellt, die es ermöglichen, den Faktor *Personal* gezielt in PPS-Systeme einzubeziehen. Unter den Aspekten der Daten-, Funktions- und Methodenintegration lassen sich auf der Basis von Arbeitszeiterfassungs- sowie Personalinformationssystemen mehrere konkrete Lösungswege aufzeigen. Dazu wird auf zwei empirische Studien zur Personalplanung auf der Basis von computergestützten Personalinformationssystemen (CPIS) und zur Erfassung flexibler Arbeitszeiten im Rahmen von Betriebsdatenerfassungs-Systemen (BDE-Systemen) zurückgegriffen.

Die beiden empirischen Analysen entstanden wie auch die nachstehende Arbeit während meiner Zeit als wissenschaftlicher Mitarbeiter am Seminar für Allgemeine Betriebswirtschaftslehre, Industriebetriebslehre und Produktionswirtschaft der Universität zu Köln. An erster Stelle möchte ich meinem Doktorvater, Herrn Prof. Dr. Werner Kern, danken. Er hat mich bei meiner Dissertation nicht nur durch vielfältige Anregungen unterstützt, sondern mir auch über lange Zeit den nötigen Freiraum gewährt, mich intensiv den beiden Forschungsprojekten

PERSONALINFORMATIONSSYSTEME FÜR ZWECKE DER PERSONALPLANUNG und FLEXIBLE ARBEITSZEITERFASSUNG DURCH BDE-SYSTEME zu widmen. Darüber hinaus habe ich in den vergangenen 13 Jahren von ihm so viel gelernt und aus seinen zahlreichen Veröffentlichungen während der Vorbereitung dieser Arbeit eine Reihe hierfür wesentliche Grundgedanken ent- und übernommen, daß ich mir jetzt wohl erlauben darf, ihn als meinen akademischen Lehrmeister zu bezeichnen.

Außerdem danke ich Herrn Prof. Dr. Hans-Horst Schröder, der mir den Impuls gab, mich mit der Personalorientierung von PPS-Systemen zu beschäftigen, sowie Herrn Prof. Dr. Dietrich Seibt, der das Korreferat dieser Dissertation übernahm. Ein besonderer Dank für sein stets offenes Ohr, seine immer konstruktive Kritik und vor allem für seine vielfältigen Ermutigungen gilt Herrn Prof. Dr. Stephan Zelewski.

Während der Vorbereitung der Arbeit, speziell im Rahmen der Forschungsprojekte, hatte ich die Möglichkeit zu vielen kritischen Diskussionen mit Studenten und Kollegen auch von anderen Hochschulen. Dankbar nennen möchte ich hier nur Frau Gudrun Vogt lic. oec. HSG von der Hochschule St. Gallen sowie die Herren Dipl.-Kfm. Thomas Metz von der Universität Trier und Dipl.-Kfm. Stefan Strohmeier von der Otto-Friedrich-Universität Bamberg.

Besonders bedanken möchte ich mich bei Herrn cand. rer. pol. Friedrich Förster, der mit mir das BDE-Forschungsprojekt durchführte und auch die entsprechenden Abbildungen in dieser Arbeit umsetzte. Meine drei international erfahrenen Designberaterinnen – Frau Dipl.-Kff. Andrea Kaltwasser, Frau Dipl.-Oec Petra Karnbrock-Elle und Frau Dipl.-Kff. Gabi Wetzlar – unterstützten mich dankenswerterweise nicht allein beim Erstellen der Grafiken, sondern waren zudem zu jeder Zeit wirkliche Kolleginnen. Mein ganz spezieller Dank gilt last, but not least Herrn Dipl.-Kfm. Johannes Antweiler, ohne dessen aufopferungsvolle Hilfestellung diese Arbeit wohl noch immer nur ein gedankliches Torso in meinem Kopf wäre.

Ich hoffe, daß dieses Buch sowohl von Personalfachleuten als auch von Produktionswirtschaftlern, Arbeitsvorbereitern etc. in Wissenschaft und Praxis mit Interesse und Gewinn gelesen wird. Da nun meine Arbeit beendet ist, kann die meiner Kritiker beginnen. Ich wünsche mir, daß Sie sehr zahlreich sein werden.

Dortmund, im Oktober 1993   Dr. Hans-Christian Vatteroth

INHALTSVERZEICHNIS:

	Seite
Inhaltsverzeichnis	I
Abbildungsverzeichnis	VIII
Tabellenverzeichnis	X
Abkürzungs- und Akronymverzeichnis	XII

1. Gegenstand und Zielsetzung der Arbeit	1
1.1 Bedeutung und Aktualität der Thematik	1
1.2 Zielsetzung und Vorgehensweise	6
2. Grundlagen	9
2.1 Produktionsplanung und -steuerung	9
2.1.1 Aufgaben und Ziele der Produktionsplanung und -steuerung	9
2.1.1.1 Aufgaben der Produktionsplanung und -steuerung	10
2.1.1.1.1 Produktionsprogrammplanung	12
2.1.1.1.2 Bereitstellungsplanung	13
2.1.1.1.3 Bereitstellungssteuerung	14
2.1.1.1.4 Produktionsprozeßplanung	14
2.1.1.1.5 Produktionsprozeßsteuerung	16
2.1.1.1.6 Gesamtmodell der Aufgaben der PPS	17
2.1.1.2 Ziele der Produktionsplanung und -steuerung	18
2.1.2 Konzepte der Produktionsplanung und -steuerung	22
2.1.2.1 Ideal-Konzepte der Produktionsplanung und -steuerung	23
2.1.2.2 Real-Konzepte der Produktionsplanung und -steuerung	25
2.1.2.2.1 Das traditionelle Konzept der Produktionsplanung und -steuerung	26

	Seite
2.1.2.2.2 Neuere Konzepte der Produktionsplanung und -steuerung	27
2.1.2.2.2.1 Bestandsorientierte Konzepte der Produktionsplanung und -steuerung	28
2.1.2.2.2.2 Engpaßorientierte Konzepte der Produktionsplanung und -steuerung	30
2.2 Personalplanung und -steuerung	31
2.2.1 Aufgaben und Ziele der Personalplanung und -steuerung	32
2.2.1.1 Aufgaben der Personalplanung und -steuerung	36
2.2.1.1.1 Personalbedarfsplanung	36
2.2.1.1.2 Personalbedarfsdeckungsplanung und -steuerung	39
2.2.1.1.2.1 Personalbeschaffungsplanung (und -steuerung)	39
2.2.1.1.2.2 Personalfreisetzungsplanung (und -steuerung)	40
2.2.1.1.2.3 Personalentwicklungsplanung (und -steuerung)	41
2.2.1.1.2.4 Personaleinsatzplanung und -steuerung	42
2.2.1.2 Ziele der Personalplanung und -steuerung	43
2.2.2 Methoden und Datenbasis der Personalplanung und -steuerung	45
2.2.2.1 Spezifische Personalplanungsmethoden – Methoden der Personalbedarfsplanung	46
2.2.2.1.1 Methoden der Planung des Brutto-Personalbedarfes	47
2.2.2.1.2 Methoden der Prognose des Personalbestandes	49
2.2.2.1.3 Methoden der Berechnung des Netto-Personalbedarfes	50
2.2.2.2 Allgemeine Methoden – Methoden der Personalbedarfsdeckungsplanung und -steuerung	51
2.2.2.3 Datenbasis für die Personalplanung und -steuerung	53

Seite

3. Ansätze einer Personalorientierung von PPS-Konzepten 55

3.1 Anforderungen an PPS-Konzepte hinsichtlich ihrer Personalorientierung 56

   3.1.1 Anforderungen bezüglich der Funktionen der PPS-Konzepte 56

      3.1.1.1 Anforderungen bezüglich der Bereitstellungsplanung und -steuerung hinsichtlich des Personals 56

      3.1.1.2 Anforderungen bezüglich der Produktionsprogrammplanung 58

      3.1.1.3 Anforderungen bezüglich der Bereitstellungsplanung und -steuerung hinsichtlich der Betriebsmittel 58

      3.1.1.4 Anforderungen bezüglich der Bereitstellungsplanung und -steuerung hinsichtlich des Materials 59

      3.1.1.5 Anforderungen bezüglich der Produktionsprozeßplanung 60

      3.1.1.6 Anforderungen bezüglich der Produktionsprozeßsteuerung 61

   3.1.2 Anforderungen bezüglich der Datenbasis der PPS-Konzepte 63

   3.1.3 Anforderungen bezüglich der Ziele der PPS-Konzepte 63

   3.1.4 Darstellung des Rasters zur Analyse der Personalorientierung von PPS-Konzepten und -Systemen 64

3.2 Analyse der Personalorientierung von Real-Konzepten der PPS 66

   3.2.1 Analyse des traditionellen PPS-Konzeptes 66

   3.2.2 Analyse der neueren PPS-Konzepte 70

      3.2.2.1 Analyse der bestandsorientierten PPS-Konzepte 70

         3.2.2.1.1 Analyse der Belastungsorientierten Auftragsfreigabe 70

         3.2.2.1.2 Analyse der Retrograden Terminierung 72

         3.2.2.1.3 Analyse des Kanban-Konzeptes 74

         3.2.2.1.4 Analyse des Fortschrittszahlenkonzeptes 76

      3.2.2.2 Analyse der engpaßorientierten Konzepte 78

         3.2.2.2.1 Analyse der Optimized Production Technology 78

         3.2.2.2.2 Analyse der Engpaßorientierten Disposition 80

   3.2.3 Zusammenfassung und Ausdeutung der Analyseergebnisse 82

Seite

4. Generelle Möglichkeiten zur Berücksichtigung des Personals in PPS-Systemen ... 85

    4.1 Skizzierung der Berücksichtigung des Personals in praxisrelevanten PPS-Systemen – Versuch einer empirischen Bestandsaufnahme ... 85

    4.2 Grundlegende Ansätze für eine Berücksichtigung des Personals in PPS-Systemen ... 85

        4.2.1 Grundlegende Integrationspfade für eine Berücksichtigung des Personals in PPS-Systemen ... 86

        4.2.2 Zusammenführung der Integrationspfade zu einer Ideal-Konzeption der Berücksichtigung des Personals in PPS-Systemen ... 91

    4.3 Charakterisierung der für eine Integration relevanten Systeme ... 96

        4.3.1 Kennzeichnung computergestützter Personalinformationssysteme ... 96

            4.3.1.1 Definition computergestützter Personalinformationssysteme ... 96

            4.3.1.2 Konzepte computergestützter Personalinformationssysteme ... 100

            4.3.1.3 Leistungsmerkmale von Personalinformationssystemen für die computergestützte Personalplanung ... 101

                4.3.1.3.1 Spezielle Leistungsmerkmale ... 103

                      4.3.1.3.1.1 Funktionale Leistungsmerkmale ... 103

                      4.3.1.3.1.2 Datenschutzmerkmale ... 104

                4.3.1.3.2 Allgemeine Leistungsmerkmale ... 105

        4.3.2 Kennzeichnung von BDE-Systemen für die computergestützte Erfassung flexibler Arbeitszeiten ... 107

            4.3.2.1 Definition von BDE-Systemen ... 107

            4.3.2.2 Formen flexibler Arbeitszeiten ... 108

            4.3.2.3 Leistungsmerkmale von BDE-Systemen für die computergestützte Erfassung flexibler Arbeitszeiten ... 110

                4.3.2.3.1 Funktionale Leistungsmerkmale ... 111

                      4.3.2.3.1.1 Datenbezogene Funktionsqualität ... 111

                      4.3.2.3.1.2 Methodenbezogene Funktionsqualität ... 112

                4.3.2.3.2 Flexibilitätsmerkmale ... 113

	Seite

5. Empirische Untersuchungen zur derzeit verfügbaren Standard-Software für die computergestützte Personalplanung sowie für die Erfassung flexibler Arbeitszeiten mit BDE-Systemen — 115

5.1 Konzeption und Erhebungsmethode beider Untersuchungen — 115

    5.1.1 Konzeption der Untersuchungen — 115

        5.1.1.1 Die Voruntersuchungen — 116

        5.1.1.2 Die Hauptuntersuchungen — 117

    5.1.2 Erhebungsmethode der Untersuchungen — 119

5.2 Empirische Untersuchung zur derzeit verfügbaren Standard-Software für die computergestützte Personalplanung (Projekt A) — 121

    5.2.1 Beschreibung der Datenbasis von Projekt A — 121

        5.2.1.1 Beschreibung der Datenbasis in der Voruntersuchung von Projekt A — 121

        5.2.1.2 Beschreibung der Datenbasis in der Hauptuntersuchung von Projekt A — 124

        5.2.1.3 Typisierung der analysierten computergestützten Personalinformationssysteme für die Personalplanung — 132

    5.2.2 Ergebnisse der Detailanalyse von Projekt A — 135

        5.2.2.1 Funktionale Leistungsfähigkeit der untersuchten Personalplanungssoftware — 135

            5.2.2.1.1 Funktionsumfang der untersuchten Personalplanungssoftware — 135

            5.2.2.1.2 Datenbezogene Funktionsqualität der untersuchten Personalplanungssoftware — 139

            5.2.2.1.3 Methodenbezogene Funktionsqualität der untersuchten Personalplanungssoftware — 142

                5.2.2.1.3.1 Funktionsqualität bezüglich der Personalbedarfsplanung — 145

                5.2.2.1.3.2 Funktionsqualität bezüglich der Personalbeschaffungs- und -freisetzungsplanung — 149

                5.2.2.1.3.3 Funktionsqualität bezüglich der Personalentwicklungsplanung — 151

                5.2.2.1.3.4 Funktionsqualität bezüglich der Personaleinsatzplanung — 152

Seite

 5.2.2.2 Flexibilität der untersuchten Personalplanungssoftware   156

  5.2.2.2.1 Adaptabilität der untersuchten Personalplanungssoftware   156

  5.2.2.2.2 Integrabilität der untersuchten Personalplanungssoftware   158

5.3 Empirische Untersuchung zur derzeit verfügbaren Standard-
Software für die Erfassung flexibler Arbeitszeiten mit
BDE-Systemen (Projekt B)   160

 5.3.1 Beschreibung der Datenbasis von Projekt B   160

  5.3.1.1 Beschreibung der Datenbasis in der Voruntersuchung von Projekt B   160

  5.3.1.2 Beschreibung der Datenbasis in der Hauptuntersuchung von Projekt B   162

 5.3.2 Ergebnisse der Detailanalyse von Projekt B   165

  5.3.2.1 Funktionale Leistungsfähigkeit der untersuchten
   BDE-Systeme   165

   5.3.2.1.1 Datenbezogene Funktionsqualität der
    untersuchten BDE-Systeme   165

   5.3.2.1.2 Methodenbezogene Funktionsqualität der
    untersuchten BDE-Systeme   167

  5.3.2.2 Flexibilität der untersuchten BDE-Systeme   173

6. Konkrete Unterstützungspotentiale und Restriktionen für die Berücksichtigung des Personals in PPS-Systemen durch eine Integration von CPIS und BDE-Systemen mit integrierter AZE   176

 6.1 Konkrete Möglichkeiten zur Berücksichtigung des Personals in
 PPS-Systemen durch eine Integration von CPIS und BDE-
 Systemen mit integrierter AZE   176

 6.2 Überprüfung im Hinblick auf die Ideal-Konzeption zur Berücksichtigung des Personals in PPS-Systemen   176

  6.2.1 Integration von PPS-Systemen mit CPIS und BDE-
  Systemen mit integrierter AZE   176

  6.2.2 Integration von PPS-Systemen mit PC-gestützter
  Personalplanungssoftware und BDE-Systemen mit
  integrierter AZE   178

 6.3 Mögliche Restriktionen für eine Integration von PPS-Systemen
 mit CPIS und BDE-Systemen mit integrierter AZE   180

	Seite
6.3.1 Untersuchungsergebnisse bezüglich der Datenschutzvorkehrungen der untersuchten Standard-Software-Lösungen	183
6.3.2 Untersuchungsergebnisse bezüglich der Kosten der untersuchten Standard-Software-Lösungen	188
7. Schlußbetrachtung	191
7.1 Zusammenfassung der Ergebnisse	191
7.2 Konsequenzen und Ansatzpunkte für weitere Forschungsaktivitäten	193
Anhang A: Anschreiben im Rahmen der Voruntersuchung von Projekt A mit Antwortblatt	195
Anhang B: Erinnerungsschreiben zu Anhang A	198
Anhang C: Dankschreiben an die Anbieter, die in die Hauptuntersuchung von Projekt A einbezogen werden sollten	200
Anhang D: Anschreiben im Rahmen der Hauptuntersuchung von Projekt A mit Ausfüllanleitung, Glossar und Fragebogen	202
Anhang E: Erinnerungsschreiben zu Anhang D	230
Anhang F: Verzeichnis der Anbieter, deren Produkte im Projekt A nicht in der Hauptuntersuchung oder in der Detailanalyse berücksichtigt wurden	232
Anhang G: Anschreiben im Rahmen der Voruntersuchung von Projekt B mit Antwortblatt	244
Anhang H: Erinnerungsschreiben zu Anhang G	247
Anhang I: Anschreiben im Rahmen der Hauptuntersuchung von Projekt B mit Ausfüllanleitung, Glossar und Fragebogen	249
Anhang J: Erinnerungsschreiben zu Anhang I	265
Anhang K: Verzeichnis der Anbieter, deren Produkte im Projekt B nicht in der Hauptuntersuchung oder in der Detailanalyse berücksichtigt wurden	267
Literaturverzeichnis	277

ABBILDUNGSVERZEICHNIS:

Seite

Abbildung 1: Mögliche Defekte bei PPS-Konzepten und -Systemen 6

Abbildung 2: Aufgaben der Produktionsplanung und -steuerung 17

Abbildung 3: Simultane Produktionsplanung und -steuerung 24

Abbildung 4: Hierarchische Produktionsplanung und -steuerung 25

Abbildung 5: Teilplanungen und Planungsebenen der Personalplanung 34

Abbildung 6: Raster zur Analyse der Personalorientierung von PPS-Konzepten 65

Abbildung 7: Personalorientierung des traditionellen PPS-Konzeptes 69

Abbildung 8: Personalorientierung der Belastungsorientierten Auftragsfreigabe 71

Abbildung 9: Personalorientierung der Retrograden Terminierung 73

Abbildung 10: Personalorientierung des KanbanKonzeptes 75

Abbildung 11: Personalorientierung des Fortschrittszahlenkonzeptes 77

Abbildung 12: Personalorientierung der Optimized Production Technology 79

Abbildung 13: Personalorientierung der Engpaßorientierten Disposition 81

Abbildung 14: Grundlegende Ansätze für eine Integration der PersPS in PPS-Systeme 87

Abbildung 15: Zwei Konfigurationsbeispiele für die Integration von AZE und BDE 90

Abbildung 16: Ausgangskonfiguration für die angestrebte Integration der PersPS in PPS-Systeme 92

Abbildung 17: Konfiguration für die Integration von CPIS mit PPS-System und AZE 93

Abbildung 18: Konfiguration für die Integration von BDE mit integrierter AZE und PPS-System 94

Abbildung 19: Ideal-Konfiguration für die Integration von CPIS mit PPS-System und in BDE integrierter AZE 95

Abbildung 20: Leistungsmerkmale von personalwirtschaftlicher Standard-Software 102

	Seite
Abbildung 21: Formen der Arbeitszeitflexibilisierung	109
Abbildung 22: Strukturschema der empirischen Untersuchungen	116
Abbildung 23: Vorselektion auf der Basis eines Pflichtenheftes im Rahmen des Auswahlprozesses von Standard-Software	118
Abbildung 24: Geographische Verteilung der Anbieter in der Voruntersuchung von Projekt A (n = 153)	123
Abbildung 25: Vergleich aktueller Untersuchungen zum Marktvolumen von CPIS zu Zwecken der Personalplanung	125
Abbildung 26: Geographische Verteilung der Anbieter in Hauptuntersuchung (n = 62) und Detailanalyse (n = 19) von Projekt A	127
Abbildung 27: Entwicklung des Standard-Software-Angebotes für die computergestützte Personalplanung	129
Abbildung 28: Vergleich aktueller Untersuchungen zum Marktvolumen von PC-Software zu Zwecken der Personalplanung	130
Abbildung 29: Typisierung computergestützter Personalplanungssysteme	133
Abbildung 30: Realisierte Teilaufgaben der Personalplanung	136
Abbildung 31: Unterstützte Bereiche der Personalplanung	138
Abbildung 32: Geographische Verteilung der Anbieter in der Voruntersuchung zu Projekt B (n = 125)	161
Abbildung 33: Verteilung der Anbieter in Hauptuntersuchung (n = 81) und Detailanalyse (n = 34) zu Projekt B auf die einzelnen Erhebungsgebiete	163
Abbildung 34: Konfiguration für die Integration von einem PPS-System mit einem PP-P zur Personalbedarfsplanung und einem BDE-System mit integrierter AZE sowie Personaleinsatzplanung	178
Abbildung 35: Konfiguration für die Integration von einem PPS-System mit je einem PP-P zur Personalbedarfsplanung sowie zur Personaleinsatzplanung und einem BDE-System mit integrierter AZE	180

TABELLENVERZEICHNIS:

		Seite
Tabelle 1:	In der Analyse berücksichtigte Personalplanungssoftware	131
Tabelle 2:	Rechner- und Programmtypen der analysierten Personalplanungssoftware	134
Tabelle 3:	Funktionsumfang der analysierten Personalplanungssoftware	137
Tabelle 4:	Vorhandene Dateien bei der analysierten Personalplanungssoftware	140
Tabelle 5:	Kontextbezogene Darstellung der Daten bei der analysierten Personalplanungssoftware	141
Tabelle 6:	Unterstützung allgemeiner Planungsmethoden durch die analysierte Personalplanungssoftware	143
Tabelle 7:	Möglichkeiten zur Datenaufbereitung bei der analysierten Personalplanungssoftware	144
Tabelle 8:	Unterstützung spezifischer Verfahren für die Planung des Brutto-Personalbedarfs	146
Tabelle 9:	Unterstützung spezifischer Verfahren für die Fortschreibung des Personalbestandes und zum Ermitteln des Netto-Personalbedarfs	147
Tabelle 10:	Methodenunterstützung für die Personalbeschaffungs- und -freisetzungsplanung sowie zur Personalentwicklungsplanung	150
Tabelle 11:	Generelle Methodenunterstützung für die Personaleinsatzplanung	153
Tabelle 12:	Erstellen spezieller Personaleinsatzpläne durch die analysierte Personalplanungssoftware	154
Tabelle 13:	Daten zur Adaptabilität der analysierten Personalplanungssoftware	157
Tabelle 14:	Mögliche Schnittstellen bei der analysierten Personalplanungssoftware	159
Tabelle 15:	In der Analyse berücksichtigte BDE-Systeme zur Erfassung flexibler Arbeitszeiten	164
Tabelle 16:	Angaben zur datenbezogenen Funktionsqualität der analysierten BDE-Systeme	166
Tabelle 17:	Von den analysierten BDE-Systemen unterstützte Zeitmodelle	168

		Seite
Tabelle 18:	Angaben zu den bei den analysierten BDE-Systemen möglichen Tagesprogrammen	170
Tabelle 19:	Angaben zu den Auswertungsmöglichkeiten der Daten durch die analysierten BDE-Systeme	171
Tabelle 20:	Angaben zur Integrabilität der analysierten BDE-Systeme	174
Tabelle 21:	Realisierung von Datenschutzmaßnahmen durch die analysierte Personalplanungssoftware	184
Tabelle 22:	Realisierung von Datenschutzmaßnahmen durch die analysierten BDE-Systeme	186
Tabelle 23:	Eckdaten hinsichtlich der Kostengrößen bei der analysierten Personalplanungssoftware	189

Abkürzungs- und Akronymverzeichnis:

Abs.	Absatz
ADB	Gesellschaft Produktionstechnik
adl	Arbeitsgemeinschaft für elektronische Datenverarbeitung und Lochkartentechnik e. V.
AE	Ausbringungseinheit
AG	Aktiengesellschaft
agplan	Arbeitsgemeinschaft Planungsrechnung e. V.
AMA	American Management Association
Art.	Artikel
AÜG	Arbeitnehmerüberlassungsgesetz in der Fassung vom 7. 8. 1972
Aufl.	Auflage
AZB	Arbeitszeitbedarf
AZE	Arbeitszeiterfassung
Bd.	Band
BDA	Bundesvereinigung der deutschen Arbeitgeberverbände
BDE	Betriebsdatenerfassung
BDSG	Bundesdatenschutzgesetz in der Fassung vom 20. 10. 1990
BetrVG	Betriebsverfassungsgesetz in der Fassung vom 23. 12. 1988
BIFOA	Betriebswirtschaftliches Institut für Organisation und Automatisation an der Universität zu Köln
BORA	Belastungsorientierte Auftragsfreigabe
BZ	Berichtszeitraum
bzw.	beziehungsweise
ca.	circa
CAPOSS-E	Capacity Planning and Operation Sequencing System - Extended
CIM	Computer Integrated Manufacturing
Co.	Company
CPIS	Computergestütztes Personalinformationssystem

CPMS	Computergestütztes Personalmanagementsystem
d. h.	das heißt
DIN	Deutsche Industrie Norm
	Deutsches Institut für Normung
DM	Deutsche Mark
DV	Datenverarbeitung
EDV	Elektronische Datenverarbeitung
EIS	Executive Information System
EOD	Engpaßorientierte Disposition
Erg.-Lfg.	Ergänzungs-Lieferung
etc.	et cetera
e. V.	eingetragener Verein
evt.	eventuell
f.	folgende
ff.	fortfolgende
FIR	Forschungsinstitut für Rationalisierung
GG	Grundgesetz für die Bundesrepublik Deutschland in der Fassung vom 23.12.1988
ggf.	gegebenenfalls
GmbH	Gesellschaft mit beschränkter Haftung
H.	Heft
Hrsg.	Herausgeber
HW	Hardware
IBM	International Business Machines
IMIS	Integriertes Management-Informationssystem
incl.	inclusive
io	Industrielle Organisation
IPIS	Integriertes Personalinformationssystem
Jg.	Jahrgang
KAPOVAZ	Kapazitätsorientierte variable Arbeitszeit
KG	Kommanditgesellschaft

K. o.	Knockout
KSchG	Kündigungsschutzgesetz in der Fassung vom 21.12.1983
MIS	Management Information System
MTM	Methods and Time Measurement
Nr.	Nummer
o.	ohne
o. Jg.	ohne Jahrgang
o. O.	ohne Ort
o. T.	ohne Titel
o. V.	ohne Verfasser
OPT	Optimized Production Technology
PC	Personal Computer
PCS	Personal-Controlling-System
PDS	Personal-Daten-System
PersPS	Personalplanung und -steuerung
PIM	Personal Information Management
PIMS	Personal Information Management System
PIS	Personalinformationssystem
PP-P	Personalplanungs-Programm
PPS	Produktionsplanung und -steuerung
PPS-Konzept	Produktions-Planungs- und -Steuerungs-Konzept
PPS-System	Produktions-Planungs- und -Steuerungs-System
REFA	Reichsausschuß für Arbeitsstudien Verband für Arbeitsstudien und Betriebsorganisation e. V.
RKW	Rationalisierungs-Kuratorium der Deutschen Wirtschaft e. V.
RT	Retrograde Terminierung
RWTH	Rheinisch-Westfälische Technische Hochschule
S.	Seite
s.	siehe
SEL	Standard Elektrik Lorenz

sfr	Schweizer Franken
Sp.	Spalte
SSV	Sommerschlußverkauf
SW	Software
TH	Technische Hochschule
u.	und
u. a.	und andere / unter anderem
v.	von
v.d.H.	vor der Höhe
VDI	Verein Deutscher Ingenieure
vgl.	vergleiche
z. B.	zum Beispiel
z. T.	zum Teil
ZVEI	Zentralverband der elektrotechnischen Industrie
z. Zt.	zur Zeit

1. Gegenstand und Zielsetzung der Arbeit

1.1 Bedeutung und Aktualität der Thematik

Zur Lösung der komplexen Aufgaben der Planung und Steuerung industrieller Produktionen werden seit rund 30 Jahren computergestützte Produktions-Planungs- und -Steuerungs-Systeme (PPS-Systeme) – in jüngerer Zeit speziell in Form von Standard-Programmpaketen[1] – eingesetzt[2]. Die Erwartungen, die von Seiten der Anwender an PPS-Systeme gestellt werden, sind jedoch bisher allenfalls zum Teil erfüllt worden[3].

Die entsprechenden Diskrepanzen lassen sich auf eine Reihe von Gründen zurückführen, die einerseits dem Anwender selbst zuzurechnen sind, wozu z.B. fehlende organisatorische Voraussetzungen[4] und/oder unzureichende Qualifikation der Mitarbeiter[5] zählen. Andererseits liegen die Ursachen primär in den PPS-Systemen[6]. Neben den eher DV-technischen Mängeln, die sich speziell in der geringen Benutzerfreundlichkeit der Systeme – z.B. in Form ungenügender Dialogorientierung oder unausgereifter Benutzerschnittstellen[7] – zeigen, sind hierfür vor allem konzeptionelle Gründe maßgeblich. Hinsichtlich der konzeptionsbedingten Ursachen, die hauptsächlich zu den Enttäuschungen der Anwender geführt haben[8], können drei Gruppen von Defekten unterschieden werden:

① Zieldefekte,
② Funktionsdefekte und
③ Objektdefekte.

Die erste Defektkategorie bezieht sich auf die Ziele, die mit PPS-Systemen verfolgt werden[9]. Zu ihnen zählen vor allem:

- die Minimierung der Durchlaufzeiten der Aufträge,
- die Maximierung der Auslastung der Kapazitäten bzw.
  die Minimierung ihrer Leerzeiten,

---

1) Vgl. Kern, W. (1992a), S. 323.
2) Vgl. z. B. Hackstein, R. (1989), S. 2; Zäpfel, G. (1989a), S. 190.
3) Vgl. Adam, D. (1988a), S. 7.
4) Vgl. Helberg, P. (1986), S. 23.
5) Vgl. Landau, R. (1990), S. 32; Springer, G. (1991), S. 232 f. und 244.
6) Vgl. Helberg, P. (1986), S. 23.
7) Vgl. Schröder, H.-H. (1990), S. 65.
8) Vgl. Kern, W. (1992a), S. 323.
9) Einen Überblick über häufig angestrebte Ziele der PPS gibt Speith, G. (1982), S. 32.

- die Minimierung der Bestände im Umlaufvermögen, d. h. im Rohstoff-, Zwischenprodukt- und Fertigwarenlager sowie
- die Minimierung der Lieferterminabweichungen[10].

Zwischen diesen vier Zielen bestehen regelmäßig – zumindest zum Teil – Beziehungen konkurrierender Art[11]. Da die sich daraus ergebenden Zielkonflikte[12] normalerweise durch Kompromisse gelöst werden[13], können PPS-Systeme – wenigstens für einen Teil der Anwender – einen ZIELDEFEKT aufweisen. Dieser entsteht jedoch nicht dadurch, daß es unmöglich wäre, alle im Rahmen der Produktionsplanung und -steuerung (PPS) verfolgten Ziele gleichzeitig und gleich gut zu erfüllen[14]. Vielmehr besteht der Zieldefekt darin, daß sich das Zielsystem des Anwenders nicht mit der Zielstruktur des PPS-Systems deckt. Zu dieser fehlenden Übereinstimmung der Ziele kann es speziell durch Kompromißlösungen kommen. So wurden z. B. für das PPS-System CAPOSS-E vom Real-Konzept her die Ziele *Einhalten der Liefertermine, Minimierung der Durchlaufzeiten* und *Minimierung der Leerzeiten* vorgegeben[15]. Eine Analyse von CAPOSS-E in der Praxis zeigte allerdings, daß primär die Zielerreichung bezüglich der *Minimierung der Leerzeiten* unterstützt wurde[16], was jedoch mit der Zielstruktur des Anwenders, die vorrangig auf kurze Durchlaufzeiten und geringe Lieferterminabweichungen ausgerichtet war[17], nicht übereinstimmte. Das Auftreten von Zieldefekten dürfte generell noch dadurch verstärkt werden, daß sich Zielsysteme und ihre Struktur im Zeitablauf ändern können[18]. So ist in den letzten Jahren auch für den Bereich der PPS-Systeme im gewählten Kompromiß ein Wandel festzustellen, der weg von einer Betonung hoher Kapazitätsauslastungsgrade und hin zur Dominanz kurzer Durchlaufzeiten geführt hat[19].

---

10) Vgl. z. B. Adam, D. (1988a), S. 7; Fischer, K. (1990), S. 2.
11) Vgl. Hackstein, R. (1989), S. 17 f.
12) Vgl. Fischer, K. (1990), S. 3; Kern, W. (1972b), S. 363.
   Als Paradebeispiel hierfür gilt das erstmals von Gutenberg herausgestellte *Dilemma der Ablaufplanung* (vgl. Gutenberg, E. (1951), S. 158 f.).
13) Vgl. Kern, W. (1972a), S. 314.
14) So ergibt sich bezüglich des Dilemmas der Ablaufplanung, daß sich dieses bei bestimmten Fertigungssituationen – Großserienproduktion als Fließfertigung organisiert im Gegensatz zur Einzel- und Kleinserienfertigung in Form der Werkstattfertigung – auflösen oder vermeiden läßt (vgl. Kern, W. (1967), S. 147; Kern, W. (1992a), S. 282 f.).
   Auch werden im Rahmen der Entscheidungstheorie Verfahren zur Problemlösung bei mehrfacher Zielsetzung angeboten (vgl. z. B. Laux, H. (1991), S. 84 ff.; Habenicht, W. (1990), S. 342 ff.; Vincke, Ph. (1986), S. 160 ff.; Zimmermann, H.-J./Gutsche, L. (1991), S. 21 ff.).
15) Vgl. IBM Deutschland GmbH (1976), S. 2; IBM Deutschland GmbH (1977), S. 1 f.
16) Vgl. Pabst, H.-J. (1985), S. 158 und 162.
17) Vgl. Pabst, H.-J. (1985), S. 2 und 13.
18) Vgl. Kern, W. (1972b), S. 364.
19) Vgl. Adam, D. (1988a), S. 6.
   Siehe dazu auch Kern, W. (1990c), S. 228; Kern, W. (1992f), Sp. 1055.

Hauptsächlich wird das Versagen der PPS-Systeme in der Literatur jedoch bisher den FUNKTIONSDEFEKTEN zugeschrieben. So zielt die Kritik an den Programmpaketen nämlich insbesondere auf das diesen in der Regel zugrunde liegende Stufenkonzept, das sowohl hinsichtlich seiner Konzeption als auch bezüglich der Realisation jeweils erhebliche Mängel aufweist[20]. Diese lassen sich – fast ausnahmslos[21] – als FUNKTIONSDEFEKTE charakterisieren. Der FUNKTIONS-DEFEKT KONZEPTIONELLER ART bezieht sich dabei primär auf die mangelnde Berücksichtigung von Interdependenzen zwischen den unterschiedlichen Planungs- oder Steuerungsaufgaben, die durch ein PPS-System zu erfüllen sind. Die FUNKTIONSDEFEKTE REALISATIONSBEDINGTER ART zeigen sich in der primären Ausrichtung des PPS-Systeme auf die Unterstützung der Planungsaufgaben in den Bereichen Mengen- und Terminplanung sowie in der Vernachlässigung zahlreicher Funktionen, die für den in der Bundesrepublik Deutschland weit verbreiteten Produktionstypus[22] der Einzel- und Kleinserienfertigung besonders wichtig sind[23].

Als dritte Ursache für die mangelnde Eignung derzeit verfügbarer PPS-Systeme müssen darüberhinaus jedoch die OBJEKTDEFEKTE gelten. Sie entstehen dadurch, daß nicht alle Faktoren, die für die Durchführung der Produktionsplanung und -steuerung von Relevanz sind, ihrer Bedeutung entsprechend in PPS-Konzeptionen und damit auch bei deren Ausgestaltung in Form von PPS-Systemen ihren Niederschlag finden. In den OBJEKTDEFEKTEN manifestiert sich die Unvollständigkeit der Planung[24] und damit auch der darauf basierenden Steuerung. Auf die Folgen mangelnder Vollständigkeit für die Qualität der Produktionsplanung hat Gutenberg schon vor über 40 Jahren hingewiesen[25]. Die Unvollständigkeit der Planung bezieht sich hier nicht auf fehlende Planungs**funktionen**, die wie oben angesprochen zu entsprechenden FUNKTIONSDEFEKTEN führen, sondern zielt allein auf die mangelhafte Berücksichtigung der relevanten Planungs**objekte**.

Wird Produktion als systematische Kombination von Produktionsfaktoren zum Zweck der Produktherstellung aufgefaßt[26], so lassen sich als Objekte der Produktionsplanung und -steuerung einerseits die Produktionsfaktoren und ande-

---

20) Vgl. Schröder, H.-H. (1990), S. 65.
21) Der fehlende Zielbezug – vor allem zu ökonomischen Zielen – (vgl. Schröder, H.-H. (1990), S. 65) wird hier den Zieldefekten zugerechnet.
22) Zu Produktionstypen vgl. z. B. Küpper, H.-U. (1979), Sp. 1636 ff.
23) Vgl. Scheer, A.-W. (1983), S. 144 f.
24) Vgl. Kern, W. (1988), S. 167.
25) Vgl. Gutenberg, E. (1951), S. 124 f.
26) Vgl. Kern, W. (1976), S. 759 ff.

rerseits die Produkte charakterisieren. Dabei ist allerdings insofern eine Einschränkung vorzunehmen, als daß die dispositiven Faktoren[27] von vornherein insoweit ausgeklammert werden, als sie in Gestalt von Planung, Organisation und Kontrolle eben nicht Objekte, sondern Subjekte der Produktionsplanung und -steuerung sind. Von den übrigen Faktorkategorien können sowohl die *Betriebsmittel* als auch das *Material*[28] schnell als berücksichtigte Planungsobjekte identifiziert werden. Im Rahmen des traditionellen Stufenkonzeptes sind sie zumindest Gegenstand der Termin- und Kapazitäts- bzw. der Mengenplanung[29]. Ähnliches gilt auch für die Faktorkategorie der *Informationen,* die wenn auch nicht als Objekte so jedoch zumindest als Hilfsmittel der Planung angesehen werden können[30] und regelmäßig im Rahmen der Grunddatenverwaltung von PPS-Systemen erfaßt und gepflegt werden.

Wesentlich schwieriger oder sogar fast unmöglich ist eine Zuordnung beim Faktor *menschliche Arbeitsleistung.* Zwar können die Mitarbeiter[31] einerseits als Objekte der Kapazitätsplanung[32] oder -überwachung[33] aufgefaßt werden, doch wird ihnen dabei andererseits wie auch im Rahmen der Arbeitsvorbereitung – als Teilfunktion der Auftragsveranlassung – eine im Vergleich zu den Betriebsmitteln stark untergeordnete Stellung zugewiesen[34]. Diese Tatsache ist um so erstaunlicher, als gerade in jüngster Zeit von Autoren aus Wissenschaft und Praxis immer wieder verstärkt hervorgehoben wird, daß die Mitarbeiter die wichtigste Ressource eines Unternehmens seien. Diese Betonung der Bedeutung des Personals als primärer erfolgsbestimmender Produktionsfaktor findet sich nicht nur generell in der betriebswirtschaftlichen sowie speziell in

---

27) Es wird hier auf die Systematik industrieller Produktionsfaktoren nach Kern/Fallaschinski (vgl. Kern, W./Fallaschinski, K. (1979), S. 17 f.) zurückgegriffen, die in jüngster Zeit noch um die Faktorkategorie der *Information* erweitert worden ist (vgl. hierzu Kern, W. (1980), S. 16 und Kern, W. (1990a), S. 15 ff.).
28) Unter dem Begriff *Material* werden die Objektfaktoren und die Betriebsstoffe subsumiert (vgl. Kern, W. (1992a), S. 217 f.).
29) Vgl. z. B. Kern, W. (1992a), S. 304 f. und 312 f.; Scheer, A.-W. (1990b), S. 77.
30) Vgl. Bode, J./Zelewski, St. (1992), S. 601.
Informationen weisen dabei sowohl den Charakter von Potentialfaktoren (vgl. Zelewski, St. (1987), S. 740) als auch von Repetierfaktoren (vgl. Bode, J./Zelewski, St. (1992), S. 600) auf. Die konkrete Einordnung der Information in bestehende Faktorsystematiken fällt deshalb schwer, so daß sie letztlich als "Faktorkategorie sui generis" (Kern, W. (1992a), S. 16) anzusehen ist.
31) Der Mensch wird im Rahmen dieser Arbeit bezüglich seiner Stellung als Produktionsfaktor im Gutenberg'schen Sinne als *objektbezogene* oder *dispositive menschliche Arbeit(sleistung)* bezeichnet. Demgegenüber kennzeichnen die Begriffe *Arbeitskräfte, Mitarbeiter* und *Personal,* die hier synonym benutzt werden, den Menschen in seiner Gesamtheit als personifizierten Produktionsfaktor (vgl. Kern, W./Fallaschinski, K. (1978), S. 151).
Zur inhaltlichen Füllung des Begriffes *Personal* siehe S. 35 dieser Arbeit.
32) Vgl. z. B. Kern, W. (1992a), S. 305.
33) Vgl. z. B. Kern, W. (1992a), S. 349; Schröder, H.-H. (1990), S. 64.
34) Vgl. z. B. Hackstein, R. (1989), S. 15 f.; Kern, W. (1992a), S. 347.

der personalwirtschaftlichen[35] Literatur, sondern auch immer wieder in ingenieurwissenschaftlichen Quellen, die Aspekte der Produktionsplanung und -steuerung aufgreifen[36].

Diese Diskrepanz zwischen Wunsch und Wirklichkeit bei der Berücksichtigung des Personals in PPS-Systemen kann im Hinblick auf die Kapazitätsplanung und -überwachung beim herkömmlichen Stufenkonzept eventuell als FUNKTIONSDEFEKT REALISATIONSBEDINGTER ART aufgefaßt werden. Da jedoch auch die in den letzten Jahren vorgestellten neueren Ansätze zur PPS[37] in der Regel nur Erweiterungen oder Verbesserungen des herkömmlichen Konzeptes darstellen, steht zu befürchten, daß es sich bei der mangelhaften Berücksichtigung des Personals um einen Defekt handelt, der in allen PPS-Konzepten vorzufinden ist. Außerdem wurden diese Konzepte in der Regel von Ingenieuren erarbeitet, deren Hauptaugenmerk traditionell eher den Betriebsmitteln und den Produktionsverfahren als den Mitarbeitern gilt.

Abbildung 1 gibt einen Überblick über die bei PPS-Konzepten und -Systemen jeweils möglichen Defekte, die, wie die einzelnen Defektarten zeigen, immer beim Vergleich *zwischen* zwei Betrachtungsebenen zum Vorschein kommen. Während die unterschiedlichen Defektkategorien allesamt schon angesprochen wurden, ist hinsichtlich der Betrachtungsebenen noch zu ergänzen, daß es sich bei Real-Konzepten um realitätsbezogene Umsetzungen von Ideal-Konzepten handelt. So wird in Real-Konzepten regelmäßig nur ein Teil der zwischen Zielen, Funktionen und Objekten der PPS bestehenden Interdependenzen erfaßt, wohingegen diese in Ideal-Konzepten in ihrer Gesamtheit Berücksichtigung finden. Ein Ideal-Konzept muß deshalb definitionsgemäß[38] frei von Defekten sein, was in der Abbildung durch den schraffierten Balken charakterisiert wird. Die dunkel unterlegte Säule kennzeichnet zusätzlich den Schwerpunkt dieser Arbeit.

---

35) Vgl. z. B. Drumm, H.J. (1992), S. 161.
36) Vgl. z. B. o. V. (1992b), S. 19; Ontra, K. (1992), S. 583; Stroh, M. (1992), S. 278; Werntze, G. (1991), S. 47.
37) Zur Abgrenzung der neueren PPS-Konzepte vom herkömmlichen Stufenkonzept siehe S. 25 ff. dieser Arbeit.
38) Vgl. S. 22 dieser Arbeit.

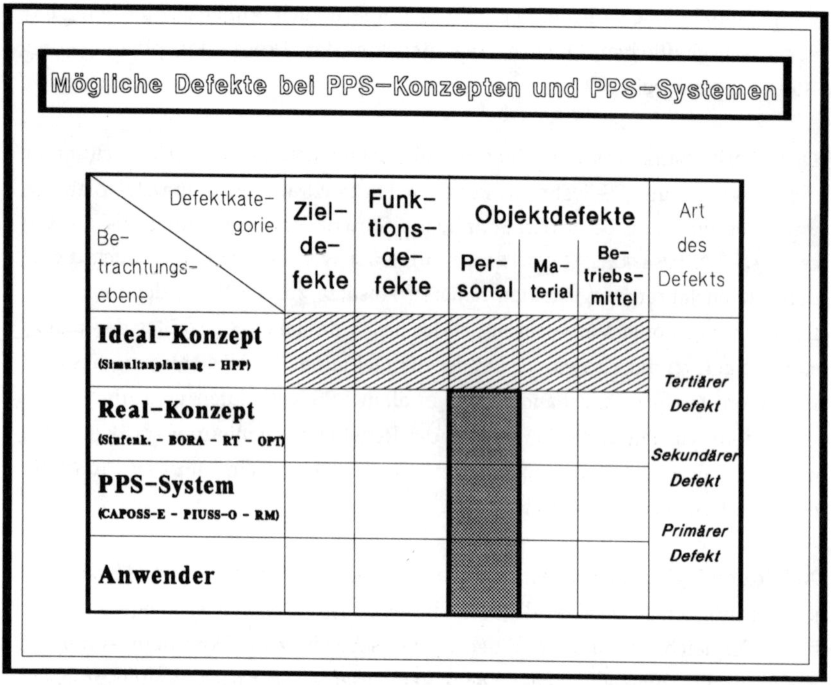

Defektkategorie Betrachtungsebene	Zieldefekte	Funktionsdefekte	Objektdefekte			Art des Defekts
			Personal	Material	Betriebsmittel	
Ideal-Konzept (Simultanplanung – HPP)	/////	/////		/////	/////	
Real-Konzept (Stufenk. – BORA – RT – OPT)			▓▓▓			Tertiärer Defekt
PPS-System (CAPOSS-E – PIUSS-O – RM)			▓▓▓			Sekundärer Defekt
Anwender			▓▓▓			Primärer Defekt

Abbildung 1: Mögliche Defekte bei PPS-Konzepten und -Systemen

1.2 Zielsetzung und Vorgehensweise

Die Ausgangsthese dieser Arbeit lautet also, daß die an den Einsatz von PPS-Systemen geknüpften Erwartungen vor allem auf Grund des OBJEKTDEFEKTES bezüglich des Faktors *Personal* enttäuscht werden müssen. Dieser Defekt wird dabei als konzept-unabhängiges Manko angesehen, das nicht allein dem traditionellen Stufenkonzept der PPS anhaftet, sondern auch den neueren PPS-Konzepten inhärent ist.

Die Arbeit weist deshalb eine dreifache Zielsetzung auf:

> **Erstens** ist die zuvor aufgestellte These dahingehend zu überprüfen, ob das Personal in den bekannten PPS-Konzepten wirklich kaum oder gar nicht berücksichtigt wird. Dafür muß zuvor dargelegt werden, welche Ansatzpunkte für eine Personalorientierung im Rahmen der PPS bestehen.

Zweitens sind die grundsätzlichen Möglichkeiten für eine Berücksichtigung des Personals in PPS-Konzepten und -Systemen aufzuzeigen.

Drittens sollen konkrete Lösungsansätze vorgestellt werden, die es ermöglichen, den Faktor *Personal* gezielt in PPS-Systeme einzubeziehen.

Um diese drei Ziele zu erreichen, wird folgendes Vorgehen gewählt:

In einem Grundlagenteil werden zunächst jeweils die Aufgaben und Ziele der Produktions- sowie der Personalplanung und -steuerung beschrieben und anschließend die verschiedenen Konzepte der PPS sowie die bei der computergestützten Personalplanung eingesetzten Methoden kurz vorgestellt.

Darauf aufbauend wird zur Überprüfung der Ausgangsthese dieser Arbeit ein Raster entwickelt, das die grundsätzlichen Ansatzpunkte für eine Berücksichtigung des Personals in PPS-Konzepten und -Systemen enthält. Basierend auf diesem Raster werden die bekannten Konzepte der PPS hinsichtlich ihrer Personalorientierung untersucht. Den Abschluß dieser Analyse bildet eine zusammenfassende Bewertung der bestehenden Berücksichtigungspotentiale.

Daraufhin erfolgt zunächst eine Skizzierung der grundsätzlichen Optionen zur Personalorientierung bei PPS-Konzepten und -Systemen. Abgeleitet aus einer dieser generellen Möglichkeiten lassen sich für bestehende PPS-Systeme unter den Aspekten der Daten-, Funktions- und Methodenintegration dann zwei konkrete Lösungswege aufzeigen. Anschließend werden mit den Arbeitszeiterfassungs- sowie Personalinformationssystemen noch die beiden Arten personalwirtschaftlicher Standard-Software charakterisiert, auf denen die Lösungen basieren.

Im Anschluß daran erfolgt eine generelle Überprüfung der Integrationsansätze im Hinblick auf ihre gegenwärtige Realisierbarkeit mit Hilfe entsprechender Standard-Software-Lösungen. Dabei wird insbesondere auf zwei empirische Erhebungen des Verfassers zu den derzeit bestehenden Möglichkeiten der computergestützten Personalplanung – sowohl PC-gestützt als auch insbesondere auf der Basis von computergestützten Personalinformationssystemen (CPIS) – und zur Erfassung flexibler Arbeitszeiten auf der Grundlage von Betriebsdatenerfassungs-Systemen (BDE-Systemen) zurückgegriffen.

Den Abschluß der Arbeit bildet die Darstellung der Möglichkeiten und Grenzen konzept-übergreifender Integrationsansätze, mit denen die Berücksichtigung des Faktors Personal in beliebigen PPS-Systemen unabhängig vom zugrundeliegenden PPS-Konzept sichergestellt werden kann.

2. Grundlagen

2.1 Produktionsplanung und -steuerung

Als Produktionsplanungs- und -steuerungs-Systeme (PPS-Systeme) werden im folgenden computergestützte Realisierungen beliebiger Konzepte zur Produktionsplanung und -steuerung (PPS-Konzept) aufgefaßt[1]. Die PPS-Systeme unterscheiden sich funktional primär darin[2], in welcher Art (Funktionsqualität) und in welchem Ausmaß (Funktionsumfang) die betreffenden PPS-Konzepte jeweils umgesetzt werden. Die einzelnen PPS-Konzepte können vor allem danach klassifiziert werden, welche Aufgaben und Ziele der PPS sie in welcher Form und Struktur zu unterstützen beabsichtigen. Deshalb werden in diesem Kapitel zunächst diese Aufgaben und Ziele der PPS sowie anschließend die unterschiedlichen Konzepte kurz erläutert.

2.1.1 Aufgaben und Ziele der Produktionsplanung und -steuerung

Unter dem Begriff der Produktionsplanung und -steuerung (PPS) wird, wie eingangs schon angesprochen, die Gesamtheit aller dispositiven Aufgaben verstanden, die für eine zielgerichtete Planung und Steuerung der Produktion zu erfüllen sind[3]. Es wird hier bewußt eine funktional orientierte Begriffsabgrenzung gewählt, da eine eindeutige institutionelle Zuordnung bei der Mannigfaltigkeit industrieller Produktionen[4] nur schwer vorzunehmen ist[5].

Die gewählte Definition bedarf zumindest in zwei Punkten einer Konkretisierung, nämlich bezüglich der im Rahmen der PPS durchzuführenden Aufgaben sowie hinsichtlich der Ziele, die mittels PPS erreicht werden sollen. Darüberhinaus ist noch zu präzisieren, was unter den Begriffen der Planung und der Steuerung zu verstehen ist.

---

1) Vgl. Kern, W. (1992a), S. 309.
2) Außer in ihren funktionalen Leistungsmerkmalen (vgl. hierzu Geitner, U. W. (1991), S. 141; Schröder, H.-H./Vatteroth, H.-Ch. (1985a), S. 452) unterscheiden sich PPS-Systeme wie auch andere computergestützte Informationssysteme noch in ihren allgemeinen DV-technischen Merkmalen (vgl. Geitner, U. W. (1991), S. 126 ff.; Schröder, H.-H./Peters, U. (1983), S. 79; Schröder, H.-H./Vatteroth, H.-Ch. (1985a), S. 451 f.).
3) Vgl. Ellinger, Th./Wildemann, H. (1985), S. 17; Hackstein, R. (1989), S. 1 f.
4) Vgl. Kern, W. (1992a), S. 83.
5) Vgl. Kern, W. (1992a), S. 306 und 318 f.

2.1.1.1 Aufgaben der Produktionsplanung und -steuerung

Vom Wortlaut her bietet es sich an, die Gesamtaufgabe der PPS in die beiden Aufgabengebiete der Produktionsplanung sowie der Produktionssteuerung zu trennen[6]. Im Rahmen dieser Arbeit wird jedoch primär auf eine Dreiteilung der Teilaufgaben zurückgegriffen[7]. Diese Aufteilung wurde von Gutenberg in die Literatur eingeführt[8]. Er unterscheidet dabei:

❶ die *Produktionsprogrammplanung*,
❷ die *Bereitstellungsplanung* bezüglich der benötigten Produktionsfaktoren und
❸ die *Produktionsprozeßplanung*[9].

An die beiden Aufgabenbereiche der Vollzugs- oder Durchführungsplanung, d. h. an Bereitstellungs- sowie Produktionsprozeßplanung schließen sich bei Gutenberg jeweils noch Steuerungsaufgaben an[10]. Allerdings fällt eine exakte Trennung zwischen den Steuerungs- und den kurzfristigen Planungsaktivitäten sowohl in der Literatur[11] als auch in der Praxis[12] recht schwer. Einerseits zielt Planung immer darauf, zukünftiges Geschehen in Gedanken vorwegzunehmen[13]. Dieser Prozeß beinhaltet sowohl das passive Moment der Prognose als auch das aktive Moment in Form des unternehmerischen Gestaltungswillens[14]. Andererseits ist die Gestaltung selber die primäre Aufgabe der Steuerung, die dazu auf die entsprechenden Pläne als Stellgrößen zurückgreift[15]. Da bei der Planrealisierung jedoch Störgrößen auftreten können, die eine gewünschte Umsetzung verhindern, zählen außerdem Überwachungs- und Kontrollmaßnah-

---

6) Vgl. z. B. Ellinger, Th./Wildemann, H. (1985), S. 17; Helberg, P. (1987), S. 26; Renner, A. (1991), S. 36.
7) Vgl. Zäpfel, G. (1982), S. 290.
8) Vgl. Kistner, K.-P./Steven, M. (1993), S. 3.
    Eine entsprechende Differenzierung findet sich jedoch auch schon bei Beste, Th. (1938), S. 350 ff.
9) Vgl. Gutenberg, E. (1983), S. 149.
    Während Gutenberg diese Aufteilung implizit schon 1951 wählt (vgl. Gutenberg, E. (1951), S. 139 und 142), findet sie sich explizit erstmals in Gutenberg, E. (1965), S. 148.
10) Vgl. Gutenberg, E. (1983), S. 171 f.
    Das im Rahmen der Programmplanung erstellte Programm ist ja nur als Absichtserklärung oder Selbstverpflichtung aufzufassen, die später durch konkretes Handeln eingelöst werden muß (vgl. Kern, W. (1992a), S. 137), das dann selbst wiederum zu planen und auch zu steuern ist.
11) Vgl. Kern, W. (1966), S. 236.
12) Vgl. Bichler, K./Kalker, P./Wilken, E. (1992), S. 27 f.
13) Vgl. Hax, K. (1959), S. 606.
14) Vgl. Kern, W. (1992a), S. 71.
15) Vgl. Kern, W. (1966), S. 237.

men zu den Steuerungsaufgaben[16]. Ein Vergleich der hierdurch erhaltenen Regelgrößen mit den durch die Planung vorgegebenen Stellgrößen erzwingt dann einen Neuaufwurf der entsprechenden – meist kurzfristigen – Planung. Dieses Vorgehen entspricht dem Regelkreiskonzept[17]. Das für die Regelung wesentliche Prinzip der Rückkopplung, durch die sich erst der Wirkungsablauf zu einem Kreis schließt, fehlt bei der Steuerung als offenem Lenkungsmechanismus[18]. In Übereinstimmung mit dem üblichen Sprachgebrauch wird aber auch im Rahmen dieser Arbeit von Bereitstellungs- oder Produktions**steuerung** gesprochen, obwohl es sich genaugenommen um Anwendungen des Regelkreisprinzipes, d.h. um Bereitstellungs- und Produktions**regelungen** handelt[19]. Im Rahmen dieser Arbeit wird deshalb von fünf Teilaufgaben der PPS ausgegangen:

① *Produktionsprogrammplanung,*
② *Bereitstellungsplanung* bezüglich der benötigten Faktoren
③ *Bereitstellungssteuerung* bezüglich der benötigten Faktoren
④ *Produktionsprozeßplanung* und
⑤ *Produktionsprozeßsteuerung.*

So wird hier schon deutlich, daß die Steuerungsaspekte im Rahmen der PPS sich nicht nur aus dem Produktionsprozeß als solchem ergeben. Gleichwohl wird häufig der Eindruck erweckt, daß sich die Steuerungsaufgaben vornehmlich auf den Produktionsablauf beziehen. Diese Vorstellungen werden dadurch untermauert, daß die Ausführungen zur Prozeßplanung bei Gutenberg wie auch schon bei Beste zwar in Überlegungen zur Kontrolle und Überwachung des Produktionsprozesses einmünden[20], während für Aufgaben der Bereitstellung der Produktionsfaktoren jedoch keine entsprechenden Überlegungen angestellt werden. Auf diese Umstände ist es wohl auch zurückzuführen, daß die PPS von manchen Autoren auf die rein operative Produktions**prozeß**planung und -steuerung reduziert wird[21]. Dieser, ggf. als PPS im engeren Sinne zu verstehenden, Auffassung wird im weiteren jedoch deshalb nicht gefolgt, weil sowohl das Grundkonzept der PPS und die auf ihnen aufbauenden PPS-Systeme regelmäßig alle drei Teilbereiche ansprechen[22], als auch bei einer Verkürzung auf die Prozeßplanung und -steuerung die oben erwähnten Funkti-

---

16) Vgl. Kern, W. (1992g), Sp. 1428 f.
17) Vgl. Schiemenz, B. (1982), S. 35 f.
18) Vgl. Kern, W. (1992a), S. 80.
19) Vgl. Zäpfel, G. (1982), S. 242.
20) Vgl. Beste, Th. (1938), S. 354; Gutenberg, E. (1983), S. 225 f.
21) Vgl. Welge, M.K./Al-Laham, A. (1992), S. 257; ähnlich auch Hahn, D. (1989), S. 28 f.
22) Vgl. Zäpfel, G. (1989a), S. 190 f.

onsdefekte auf Grund der ungenügend berücksichtigten Interdependenzen verstärkt entstehen dürften.

Die vorstehende Einteilung der Aufgaben wurde zudem gewählt, weil sie exakt den eingangs erwähnten Objekten der PPS entspricht. So befaßt sich die Produktionsprogrammplanung mit dem Output der Produktion in Form von zu erstellenden Gütern und Leistungen differenziert nach quantitativen, qualitativen und temporalen Aspekten. Die Bereitstellungsplanung und -steuerung bezieht sich auf die einzusetzenden Ressourcen, also auf den Input der Produktion. Objekte der Prozeßplanung und -steuerung sind letztlich die (Fertigungs-)Aufträge, die in Form von Losen den Throughput der Produktion darstellen[23].

2.1.1.1.1 Produktionsprogrammplanung

Aufgabe der Produktionsprogrammplanung ist die Festlegung des Produkt(ions)programms nach Art, Menge und Termin[24]. Dabei handelt es sich um ein mittelfristiges Planungsproblem, bei dem einerseits die Produktionskapazitäten noch teilweise variabel sind und andererseits Dispositionsspielräume insbesondere für die Auftragsterminierung offengehalten werden[25]. Ausgangsgrößen dieser Planungsaufgabe sind neben einem vorgegebenen Betriebsmittelbestand[26] – und vermutlich implizit wohl auch einem fixen Personalbestand – bei nachfrageorientierter Produktion vornehmlich bereits vorliegende Kundenaufträge sowie bei angebotsorientierter Produktion primär die Ergebnisse der Absatzplanung[27].

Bei einer strategischen Ausrichtung des Produktionsmanagements baut diese Teilplanung auf einer langfristigen Produktionsprogrammplanung auf, mit der hauptsächlich die Fragen der grundsätzlichen Festlegung der Produktfelder sowie die Bestimmung der Fertigungstiefe verbunden sind[28]. Der letztgenannte Aspekt, nämlich die Wahl zwischen Eigenfertigung und Fremdbezug, kann darüberhinaus jedoch auch Gegenstand recht kurzfristiger Entscheidungskalküle sein[29]. Der Schwerpunkt einer kurzfristigen Programmplanung liegt we-

---

23) Vgl. Zäpfel, G. (1982), S. 289.
24) Vgl. Schneeweiß, Ch. (1992b), S. 113; Zäpfel, G. (1989a), S. 192.
25) Vgl. Kern, W. (1992a), S. 137 f.
26) Vgl. Schneeweiß, Ch. (1992b), S. 113.
27) Vgl. Gutenberg, E. (1983), S. 165; Helberg, P. (1987), S. 27.
28) Vgl. Welge, M.K./Al-Laham, A. (1992), S. 258 f.
29) Vgl. Zäpfel, G. (1982), S. 135 f.

gen ihres Aktualitätsanspruches auf der Planung der Produktionstermine, so daß sich ein sehr enger Bezug zur Produktionsprozeßplanung ergibt[30].

2.1.1.1.2 Bereitstellungsplanung

Der Bereitstellungsplanung obliegt eine dreiteilige Aufgabe: Sie hat sowohl die für die Realisierung des Produktionsprogramms benötigten Arbeitskräfte (Personal) als auch die erforderlichen Betriebsmittel und Werkstoffe (Material)[31] unter quantitativen, qualitativen, temporalen und lokalen Aspekten so zur Verfügung zu stellen, daß der Produktionsprozeß effizient ablaufen kann[32]. In allen drei Aufgabenbereichen der Bereitstellungsplanung erfolgt die Funktionserfüllung in einem Dreiklang von

① *Bedarfsplanung,*
② *Beschaffungsplanung* und
③ *Bereitstellungsplanung (im engeren Sinne).*

Im Rahmen der einzelnen *Bedarfsplanungen* werden die auf Grund des vorgegebenen Produktionsprogrammes benötigten Produktionsfaktoren nach Art und Anzahl ermittelt. Ein Vergleich dieser Brutto-Bedarfe mit den durch die Bestandsplanung ermittelten Werte ergibt dann die entsprechenden Netto-Bedarfe, die anschließend – je Faktorart – beschafft werden müssen.

Die *Beschaffungsplanung* hat die Aufgabe zu klären, auf welchen Wegen – extern oder intern – und in welchen Mengen (Bestell-Losgrößen) die benötigten Faktoren beschafft werden. Während bei der Bedarfsplanung primär Qualität und Quantität der Einsatzgüter relevant sind, spielt für die Beschaffungsplanung zudem der temporale Aspekt eine Rolle[33], auch wenn es sich hierbei nur um eine grobe Terminplanung bezüglich der Liefertermine handeln kann. Die Beschaffungsplanung kann außerdem eine langfristige Perspektive aufweisen, die sich bezüglich des Personals in der Personalentwicklung und im Personalmar-

---

30) Vgl. Kern, W. (1992a), S. 124 und 138.
31) Werkstoffe und Material werden hier als Synonyma aufgefaßt, da das Material als Oberbegriff die Werkstoffe einschließt. Zum Material zählen außerdem noch die beigestellten Objekte sowie die Betriebsstoffe, insbesondere die Energieträger (vgl. Kern, W. (1992a), S. 218). Zur Bedeutung der Bereitstellung des Faktors Energie im Rahmen der PPS vgl. Kern, W. (1981), S. 14 f.; Kern, W. (1985), S. 437 f.; Kern, W. (1989), S. 439 f.; Kern, W. (1990b), Sp. 807 f.; Kern, W. (1992d), S. 207 f.
32) Vgl. Gutenberg, E. (1983), S. 173, der auf die örtliche Dimension jedoch nicht reflektiert.
33) Vgl. Kern, W. (1992a), S. 227.

keting, hinsichtlich des Materials in der Bezugsquellensicherung[34] und für die Betriebsmittel in der Verfahrenswahl[35] und der Investitionsrechnung (-planung)[36] widerspiegeln.

2.1.1.1.3 Bereitstellungssteuerung

Im Gegensatz dazu ist die *Bereitstellungsplanung im engeren Sinne* eine kurz- oder kürzestfristige Feinplanung, die deshalb schon dem Bereich der Bereitstellungssteuerung zuzuordnen ist[37]. Aufgabe der Bereitstellungsplanung im engeren Sinne ist es, die bereits beschafften Produktionsfaktoren nach Art, Menge, Termin und ggf. – bei mobilen Faktoren – Einsatzort im Hinblick auf die entsprechenden Aufträge zu disponieren. Die Verfügbarkeitsüberprüfung der einzelnen Faktoren stellt schon den ersten Schritt der zweiten Teilaufgabe im Rahmen der Bereitstellungssteuerung, nämlich die Überwachung der Bereitstellung dar. Diese Kontrolle der Einsatzfaktoren erfolgt jedoch nicht nur bei Auftragsbeginn, sondern muß sich über die gesamte Auftragsdauer erstrecken. Auf Grund der erhaltenen Rückmeldungen ist die Bereitstellungssteuerung dann in der Lage, über die Produktionsfaktoren erneut zu disponieren. Dieses Vorgehen entspricht dem oben skizzierten Regelkreiskonzept, bei dem ein Regler (hier: Disposition) die von der Regelstrecke (hier: Produktion) (zurück-)erhaltenen Regelgrößen auf Abweichungen im Vergleich zu den ihr vorgegebenen Stellgrößen hin analysiert und ggf. entsprechende Planänderungen (hier: Umdispositionen) veranlaßt.

2.1.1.1.4 Produktionsprozeßplanung

Zu den Aufgaben der Produktionsprozeßplanung gehört in langfristiger Sicht die Festlegung der erforderlichen Produktionsverfahren[38]. Hier ergibt sich ein sehr enger Bezug zur Produktionsprogrammplanung[39] und zur Anlagenplanung[40] (Bereitstellungsplanung der Betriebsmittel). Des weiteren ist zur Produkionsprozeßplanung die eher mittelfristig orientierte, primär technisch aus-

---

34) Vgl. Gutenberg, E. (1983), S. 189.
   Zur Bezugsquellensicherung vgl. insbesondere Engelhardt, W. H. (1979), Sp. 362 ff.
35) Vgl. Bea, F.X. (1979), Sp. 2094 ff.
36) Vgl. Kern, W. (1976), S. 9 f.
37) Vgl. Kern, W. (1992a), S. 318 f.
38) Vgl. Gutenberg, E. (1983), S. 199.
39) Vgl. Kern, W. (1992a), S. 146.
40) Vgl. Kern, W. (1992a), S. 207.

gerichtete Arbeitsplanung zu rechnen, deren Aufgaben insbesondere im Festlegen der technologischen Reihenfolgebedingungen, im Bestimmen der einzusetzenden Arbeitsplatzkategorien (Betriebsmittelart und Personalqualifikation) und im Ermitteln der relevanten Vorgabezeiten für die einzelnen Arbeitsgänge bestehen[41]. Die zur Arbeitsplanung im weiteren Sinne zählenden Planungen des Materialbedarfs und der Bereitstellung von Potentialfaktoren[42] werden im Rahmen dieser Arbeit den Aufgabenbereichen der Bereitstellungsplanung und -steuerung zugerechnet.

In mittel- bis kurzfristiger Sichtweise obliegt der Prozeßplanung insbesondere die Terminplanung. Bei dieser Planung der zeitlichen Produktionsdurchführung wird üblicherweise differenziert zwischen der mittelfristigen[43] Termingrobplanung – mit den Teilschritten Durchlaufterminierung und Kapazitätsterminierung – und der Terminfeinplanung, mit der die kurzfristige Belegungsplanung der Arbeitsplätze vorgenommen wird[44]. Die Aufgabe jeder Terminplanung besteht darin, "eine im Zeitablauf zu vollziehende Konfrontation und Kombination auftragsbezogener Belastungsdaten mit potentialfaktorbezogenen Kapazitätsdaten"[45] vorzunehmen. Bei der Termingrobplanung beziehen sich diese Daten auf Aufträge, die noch nicht in einzelne Arbeitsgänge zerlegt sind, sowie auf zu Maschinengruppen zusammengefaßte Kapazitäten[46]. Im Rahmen der Durchlaufterminierung erfolgt eine Einlastung der vorliegenden Aufträge auf die relevanten Maschinengruppen, ohne daß deren Kapazitätsbelastungen berücksichtigt werden. Erst in der anschließenden Kapazitätsterminierung wird dann eine diesbezügliche Abstimmung vorgenommen, wobei die entsprechenden Maßnahmen sowohl auf die Anpassung der Kapazitätsbedarfe als auch auf den Abgleich der Kapazitätsangebote in den einzelnen Zeiträumen ausgerichtet sein können[47].

Die Kapazität stellt hierbei einen Oberbegriff dar, unter dem ganz allgemein "das Leistungsvermögen einer wirtschaftlichen oder technischen Einheit – beliebiger Art, Größe und Struktur – in einem Zeitabschnitt"[48] verstanden werden kann. Wie die Ausführungen im letzten Abschnitt schon gezeigt haben, ist für die Bestimmung der Kapazitäten im Rahmen der PPS einmal die Fristig-

---

41) Vgl. Kern, W. (1992a), S. 285 und 319 f.
42) Vgl. Kern, W. (1992a), S. 285.
43) Vgl. Kern, W. (1992a), S. 304 und 306.
44) Vgl. Kern, W. (1992a), S. 303 f.
45) Kern, W. (1992a), S. 302.
46) Vgl. Kern, W. (1992a), S. 304.
47) Vgl. Zäpfel, G. (1982), S. 232 ff.
48) Kern, W. (1962), S. 27.

keit der Planungsaufgabe von Bedeutung. Der Zeitraum, für den geplant wird, determiniert auch die Charakteristika der betrachteten Kapazitätseinheit. Je kurzfristiger die Planung ist, desto genauer sind die einzelnen Kapazitätseinheiten ihrer Art, Größe und Struktur nach zu bestimmen, während in langfristiger Perspektive eine entsprechend grobe Skizzierung ausreicht. Außerdem läßt sich aus den Aussagen des letzten Abschnitts erkennen, daß sich die für den Abgleich zwischen Kapazitätsangebot und -nachfrage benötigten Kapazitätsdaten primär auf Grund der in den verschiedenen Kapazitätseinheiten vorhandenen Potentialfaktoren ergeben. Dabei ist als eigentliche, d. h. originäre Bestimmungsgröße der Kapazität der Faktor *menschliche Arbeitskraft* anzusehen[49]. Auch wenn gerade im Kontext der PPS nur allzu häufig von Maschinenbelegung gesprochen wird, so ist es gerade der Personaleinsatz, der das Ausmaß der Kapazität determiniert[50]. Dies gilt grundsätzlich auch bei sog. Geisterschichten und mannloser Produktion, da hier z. B. Instandhaltungs- oder Überwachungsaufgaben nicht allein von Maschinen durchgeführt werden.

2.1.1.1.5 Produktionsprozeßsteuerung

Wie bei der Bereitstellungssteuerung zählen zur Produktionsprozeßsteuerung zum einen Überwachung und Sicherung des Produktionsprozesses und zum anderen die kurzfristigen Aufgaben der Produktionsprozeßplanung. Diese umfassen neben dem Bestimmen der Auftragsgröße[51] wie oben schon gesagt die Terminfeinplanung. Sie hat als kurzfristige Arbeitsplatz- oder Maschinenbelegungsplanung das Ziel einer optimalen Auftrags(-reihen-)folge. Mit ihrer Hilfe soll ein realisierbarer Ablaufplan entstehen, in dem die einzelnen (Teil-)Aufträge oder Arbeitsgänge den unterschiedlichen Arbeitsplätzen eindeutig zugeordnet werden[52]. Da jedoch nicht nur die einzelnen Belastungs- und Kapazitätsdaten mit abnehmendem Planungshorizont einer steigenden Änderungshäufigkeit unterliegen, sondern gerade auch die Friktionen im Produktionsprozeß zu immer neuen Datenkonstellationen führen können, müssen auch die Aufträge oder besser: der Auftragsfortschritt permanent überwacht werden.

---

49) Vgl. Kern, W. (1962), S. 44.
50) Vgl. hierzu auch Fischer, K. (1990), S. 4; Hackstein, R./Dienstdorf, B. (1973), S. 18.
51) Vgl. Gutenberg, E. (1983), S. 199 ff.; Kern, W. (1992a), S. 290 f.
52) Vgl. Kern, W. (1992a), S. 306.

2.1.1.1.6 Gesamtmodell der Aufgaben der PPS

Aus dem zuvor Gesagten wurde zum Teil schon ersichtlich, daß zwischen den einzelnen Teilaufgaben der Produktionsplanung und -steuerung zahlreiche Interdependenzen bestehen. Dies hat schon bei Gutenberg zu dem Wunsch nach einer simultanen Planung der verschiedenen Teilplanungen geführt. Wenn auch eine Simultanplanung der Aufgaben der PPS sich bisher als undurchführbar darstellt, bedeutet das nicht, daß die zahlreichen Interdependenzen vernachlässigt werden können. Im Gegenteil ist es gerade die explizite Berücksichtigung dieser Interdependenzen, die erst die Funktionsfähigkeit von PPS-Systemen garantiert.

In Abbildung 2 werden die verschiedenen Teilaufgaben der PPS zueinander in Beziehung gesetzt und die möglichen Interdependenzen mit gepunkteten Linien skizziert. Die fett umrandeten Kästen entsprechen den Kerngebieten der einzelnen Planungsaufgaben, während die dünn gestrichelten Kästen zeitlich

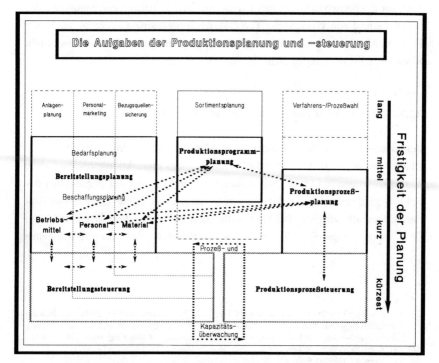

Abbildung 2: Aufgaben der Produktionsplanung und -steuerung

vor- und/oder nachgelagerte Planungsaktivitäten kennzeichnen. Die Darstellung löst sich ganz bewußt von den traditionellen Darstellungen, die nach Ansicht des Verfassers eine eingeschränkte Problemsicht repräsentieren, da sie einerseits nur grob der zeitlichen Struktur der Planungsvorgänge entsprechen und andererseits sowohl die Planungsaktivitäten hinsichtlich der Bereitstellung von Personal und Betriebsmitteln als auch die bezüglich aller Produktionsfaktoren nötigen Steuerungsaufgaben negieren[53].

Darüberhinaus werden die Aufgabenblöcke der Bereitstellungs- und Prozeßsteuerung einander angenähert, da eine gegenseitige Abstimmung nicht nur beim ersten Aufwurf der Terminfeinplanung notwendig ist, sondern auch speziell bei den für die Sicherung der Produktion notwendigen Um- und Neuplanungen quasi permanent durchgeführt werden muß.

Aus dieser Abbildung werden nochmals die Objektdefekte deutlich, die ja darin bestehen, daß einzelne Objekte der PPS im wahrsten Sinne des Wortes links liegen gelassen werden. Dies gilt vermutlich nicht nur für das Personal, sondern auch für die Betriebsmittel. Denn insbesondere eine Planung und Steuerung der Bereitstellung von Werkzeugen (Tool Management) sowie eventuell auch von Formen, Vorrichtungen und Meßgeräten, die ebenfalls zu den Betriebsmitteln zählen[54], wird regelmäßig nicht erfaßt.

2.1.1.2 Ziele der Produktionsplanung und -steuerung

Aus betriebswirtschaftlicher Sicht ist das Ziel der PPS in einer effizienten Produktion zu sehen, d. h. in einer Durchführung des Produktionsprozesses ohne Verschwendung von Produktionsfaktoren[55]. Die Messung der Ergiebigkeit der Faktorkombination erfolgt durch einen Vergleich von Input- und Output-Größen[56]. Deshalb wird als Maßstab für die Effizienz häufig die Wirtschaftlichkeit (W) herangezogen[57]. Sie ist das Verhältnis der output-bezogenen

---

53) Etwas salopp könnte diese Sichtweise als *'Lean-PPS'* bezeichnet werden, die hinsichtlich der Bereitstellungsplanung auf die Materialbedarfsermittlung ab*gemagert* ist. Ob es sich dabei jedoch um eine Beschränkung auf das wesentliche handelt, ist allerdings mehr als fraglich.
54) Vgl. Kern, W. (1992a), S. 196.
55) Vgl. Kern, W. (1992a), S. 26.
56) Vgl. Zäpfel, G. (1982), S. 23.
57) Vgl. Kurbel, K. (1993), S. 18.

(Umsatz-)Erlösen (E) zu den input-bezogenen (Ist-)Kosten (K)[58]. Das Ziel der PPS konkretisiert sich dann in der Maximierung dieses Quotienten:

$$W = E / K \to Max!$$

Bezüglich der Erlöse wird regelmäßig angenommen, daß sie primär durch Maßnahmen determiniert werden, die wie die Absatzplanung nicht zur PPS zählen. Vernachlässigt wird dabei jedoch, daß z. B. für das Annehmen von Eilaufträgen gerade auch die Erlösseite eine wichtige Rolle spielt.

So wird der Blick allein auf die Kostenseite gerichtet, wobei hier die entscheidungsrelevanten Kosten (eK) im Mittelpunkt stehen. Zu ihnen zählen in potentialfaktorbezogener Sicht die Einrichte- oder Rüstkosten sowie die Leer- oder Stillstandskosten der Produktionskapazitäten (eK_{Pot}) und in materialbezogener Perspektive die entsprechenden Lagerhaltungskosten[59] (eK_{Mat}). Während aus auftragsorientierter Sicht noch die zur Termineinhaltung notwendigen Anpassungskosten (eK_{Auf}) zu berücksichtigen sind, können mit Blick auf die Produkte die durch Terminüberschreitungen entstehenden Kosten in Form von Pönalen oder Imageeinbußen sowie die Lagerhaltungskosten von Enderzeugnissen (eK_{Prod}) hierunter subsumiert werden[60]. Das Ziel der PPS besteht dann in einer Minimierung dieser entscheidungsrelevanten Kosten:

$$\sum eK = eK_{Pot} + eK_{Mat} + eK_{Auf} + eK_{Prod} \to Min!$$

Da sich diese Kosten, speziell wenn sie den Charakter von Opportunitätskosten[61] aufweisen, nur schwer ermitteln lassen und zudem regelmäßig nicht rechtzeitig für die Aufgaben der PPS vorliegen, werden ersatzweise Mengen- und insbesondere Zeitziele herangezogen. Zeitbezogene Ersatzziele[62] sind insbesondere

☆ die Minimierung der Durchlaufzeiten der Aufträge,
☆ die Minimierung der Leerzeiten der Kapazitäten oder
☆ die Minimierung der Lieferterminabweichungen[63]

---

[58] Vgl. Kern, W. (1992a), S. 68 f.
[59] Vgl. Zäpfel, G. (1982), S. 186.
[60] Vgl. Kurbel, K. (1993), S. 19.
[61] Vgl. Kern, W. (1965), S. 141 ff.
[62] Die Ersatzziele beziehen sich dabei auf Zeitbeanspruchungen in Form von Zeitmengen oder -punkten (vgl. Kern, W. (1992c), S. 44 f.).
[63] Vgl. Zäpfel, G. (1989a), S. 189 f.

sowie deren Subziele

☆ Minimierung der Liegezeiten der Aufträge,
☆ Minimierung der Leerzeiten aller Betriebsmittel oder bestimmter Engpaßkapazitäten oder -betriebsmittel bzw.
☆ die Minimierung der Terminüberschreitungen[64],

die sich jeweils auf den

★ den Throughput,
★ den Input bzw.
★ den Output

der Produktion beziehen. Als mengenorientierte Zielgrößen können

★ die Minimierung der Ausschußmengen[65],
★ die Minimierung der Bestände an Fertigerzeugnissen[66] und
★ die Minimierung der Materialbestände sowie
★ die Minimierung der Materialfehlmengen[67]

angesehen werden. Bei manchen Ersatzzielgrößen erscheint eine Zielidentität oder zumindest -konformität im Hinblick auf die jeweils relevante Kostengröße – so z. B. zwischen den Materialbeständen und den Kosten für die Lagerung des Materials – durchaus plausibel. Allerdings lassen sich nicht alle entsprechenden Zusammenhänge nachweisen; zum Teil gibt es dafür nur Vermutungen[68]. Außerdem bestehen diese Relationen immer nur für **einzelne** Kostenziele und nicht für die **Summe** der entscheidungsrelevanten Kosten. Daß auch kein Versuch unternommen wird, diese Beziehungen im Detail zu klären, ist wohl darauf zurückzuführen, daß es sich bei den Kosten um in Geldeinheiten ausgedrückte Werte handelt, die quasi 'gleichnamig' sind, was für die zu minimierenden Zeiten und Mengen jedoch nicht gilt. So können wegen der unterschiedlichen Bezugsbasis z. B. auftragsbezogene Durchlaufzeiten und personalbezogene Leerzeiten nicht einfach miteinander addiert und ihre Summe wiederum minimiert werden, auch wenn für die Erfassung beider Zeitgrößen dieselbe Zeiteinheit – Minuten oder Stunden – angewandt wird. Nur so kann eigentlich auch erst das schon eingangs geschilderte Phänomen des Wandels des dominanten Zeitziels erklärt werden. Ließen sich die im Blickpunkt der Zeit-

---

[64] Vgl. Kurbel, K. (1993), S. 20.
[65] Vgl. Zäpfel, G. (1982), S. 31.
[66] Vgl. Adam, D. (1988a), S. 7; Fischer, K. (1990), S. 2.
[67] Vgl. Kurbel, K. (1993), S. 20.
[68] Vgl. Kurbel, K. (1993), S. 19.

ziele stehenden Zeiten nämlich direkt miteinander vergleichen, dann hätte das Minimum der Summe aller Zeiten schon jeweils die angestrebte effiziente Produktion charakterisiert.

Interessanter Weise scheint es in jüngerer Zeit eine weitere Veränderung hinsichtlich der Zielsetzung der PPS zu geben: nicht zuletzt aus strategischen Überlegungen heraus wird die Flexibilität zur neuen Leitmaxime der PPS[69]. Die Flexibilität kann dabei als Maß für die Anpassungsfähigkeit, oder besser: die Schnelligkeit oder Geschwindigkeit (relatives und absolutes Maß) der Anpassung an sich ändernde Rahmenbedingungen[70] der PPS angesehen werden. Ihre Maßeinheit ist DIE ANZAHL oder DAS AUSMAß DER VERÄNDERUNGEN PRO ZEITEINHEIT[71]. Demzufolge stellt die Flexibilität auch eine zeitorientierte Zielgröße dar, die sämtliche Zeitziele (tangiert) überlagert. Zudem beeinflußt sie auch die absatzpolitischen Möglichkeiten einer Unternehmung[72] und kann dadurch auch die Erlöse determinieren. Ob somit durch das Streben nach größtmöglicher Flexibilität letztlich wieder die Wirtschaftlichkeit als Ziel der PPS 'zurückkehrt', kann an dieser Stelle zwar vermutet werden, ist jedoch im weiteren nicht Gegenstand der vorliegenden Arbeit.

Im Hinblick auf das Ziel einer maximalen Flexibilität der PPS erscheint es zweckmäßig, neben der Flexibilität des Produktionsprozesses, die auf den im Rahmen der Termin- und Reihenfolgeplanung möglichen Anpassungsmaßnahmen basiert, insbesondere auf die Flexibilität der einzusetzenden Produktionsfaktoren zu achten[73]. Da die Flexibilität eine wesentliche Determinante des Leistungsvermögens, d. h. der Kapazität eines Faktors ist[74], besteht eine Flexibilität in der Quantität und Qualität der Leistungserstellung nur bei den Potentialfaktorkategorien Betriebsmittel und Personal. Von diesen beiden weisen die Betriebsmittel die geringere Flexibilität auf[75]. Auch in raum-zeitlicher Perspektive besitzt das mobile Personal eine höhere Flexibilität als die immobilen Maschinen und maschinellen Anlagen[76]. Unter temporalen und lokalen Aspekten weisen das Material und auch Meß- und Werkzeuge als Betriebsmittel ohne Abgabe von Werkverrichtungen eine ähnlich hohe Flexibilität wie das Personal auf, jedoch erreichen sie in quantitativer und qualitativer Hinsicht dessen An-

---

69) Vgl. Kurbel, K. (1993), S. 22.
70) Vgl. Kern, W. (1992a), S. 22.
71) Vgl. Kern, W. (1992a), S. 23.
72) Vgl. Kurbel, K. (1993), S. 22.
73) Vgl. Zäpfel, G. (1982), S. 31.
74) Vgl. Kern, W. (1992a), S. 22 f.
75) Vgl. Kern, W. (1992a), S. 198.
76) Vgl. Kern, W. (1967), S. 106.

passungsmöglichkeiten nicht. Deshalb kann das Personal, insbesondere in Form qualifizierter Arbeitskräfte[77] mit Fug und Recht als der flexibelste Produktionsfaktor charakterisiert werden, der bei Verfolgung des Flexibilitätszieles im Rahmen von PPS-Systemen eine dominierende Stellung einzunehmen hat.

Außer den Zielen der Wirtschaftlichkeit und Flexibilität bestehen für die Gestaltung der PPS noch weitere relevante Zielvorstellungen. Neben z. B. qualitäts- und umweltbezogenen Zielgrößen[78] zählen hierzu im Hinblick auf die Themenstellung dieser Arbeit insbesondere Arbeitnehmerinteressen, die auf eine menschengerechte Produktion abzielen[79]. Im Kontext der Programmplanung bestehen mitarbeiterorientierte Ziele vor allem in der Sicherung des Arbeitsplatzes und einer gleichmäßigen Beschäftigung des Personals[80]. Im Mittelpunkt der Prozeßplanung und -steuerung stehen die Ziele der Schaffung von Entscheidungsspielräumen und der Erweiterung der Handlungskompetenz des Personals[81].

2.1.2 Konzepte der Produktionsplanung und -steuerung

Bei den Konzepten der Produktionsplanung und -steuerung wird im Rahmen dieser Arbeit zwischen Ideal- und Real-Konzepten unterschieden. Ideal-Konzepte lassen sich dabei als von realitätsbezogene Prämissen abstrahierende, stark theoretisch ausgerichtete, sämtliche nur eben denkbaren Aspekte umfassende Konzeptionen, also 'Traum'-, Wunsch- oder eben Idealvorstellungen kennzeichnen. Demgegenüber werden in Real-Konzepten schon einige praxisrelevante Einschränkungen – z.B. die Reduzierung der Betrachtungen auf die Gegebenheiten der Serienfertigung – oder realitätsorientierte Fokussierungen – z.B. auf die Probleme der Fertigungssteuerung bei Werkstattfertigung – im Hinblick auf die Operabilität der Konzeptionen vorgenommen[82]. Während es sich bei den Real-Konzepten der PPS also um realitätsbezogene Umsetzungen der entsprechenden Ideal-Konzepte handelt, stellen die unterschiedlichen PPS-Systeme ihrerseits die DV-technischen Realisierungen der einzelnen Real-Konzepte dar, auf denen sie jeweils basieren. Im Hinblick auf die Themenstellung

---

77) Vgl. Zäpfel, G. (1982), S. 31.
78) Zu Qualitätszielen vgl. z. B. Wetzlar, G. (1991), S. 10 ff.
    Zu den Zielen des Umweltschutzes vgl. z. B. Kudert, St. (1990), S. 569 ff.; Steven, M. (1991), S. 39.
79) Vgl. Zäpfel, G. (1982), S. 31
80) Vgl. Zäpfel, G. (1982), S. 68 f.
81) Vgl. Zäpfel, G. (1982), S. 192 und 279 f.
82) Vgl. Renner, A. (1991), S. 38.

der Arbeit werden deshalb im folgenden die Real-Konzepte kurz beschrieben, während die Ideal-Konzepte nur grob skizziert werden.

2.1.2.1 Ideal-Konzepte der Produktionsplanung und -steuerung

Auf den ersten Blick mag es so scheinen, daß es eigentlich nur **ein** Ideal-Konzept geben kann, da dieses ja alle Aspekte der PPS beinhaltet. Werden jedoch die Aspekte der PPS, nämlich ihre Objekte, Funktionen und Ziele in systemtheoretischer Weise als Elemente oder Sub-Systeme des Ideal-Konzeptes klassifiziert, so können durch unterschiedliche Perspektiven bei der Betrachtung der Aspekte sich auch verschieden geartete Beziehungen zwischen ihnen ergeben. Das wiederum bedeutet, daß die Gesamtheit der Relationen zwischen den einzelnen Elementen und/oder Sub-Systemen zumindest zwei Strukturen aufweisen kann, so daß sich wenigstens zwei Ideal-Konzepte der PPS unterscheiden lassen.

Als diese beiden Ideal-Konzepte der PPS sind zum einen das Konzept der SIMULTANPLANUNG, das "auf drei grundlegende Arbeiten von Gutenberg, Grochla und Kern"[83] zurückgeht sowie das Konzept der HIERARCHISCHEN PRODUKTIONSPLANUNG, das von A.C. Hax und H.C. Meal in die Literatur eingeführt wurde[84], zu nennen. Im Rahmen der Simultanplanung werden die Interdependenzen zwischen den Aspekten mit Hilfe einer detaillierten Planung und Steuerung der Produktion sowie der Produktionsfaktoren in mengenmäßiger, terminlicher und raum-zeitlicher Hinsicht[85], auf Grund einer Integration aller Planungsfunktionen mit dem Ziel eines Gesamtoptimums[86] sowie eben insbesondere durch eine simultane Betrachtung der Produktionsfaktoren[87] erfaßt. In diesem Konzept werden die zuvor beschriebenen Funktionen sowohl bezüglich der verschiedenen Input-, Throughput- und Output-Objekte als auch hinsichtlich der unterschiedlichen Fristigkeiten in Planung und Steuerung simultan durchgeführt. Diese beiden Dimensionen der Simultaneität sollen in Abbildung 3 durch die zwei grauen Bänder symbolisiert werden.

---

[83] Renner, A. (1991), S. 38.
[84] Vgl. Stadtler, H. (1988). S. 3; Kistner, K.-P./Steven, M. (1993), S. 323.
[85] Vgl. Kern, W. (1970), S. 95.
Dabei ist jedoch anzumerken, daß Kern diese Aspekte nicht, wie Renner behauptet, erst 1970 aufgezeigt, sondern sich entsprechende Überlegungen auch schon früher z. B. in Kern, W. (1966), S. 238 f. und Kern, W. (1967), S. 104 f. finden lassen.
[86] Vgl. Grochla, E. (1978), S. 23.
Aber auch schon bei Grochla, E. (1958), S. 21.
[87] Vgl. Gutenberg, E. (1965), S. 148 ff.
Aber erstmals in Gutenberg, E. (1951), S. 139 und 142 ff.

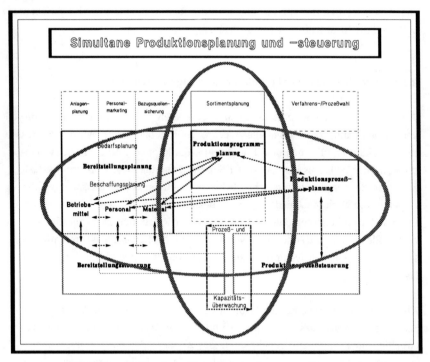

Abbildung 3: Simultane Produktionsplanung und -steuerung

Kennzeichnend für die hierarchische Produktionsplanung ist, wie der Name schon sagt, die hierarchische Struktur der Planungs- und Steuerungsaktivitäten. Sie läßt sich bezüglich der Objekte und Ziele durch Aggregation und Disaggregation der Daten[88] sowie hinsichtlich der Funktionen durch Vorgaben und Rückkoppelungen erreichen[89]. In Abbildung 4 wird versucht, beides mit Hilfe der Doppelpfeile darzustellen, wobei jedoch aus Gründen der Übersichtlichkeit und des Aussagegehaltes nur die wesentlichen Beziehungen gekennzeichnet werden.

---

88) Vgl. Lermen, P. (1992), S. 44 f.
89) Vgl. Stadtler, H. (1988), S. 27 ff.; Kistner, K.-P./Steven, M. (1993), S. 306 ff.

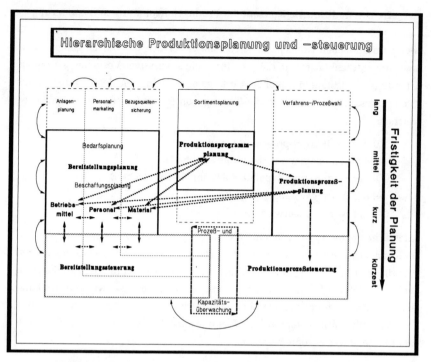

Abbildung 4: Hierarchische Produktionsplanung und -steuerung

2.1.2.2 Real-Konzepte der Produktionsplanung und -steuerung

Bei den Real-Konzepten der PPS wird in der jüngeren Literatur regelmäßig zwischen dem traditionellen Konzept der PPS sowie neueren Ansätzen der PPS unterschieden, wobei letztere wiederum in bestands- und engpaßorientierte Konzepte eingeteilt werden[90]. Diese Unterteilung geht auf zwei Aufsätze von Zäpfel und Missbauer[91] zurück, die dort eine entsprechende Differenzierung vornehmen[92].

---

90) Vgl. u.a. Kargl, H. (1990), S. 962; Kern, W. (1992a), S. 330; Schröder, H.-H. (1990), S. 71.
    Fischer spricht sogar von **klassischen** und neueren Konzepten (vgl. Fischer, K. (1990), S. 57).
91) Dabei handelt es sich um Zäpfel, G./Missbauer, H. (1988a) und (1988b).
92) Vgl. Zäpfel, G./Missbauer, H. (1988a), S. 77 und dieselben (1988b), S. 127.

2.1.2.2.1 Das traditionelle Konzept der Produktionsplanung und -steuerung

Beim traditionellen Konzept der PPS handelt es sich um das eingangs schon erwähnte Stufenkonzept. In diesem, durch ein sukzessives Vorgehen geprägten Planungs- und Steuerungskonzept erfolgt eine Reduktion der Planungs- und Steuerungskomplexität durch die Bildung von in der Regel fünf Aufgabenbereichen:

① der Produktionsprogrammplanung,
② der Mengenplanung (Materialwirtschaft),
③ der Termin- und Kapazitätsplanung (Zeitwirtschaft),
④ der Auftragsveranlassung und
⑤ der Auftragsüberwachung,

die nacheinander in der genannten Reihenfolge abgearbeitet werden. Dabei bilden die Ergebnisse der vorgelagerten Teilaufgabe den Entscheidungsrahmen für die jeweils nachfolgende Planungs- oder Steuerungsaufgabe. Parallel dazu vollzieht sich ein Wandel von der Grob- zur Feinplanung sowie von der lang- bis mittelfristigen Perspektive hin zur kurzfristigen Betrachtung. Die Verfeinerungen sollen sich sowohl auf die Planungsobjekte als auch auf die Planungszeiträume und -horizonte beziehen.

Die Vorgehensweise entspricht damit weitgehend dem zuvor kurz skizzierten Konzept der HIERARCHISCHEN PRODUKTIONSPLANUNG. Die in diesem Ideal-Konzept vorgesehenen Rückkoppelungen, die zu Neuaufwürfen der Planung in der/n Vorstufe(n) führen, wenn deren Vorgabe(n) auf der betrachteten Stufe zu unzulässigen Ergebnissen führen sollten, fehlen allerdings grundsätzlich im traditionellen PPS-Konzept.

Die neueren PPS-Konzepte beschränken sich, wie noch gezeigt wird, in der überwiegenden Zahl der Fälle lediglich auf die Veränderung eines einzelnen Aufgabenbereiches des Stufenkonzeptes[93]. Die Neuerungen bewegen sich in den Denkmustern des traditionellen Konzeptes[94] und wurden darum von Schröder schon früh nur als deren "Modifikationen und Erweiterungen"[95] klassifiziert. Die einzelnen Teilschritte des Stufenkonzeptes werden deshalb im folgenden kurz erläutert.

---

93) Vgl. Glaser, H./Geiger, W./Rohde, V. (1992), S. 3.
94) Vgl. Kern, W. (1992a), S. 330.
95) Schröder, H.-H. (1989), S. 10 f.

Ausgangspunkt des Stufenkonzeptes ist die *Produktionsprogrammplanung*. In diesem Planungsschritt wird auf Basis der vorliegenden Kundenaufträge und/oder aufgrund von Absatzprognosen das aktuelle Produktprogramm ermittelt. Das Resultat ist der mengenmäßige Primärbedarf.

Aus diesem wird im Rahmen der *Mengenplanung* mit Hilfe der programm- oder verbrauchsgesteuerten Materialbedarfsermittlung der Sekundärbedarf ermittelt. Die unterschiedlichen Materialbedarfe können dann noch je nach Fremdbezug oder Eigenfertigung mengenmäßig und zeitlich differenziert zu einzelnen Beschaffungs- bzw. Fertigungslosgrößen zusammengefaßt werden. Die Aktivitäten dieser Planungsstufe resultieren in terminierten Sekundärbedarfen.

Im Rahmen der *Termin- und Kapazitätsplanung* werden für die Fertigungsaufträge, die den selbst zu erstellenden Fertigungslosgrößen entsprechen, deren grobe Start- und Endtermine bestimmt. Dazu müssen nacheinander die Teilschritte der Durchlaufterminierung, der Kapazitätsbedarfsrechnung sowie der Kapazitätsterminierung absolviert werden. Ergebnis dieses Planungsschrittes sind grob terminierte Betriebsaufträge.

Die *Auftragsveranlassung* umfaßt die Teilaufgaben der mit der Verfügbarkeitsprüfung verbundenen Auftragsfreigabe, der Verteilung der Aufträge und/oder Arbeitsgänge auf die einzelnen Arbeitsplätze sowie die Terminfeinplanung, die auch die Reihenfolgeplanung einschließt. Diese Teilschritte münden schließlich in die Erstellung der Arbeitsbelege für die einzelnen Fertigungs-, Transport- oder Prüfaufträge.

Den Abschluß dieser sukzessiven Vorgehensweise bildet die *Auftragsüberwachung*. Sie beinhaltet sowohl die Kontrolle des Auftragsfortschrittes als auch die Überwachung des Materialflusses und der Fertigungskapazitäten, wobei alle drei Teilaufgaben durch Betriebsdatenerfassung-Systeme (BDE-Systeme) in besonderer Weise unterstützt werden können[96].

2.1.2.2.2 Neuere Konzepte der Produktionsplanung und -steuerung

Bei den neueren Konzepten der PPS ist grundsätzlich zwischen bestandsorientierten und engpaßorientierten Konzepten zu differenzieren. Auch wenn es sich

---
96) Vgl. Zäpfel, G. (1989a), S. 194 f.

gerade bei den bestandsbezogenen Ansätzen lediglich um Veränderungen des Stufenverfahrens und nicht um eigenständige Konzepte handelt, sollen sie, dem allgemeinen Sprachgebrauch folgend, hier dennoch weiter als bestandsorientierte Konzepte bezeichnet werden.

2.1.2.2.2.1 Bestandsorientierte Konzepte der Produktionsplanung und -steuerung

Kennzeichnend für die bestandsorientierten Konzepte ist, daß sie sich erstens, wie zuvor schon mehrfach erwähnt, regelmäßig auf einen Teilschritt des Sukzessivplanungskonzeptes, nämlich die Auftragsveranlassung beschränken und sie zweitens diese Teilaufgabe dezentral lösen wollen, und nicht zentral wie im Stufenkonzept[97]. Zu den bestandsorientierten Konzepten zählen vor allem[98]:

die *Belastungsorientierte Auftragsfreigabe* (BORA),
die *Retrograde Terminierung* (RT),
Kanban und
das *Fortschrittszahlenkonzept*.

Ihr Ansatzpunkt liegt, wie ihr Name schon sagt, bei den Beständen, genauer gesagt bei den Auftragsbeständen und den mit diesen direkt verbundenen Materialbeständen, insbesondere an Zwischenprodukten. Unbeachtet bleiben dagegen in der Regel die Betriebsmittel- oder Personalbestände. Zielgröße der bestandsorientierten Konzepte sind die Durchlaufzeiten der Aufträge. Denn ein falscher, d. h. in der Regel – auf Grund des Durchlaufzeitensyndroms[99] – überhöhter Auftragsbestand in der Fertigung führt tendenziell zu schlechten, d. h. regelmäßig überlangen Durchlaufzeiten bei den Aufträgen. In den bestandsorientierten Ansätzen wird nun jeweils versucht, nur – ungefähr – soviele Aufträge für die Fertigung freizugeben, daß sich optimale Durchlaufzeiten ergeben.

Die vier genannten Konzepte werden im folgenden an Hand ihrer Vorgehensschritte grob skizziert. Auf ein ausführliches Darstellen der Verfahren wird in dieser Arbeit verzichtet, da es nicht deren primärem Anliegen entspricht, sondern vielmehr auf die hierzu zum Teil sehr reichhaltig vorhandene Literatur

---

97) Vgl. Adam, D. (1993), S. 470 ff.; Glaser, H./Geiger, W./Rohde, V. (1992), S. 229 f., 247 f. und 270 ff.
98) Des weiteren ist zu dieser Gruppe von PPS-Konzepten auch das *Input/Output-Control* rechnen, das auf Arbeiten von Belt, B. (1976) und Wight, O.W. (1974) zurückgeht. (vgl. Zäpfel, G./Missbauer, H. (1988b), S. 129). Siehe hierzu auch Missbauer, H. (1987).
99) Vgl. Zäpfel, G./Missbauer, H. (1987), S. 892.

verwiesen[100]. Die zur Bestimmung der Personalorientierung jeweils wesentlichen Merkmale werden im Zuge der Überprüfung der PPS-Konzepte aufgezeigt.

Die *Belastungsorientierte Auftragsfreigabe* (BORA) versucht, die Regelung der Auftragsbestände mit einen zweistufigen Verfahren zu erreichen[101]. Zunächst werden die dringlichen Aufträge ermittelt, d.h. die Aufträge, deren spätester Startzeitpunkt vor einer sogenannten Terminschranke liegt. Diese Aufträge werden dann bis zur Höhe der – zumindest für die maßgebenden Arbeitsstationen zu bestimmenden – Belastungsschranken freigegeben. Das Vorgehen entspricht einer progressiven Terminplanung[102].

Demgegenüber wird bei der *Retrograden Terminierung* (RT) versucht, die Einlastung der Aufträge unter Zuhilfenahme der Rückwärtsterminierung auf Basis der spätesten Liefertermine vorzunehmen[103]. Aufbauend auf dieser Wunschterminierung wird im zweiten Schritt ein – erster – zulässiger Belegungsplan erstellt, der in der dritten Stufe der RT noch modifiziert werden kann oder muß[104]. Der zweite und dritte Schritt kann dabei mehrfach durchlaufen werden[105].

Auch wenn bei *Kanban* umstritten bleibt, ob es ein eigenständiges PPS-Konzept darstellt[106] oder nicht[107], so ist unstrittig, daß es sich hierbei ebenfalls um einen bestandsorientierten Ansatz handelt. Im Mittelpunkt dieses Verfahrens steht der Materialfluß in der Fertigung, die durch einen ihm gegenläufigen Informationsfluß nach dem Hol-Prinzip gesteuert wird[108]. Die einzelnen Bearbeitungs-

---

100) Zu *BORA* siehe insbesondere Bechte, W. (1980); Kettner, H./Bechte W. (1981); Wiendahl, H.-P. (1987), S. 206 ff. Vgl. hierzu auch Adam, D. (1988b); Adam, D. (1989a); Wiendahl, H.-P. (1988a), S. 62 ff.; Wiendahl, H.-P. (1988b).
Zu *RT* siehe insbesondere Adam, D. (1987a); Adam, D. (1987b); Adam, D. (1988c); Adam, D. (1993), S. 496 ff.; Fischer, K. (1990), S. 93 ff. Vgl. hierzu auch Adam, D. (1989b); Fischer, K. (1988).
Zu *Kanban* siehe insbesondere Wildemann, H. (1988); Wildemann, H. (1989b). Vgl. hierzu auch Wildemann, H. (1983a); Wildemann, H. (1983b).
Zum *Fortschrittszahlenkonzept* siehe insbesondere Heinemeyer, W. (1988), S. 9 ff.
101) Vgl. Fischer, K. (1990), S. 79; Kern, W. (1992a), S. 327.
102) Vgl. Kern, W. (1992a), S. 329.
103) Vgl. Adam, D. (1993), S. 496; Kern, W. (1992a), S. 327.
104) Vgl. Fischer, K. (1990), S. 104 f.
105) Vgl. Adam, D. (1993), S. 502.
106) Vgl. Kern, W. (1992a), S. 331; Schröder, H.-H. (1990), S. 71.
107) Vgl. Glaser, H./Geiger, W./Rohde, V. (1992), S. 270; Lermen, P. (1992), S. 160 ff.; ähnlich auch Zimmermann, G. (1989), S. 24.
108) Vgl. Adam, D. (1993), S. 484.

stationen sind dem Materialfluß entsprechend ausgerichtet und bilden ein System vermaschter, sich selbst-steuernder Regelkreise[109].

Das *Fortschrittszahlenkonzept* zielt ebenfalls primär auf die Materialflüsse und wird hauptsächlich in der Automobilindustrie und deren Zulieferunternehmen eingesetzt[110]. Bei den Fortschrittszahlen handelt es sich um kumulierte Mengen von Zwischenerzeugnissen, die im Rahmen eines vorgegebenen Montageplans von einer Produktionseinheit – oder einem Zulieferer – an den nachfolgenden Bereich zu übergeben sind. Durch die meist graphische Gegenüberstellung von Soll- und Ist-Fortschrittszahlen können auftretende Materialfehlmengen (Soll > Ist) und insbesondere sich abzeichnende Lagerbestände (Ist > Soll) leicht im vorhinein diagnostiziert und damit unterbunden werden[111].

2.1.2.2.2.2 Engpaßorientierte Konzepte der Produktionsplanung und -steuerung

Die engpaßorientierten Verfahren greifen im Gegensatz zu den bestandsorientierten Konzepten regelmäßig auf den Simultanplanungsansatz und nicht auf das Ideal-Konzept der hierarchischen Produktionsplanung zurück. Somit kann es sich bei diesen Verfahren in der Regel auch um keine Varianten des Stufenplanungskonzeptes handeln.

Das Ziel minimaler Durchlaufzeiten wird bei den engpaßorientierten Konzepten, nomen est omen, durch eine Fokussierung auf die Engpässe, genauer gesagt auf die Engpaßkapazitäten angestrebt[112]. Ausgangsüberlegung hierbei ist, daß die Geschwindigkeit des Materialflusses und damit die Durchlaufzeiten der Aufträge primär durch den Auslastungsgrad der Fertigungsengpässe determiniert werden[113].

Prominentestes Beispiel für die Gruppe der engpaßorientierten Konzepte[114] ist die *Optimized Production Technology* (OPT). Bei OPT wird zunächst die Gesamtheit der Aufträge in einem Produkt-Netzwerk abgebildet. Mit Hilfe der Rückwärtsterminierung werden dann in einer zweiten Stufe alle Engpaßkapa-

---

109) Vgl. Kern, W. (1992a), S. 331 f.
110) Vgl. Helberg, P. (1987), S. 77.
111) Vgl. Adam, D. (1993), S. 492.
112) Dies entspricht genau der von Gutenberg schon vor über 30 Jahren proklamierten "Dominanz des Minimumsektors" (Gutenberg, E. (1951), S. 126).
113) Vgl. Adam, D. (1993), S. 493.
114) Vgl. Schröder, H.-H. (1990), S. 72.

zitäten lokalisiert, auf Grund derer im dritten Schritt das Produktions-Netzwerk in zwei Bereiche gesplittet wird[115]. Zum Abschluß wird der kritische Netzteil, der die Engpässe sowie die ihnen im Materialfluß nachfolgenden Kapazitätseinheiten umfaßt, progressiv und der unkritische Teil retrograd geplant. Als Simultanmodell versucht OPT dabei, die Programm-, Losgrößen- und Terminplanung iterativ mit den Kapazitäten abzustimmen[116].

Des weiteren ist unter diese Konzepte auch noch die *engpaßorientierte Disposition* (EOD)[117] zu subsumieren[118]. Der Denkansatz bei EOD greift auf die Gestaltungsregeln von OPT zurück[119] und ist ebenfalls durch eine simultane Betrachtung von Engpässen und Aufträgen geprägt[120]. Die beiden sich ergänzenden Schritte der engpaßorientierten Material- sowie Kapazitätsdisposition führen letztlich zu einer fortlaufenden Überprüfung der Material- und Kapazitätsverfügbarkeit[121]. Während bei OPT die Kapazitätsengpässe im Mittelpunkt der Betrachtung stehen, sind bei EOD die Materialengpässe von primärer Bedeutung[122].

2.2 Personalplanung und -steuerung

Der Begriff der PERSONALPLANUNG UND -STEUERUNG (PersPS) ist in der personalwirtschaftlichen Literatur eher ungebräuchlich[123]. Er wird hier aus zwei Gründen eingeführt: Zum einen soll rein formal ein personalbezogenes Analogon zur Produktionsplanung und -steuerung geschaffen werden, das die Planungsaktivitäten in allen Fristigkeiten abdeckt; d. h. auch die kürzestfristige Personalplanung[124], die analog zu den bereits vorgestellten Aufgaben der PPS dem Steuerungsbereich zuzuordnen ist, wird hierunter subsumiert. Zum anderen soll durch diese Begriffswahl verdeutlicht werden, daß ebenso wie die Produktionsplanung auch die Personalplanung im Hinblick auf eine zielgerichtete

---

115) Vgl. Schröder, H.-H. (1990), S. 73.
116) Vgl. Adam, D. (1993), S. 496.
117) Vgl. Zimmermann, G. (1988), S. 487 ff.
118) Außerdem kann zu dieser Gruppe von PPS-Konzepten auch noch die *engpaßorientierte Grobplanung* gezählt werden.
Vgl. hierzu Meier, P. (1988), S. 528 ff.
119) Vgl. Zimmermann, G. (1987), S. 44 ff.
120) Vgl. Zimmermann, G. (1988), S. 492 f.
121) Vgl. Zimmermann, G. (1989), S. 74 f.
122) Vgl. Zimmermann, G. (1987), S. 55.
123) So weist z.B. das Handwörterbuch des Personalwesens in der ersten Auflage das Stichwort 'Personalsteuerung' überhaupt nicht und in der 2. Auflage lediglich einmal auf.
Vgl. Gaugler, E. (1975), Sp. 2096 sowie Gaugler, E./Weber, W. (1992), Sp. 2488.
124) Vgl. Drumm, H.J. (1992b), S. 271.

Planrealisierung der Ergänzung durch überwachende und sichernde Maßnahmen bedarf. In der personalwirtschaftlichen Literatur werden diesbezügliche Problemstellungen zwar unter dem Begriff des PERSONALCONTROLLING erfaßt, jedoch findet dabei primär die Kontrolle der Personalkosten und nicht die Überwachung der Personalkapazitäten Beachtung. Auch wenn dem Personalkostencontrolling mit Blick auf die Ziele – speziell der Wirtschaftlichkeit – der PPS eine nicht unbedeutende Rolle zukommen dürfte, so hat hinsichtlich der Aufgaben der PPS die Personalkapazitätsplanung und -steuerung eindeutig Vorrang.

2.2.1 Aufgaben und Ziele der Personalplanung und -steuerung

Die PersPS hat zusammen mit der Personalführung und der Personalverwaltung die Aufgabe, die betriebliche Personalpolitik zu verwirklichen[125]. Da zwischen den drei Aktivitäten zahlreiche Interdependenzen bestehen, fällt es schwer, sie exakt voneinander abzugrenzen[126]. Jedoch die PersPS als eine Aufgabe der Personalverwaltung zu betrachten[127], scheint nicht gerechtfertigt zu sein. Denn Planung – und auch der planende Teil der Steuerung – ist immer darauf gerichtet, zukünftiges Geschehen in Gedanken vorwegzunehmen[128]. Dieser Prozeß beinhaltet sowohl das passive Moment der Prognose als auch das aktive Moment in Form des unternehmerischen Gestaltungswillens[129]. Personalverwaltung hingegen hat einerseits die Aufgabe, die für Prognosen benötigten Informationen bereitzustellen; andererseits obliegt ihr die technische Verwirklichung der Planresultate[130]. Die Planungsziele im menschlichen Bereich durch Aktivieren, Lenken und Kontrollieren der Beschäftigten zu erreichen, ist Aufgabe der Personalführung[131]; eine Grenzziehung zwischen PersPS sowie der Personalführung fällt an diesem Punkt besonders schwer. Vom Zeitbezug[132] her läßt sich die Personalverwaltung als schwerpunktmäßig vergangenheitsorientiert charakterisieren, während die Personalführung eher als gegenwartsbezogen sowie die PersPS als primär zukunftsorientiert bezeichnet werden können[133].

---

125) Vgl. Marr, R./Stitzel, M. (1979), S. 105.
126) Vgl. Marr, R./Stitzel, M. (1979), S. 106.
127) Vgl. Potthoff, E. (1974), S. 136.
128) Vgl. Hax, K. (1959), S. 606.
129) Vgl. Kern, W. (1992a), S. 71.
130) Vgl. Marr, R./Stitzel, M. (1979), S. 106.
131) Vgl. Marr, R./Stitzel, M. (1979), S. 106.
132) Vgl. Kern, W. (1993), Sp 4773 f.
133) Vgl. Marr, R./Stitzel, M. (1979), S. 107.

Die erste "systematische Abhandlung"[134] über betriebliche Personalplanung in deutscher Sprache erschien im Jahr 1963[135]. Das läßt erkennen, daß die betriebliche Personalplanung im wissenschaftlichen Bereich eine relativ junge Disziplin ist[136]. So verwundert es nicht, daß in der Literatur kein Konsens über den Begriff der Personalplanung herrscht, zumal er in der Praxis ebenfalls unterschiedlich ausgelegt wird[137].

Im weiten Sinn kann jegliches Planen im Personalbereich[138] bis hin zur Planung der Personalpolitik[139] als Personalplanung bezeichnet werden. Im Gegensatz dazu stimmt Personalplanung im engen Sinn mit der Personalbedarfsplanung überein[140]. In jüngerer Zeit wird Personalplanung in der Regel als ein Prozeß aufgefaßt[141], der zum Ziel hat, Arbeitskräfte in erforderlicher Zahl und Qualifikation zum rechten Zeitpunkt sowie für die nötige Zeitspanne am richtigen Ort für die Arbeit im Unternehmen zur Verfügung zu haben, zu der sie sich nach wirtschaftlichen Kriterien am besten eignen[142]. So gesehen fallen außer der Personalbedarfsplanung noch weitere Aufgaben unter den Oberbegriff der Personalplanung. Personalplanung kann dann als Summe folgender Teilplanungen definiert werden[143]:

- Personalbedarfsplanung,
- Personalbeschaffungs- und -freisetzungsplanung,
- Personalentwicklungsplanung,
- Personaleinsatzplanung und
- Personalkostenplanung.

Von dieser Gliederung der Personalplanung wird grundsätzlich auch in der vorliegenden Arbeit ausgegangen. Dabei ist jedoch zu beachten, daß sich die Personalkostenplanung auf einer anderen Planungsebene befindet als die übri-

---

134) Gaugler, E./Wiese, G. (1983), S. 5.
135) Vgl. Marx, A. (1963a).
136) Vgl. Eckardstein, D. v. (1979), Sp. 1403.
137) Vgl. Gaugler, E. (1974), S. 6.
138) Vgl. Schoenfeld, H.-M. W. (1970), S. 3.
139) Vgl. Ulrich, H./Staerkle, R. (1965), S. 109.
140) Vgl. Marx, A. (1963b), S. 465.
141) Vgl. Mag, W. (1986), S. 2.
142) Vgl. Ackermann, K.-F./Reber, G. (1981), S. 37; Geisler, E.B. (1967), S. 5; Kador, F.-J./Kempe, H.-J./Pornschlegel, H. (1989), S. 11; Sever, D. (1990), S. 43 und 49 f.; Wimmer, P. (1985), S. 11.
143) Vgl. Gloede, D. (1991), S. 30 f.; Hammer, R. u. a. (1982), S. 13 ff.; Kador, F.-J. (1983), S. 246; RKW (1990), S. 19. Zu ähnlichen Systematisierungsvorschlägen siehe z. B. Bisani, F. (1983), S. 98; Berthel, J. (1991), S. 108; Nüßgens, K.-H. (1975), S. 86; Oechsler, W.A. (1992), S. 52.

gen Planungsbereiche[144]. Planungsobjekt der ersten vier Teilplanungen, die hier unter dem Begriff der Personalkapazitätsplanung[145] zusammengefaßt werden, ist das Personal selber[146]. Bei der Personalkostenplanung hingegen sind die (Plan-)Kosten, die für die Beschaffung und Freisetzung, Entwicklung sowie insbesondere den Einsatz des Personals anfallen, Gegenstand der Planung[147]. Die beiden unterschiedlichen Perspektiven zeigt Abbildung 5.

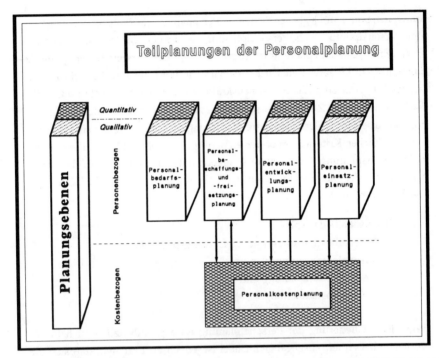

Abbildung 5: Teilplanungen und Planungsebenen der Personalplanung

Im Gegensatz zur Personalkostenplanung bilden die Objekte der Personalkapazitätsplanung eine Schnittmenge[148] mit den Objekten der PPS. Deshalb wird

---

144) Vgl. Mag, W. (1981b), S. 519.
145) Eine etwas andere Perspektive wählt Kern, wenn er primär die Personalbedarfsplanung als Kapazitätsplanung anspricht (vgl. Kern, W. (1989b), Sp. 1075).
146) Vgl. Mag, W. (1990), S. 34.
147) Vgl. Drumm, H.J. (1992b), S. 163 f.; Hentschel, B. (1976), S. 213; Mag, W. (1981a), S. 208.
Außerdem können die von Mag dort ebenfalls angeführten Kosten der Planung und Planrealisation für alle fünf Teilplanungen zu den Personalkosten gezählt werden.
Eine andere Art der Kostenableitung wählt Drumm, der die Planung der Personalkosten auf Basis des Personalbedarfs für sinnvoll hält, ohne jedoch ein Sinnkriterium anzugeben (vgl. Drumm, H.J. (1992a), Sp. 1764).
148) Das Personal eines Unternehmens ist keine Teilmenge der PPS-Objekte, da zu letzteren weder die Bediener von PPS-Systemen zählen noch Mitarbeiter aus anderen Bereichen wie z. B. der Verwaltung.

die Personalkostenplanung aus den weiteren Überlegungen ausgeklammert, auch wenn ihre potentielle Bedeutung im Hinblick auf das Ziel der Wirtschaftlichkeit der PPS auf keinen Fall unterschätzt werden darf. Planungsobjekte der Personalkapazitätsplanung sind das Personal oder die Personen, die es bilden. Es stellt sich hier die Frage, welche Personen unter den Begriff des Personals subsumiert werden sollen. Als unstrittig kann angesehen werden, daß es sich beim Personal um eine Gesamtheit von Menschen handelt, die für ein Unternehmen – gleich ob öffentlicher oder privater Natur – tätig ist. D. h. auch der Unternehmer zählt mit zum Personal, soweit er z. B. als geschäftsführender Gesellschafter auch wirklich aktiv im Unternehmen beteiligt ist. In einer weiten Sicht gehören zum Personal nicht nur die dem Unternehmen per Arbeitsvertrag verpflichteten Beschäftigten, sondern alle Mitarbeiter, seien es freie Mitarbeiter oder Sub-Unternehmer, die durch Werkverträge an das Unternehmen gebunden sind, sowie Beschäftigte von Fremdfirmen, insbesondere Leiharbeitnehmer, demgegenüber das betrachtete Unternehmen eine Weisungsbefugnis besitzt, und eventuell auch noch die latenten Mitarbeiter, zu denen Bewerber, (ehemalige) Praktikanten und Pensionäre oder Rentner zu zählen sind.

Die einzelnen Bereiche der Personalkapazitätsplanung weisen jeweils eine quantitative und eine qualitative Dimension auf. Die quantitative Personalkapazitätsplanung bezieht sich dabei direkt auf das Personal als eine Gesamtheit von Arbeitskräften, ohne jedoch die einzelnen Personen individuell zu betrachten. Als Objekt der Planung fungiert eine amorphe Masse Mensch, die als Arbeits(zeit)volumen in Köpfen, Manntagen oder Arbeitsstunden gemessen wird[149]. Diese tendenziell langfristige und eher grobe Planungsdimension kann auch als Personalstrukturplanung charakterisiert werden, deren Hauptaufgabe eben in der Strukturierung des Personalbestandes besteht, der in Übereinstimmung mit den strategischen Zielen des Unternehmens als wünschenswert gilt. In Ergänzung dazu ist die qualitative Personalkapazitätsplanung eine personenbezogene Planung. Bei ihr handelt es sich grundsätzlich um eine kurzfristige Feinplanung, die primär auf die Planung und Steuerung des Personaleinsatzes abzielt[150].

---

149) Vgl. Kador, F.-J./Kempe, H.-J./Pornschlegel, H. (1989), S. 15.
150) Vgl. Kador, F.-J./Kempe, H.-J./Pornschlegel, H. (1989), S. 14.

2.2.1.1 Aufgaben der Personalplanung und -steuerung

Aus dem zuvor Gesagten ergibt sich, daß in Spezifikation der oben vorgestellten Gliederung der Personalplanung folgende fünf Aufgaben der Personalplanung und -steuerung zu unterscheiden sind:

① Personalbedarfsplanung,
② Personalbeschaffungsplanung (und -steuerung),
③ Personalfreisetzungsplanung (und -steuerung),
④ Personalentwicklungsplanung (und -steuerung) sowie
⑤ Personaleinsatzplanung und -steuerung.

Auch wenn die einzelnen Planungsaufgaben im folgenden isoliert betrachtet werden, bedeutet das nicht, daß sie sich in der Praxis ebenfalls exakt voneinander abgrenzen lassen. Vielmehr greifen die einzelnen Planungsaktivitäten oft ineinander, denn zwischen ihnen bestehen vielfältige Interdependenzen[151]. Dies gilt in besonderem Maße für die Personalbedarfsdeckungsplanung, zu der die Teilplanungen der Beschaffung, Freisetzung und Entwicklung sowie des Einsatzes zusammengefaßt werden[152]. So wurden die Steuerungsaufgaben der ersten drei dieser Teilbereiche zuvor in Klammern gesetzt, da sie, wie im folgenden noch gezeigt wird, eigentlich immer der kurzfristigen Personaleinsatzplanung zuzurechnen sind. Des weiteren ist es z.B. nur mit Einschränkungen möglich, die Nachfolgeplanung konkret einer einzigen Planungsaufgabe – sei es der Personalentwicklungs- oder der Personaleinsatzplanung – zuzuordnen. Deshalb wäre es auch für die Aufgaben der Personalplanung sinnvoll, einen simultanen Planungsansatz[153] zu wählen. Da er jedoch nur sehr schwer zu verwirklichen ist[154], wird für die Planungsaktivitäten im Bereich der Personalplanung meist die sukzessive Form der Planung gewählt. Die Struktur der Personalplanung und -steuerung entspricht somit genau der Bereitstellungsplanung und -steuerung bezüglich des Personals im Rahmen der PPS.

2.2.1.1.1 Personalbedarfsplanung

Den Ausgangspunkt für eine sukzessive Personalplanung bildet die Personalbedarfsplanung. Sie hat die Aufgabe, den Soll-Personalbestand zu ermitteln,

---

151) Vgl. RKW (1990), S. 18 f.
152) Vgl. Frese, E. (1975), Sp. 2940; Mag, W. (1986), S. 63 f.; Mag, W. (1992), Sp. 1771.
153) Vgl. Koch, H. (1961), S. 36.
154) Vgl. Domsch, M. (1970), S. 21 f.

dessen es zur Durchführung der zukünftigen Aktivitäten des Unternehmens bedarf, sowie seinen Deckungsgrad durch den zu erwartenden Ist-Personalbestand zu bestimmen[155]. Die Planungsaktivitäten im Bereich der Personalbedarfsplanung, die als "Kernstück"[156] jeder Personalplanung gilt, umfassen somit:

- ❏ die Planung des Brutto-Personalbedarfs (Gesamtpersonalbedarfs, Soll-Personalbestand) zum Zeitpunkt t_x (mit dem Planungshorizont $x = 1, \ldots, n$),

- ❏ die Ermittlung des (Ist-)Personalbestandes zum Zeitpunkt t_0 (Planungszeitpunkt) und die Prognose seiner Veränderungen bis zum Zeitpunkt t_x sowie

- ❏ das Errechnen des Netto-Personalbedarfs zum Zeitpunkt t_x[157].

Im Rahmen der Personalbedarfsplanung ist nicht nur die quantitative Höhe des Bedarfes oder des Bestandes, d.h. die Anzahl der benötigten bzw. schon vorhandenen Arbeitskräfte oder der erforderlichen bzw. verfügbaren Arbeitsstunden, zu fixieren. Vielmehr muß auch eine Differenzierung unter qualitativen[158], temporalen[159] und lokalen[160] Gesichtspunkten vorgenommen werden. Der Qualitätsaspekt des Personalbedarfs zeigt sich in den Anforderungen an die Fähigkeiten, speziell an die berufliche Qualifikation des Personals[161]. In zeitlicher Hinsicht sind sowohl die Zeitpunkte, zu denen der Bedarf entstehen wird, als auch die Dauer, für die das Personal jeweils benötigt wird, von Bedeutung. Die lokale Dimension des Personalbedarfs bezieht sich auf den einzelnen Arbeitsplatz, an dem der Bedarf letztlich anfällt. Auch wenn gerade diese drei Aspekte eigentlich auf eine *personenbezogene* Bedarfs- und auch Bestandsplanung hinauslaufen, so erfolgt in Theorie und Praxis doch generell eine personalbezogene Planung, die auf in Abteilungen oder Betriebsbereiche zusammengefaßte Arbeitsplätze, zu Tätigkeitsgruppen aggregierte Qualifikationsmerkmale sowie bestimmten Fristigkeiten zugeordnete Bedarfszeitpunkte und zu Mannjahren aufaddierte Arbeitszeiten rekurriert.

---

155) Vgl. Mag, W. (1986), S. 45.
156) Kador, F.-J./Kempe, H.-J./Pornschlegel, H. (1989), S. 50.
157) Vgl. RKW (1990), S. 87 f.
158) Vgl. Marx, A. (1963a), S. 54.
159) Vgl. Küching, K.-F. (1973), S. 47.
160) Vgl. Hackstein, R./Nüssgens, K.H./Uphus, P.H. (1975), Sp. 1490 f.
161) Vgl. Mag, W. (1986), S. 46 f.

Da aus Gründen der Vergleichbarkeit letztlich nur Personalbedarfe zusammen geplant werden können, die sowohl hinsichtlich der Qualifikation des Personals als auch seiner räumlichen Zuordnung ähnliche Merkmale aufweisen, schlagen sich die qualitativen und lokalen Momente im fachlichen und räumlichen Detaillierungsgrad der Planung nieder. In temporaler Hinsicht kann der Personalbedarf verschiedenen Fristigkeiten zugeordnet werden, die dann den zeitlichen Detaillierungsgrad der Planung determinieren. Wird der Personalbedarf entsprechend detailliert geplant, so degeneriert die Personalbedarfsplanung letztlich zu einer allein quantitativen Planung.

Eine ggf. denkbare Personalbedarfssteuerung wird hier nicht als Bestandteil der Personalplanung und -steuerung angesehen, da der Personalbedarf regelmäßig als abgeleitete Größe vor allem der Produktionsplanung gilt. Eine Steuerung des Personalbedarfes kann somit letztlich nur durch eine Steuerung der die Bedarfe auslösenden Produktionsaufträge erfolgen, wobei ähnliches auch für andere Auftragsarten, insbesondere Instandhaltungsaufträge, gelten dürfte. Dies kann nicht nur durch das zeitliche Zuordnen, sondern auch durch das räumliche Zuweisen der Aufträge zu den entsprechenden Organisationseinheiten wie Arbeitsplätzen, Maschinen, Maschinengruppen, Abteilungen oder ganzen Betrieben erfolgen, die sachliche Alternativen für die Auftragsbearbeitung darstellen. In zeitlicher Hinsicht kommt dabei in Relation zum gewünschten Startzeitpunkt sowohl ein Vorziehen nach vorne zum Planungszeitpunkt als auch Verschieben nach hinten zum Planungshorizont in Frage. Als Kombinationen dieser drei Grundformen sind die Auftragssplittung und die Auftragszusammenfassung anzusehen, bei denen ein Teil der Aufträge oder zumindest ein Auftrag entweder vorgezogen und/oder verschoben sowie ggf. räumlich jeweils neu zugewiesen wird. Zu beachten ist hierbei darüberhinaus, daß durch die verschiedenen Arten der Auftragssteuerung letztlich unterschiedliche Personalbedarfe nicht nur in lokaler und temporaler Hinsicht, sondern auch bezüglich Qualität und Quantität entstehen können. Während eine Lossplittung nämlich tendenziell zu höheren quantitativen Bedarfen bei Konstanz oder eventuell leichtem Absinken der Qualifikationsanforderungen führen dürfte, bewirkt eine Auftragszusammenfassung eher ein Anwachsen des qualitativen Bedarfs bei geringerer Bedarfsquantität.

Dieses Vorgehen kann insgesamt als Steuerung der Personalkapazitätsnachfrage aufgefaßt werden. Hingegen wird das Kapazitätsangebot des Potentialfaktors Personal, wie noch zu zeigen sein wird, kurzfristig durch den Personaleinsatz gesteuert. In langfristiger Perspektive spiegelt sich in der Planung des Brutto-Personalbedarfs die Kapazitätsnachfrage wider, während die Komponente der Personalbestandsplanung[162] einer Planung des Angebotes an Personalkapazität entspricht. Diese Aufspaltung der Planungs- und Steuerungsaktivitäten auf unterschiedliche Aufgabenträger – langfristiger Kapazitätsabgleich durch die Personalabteilung und kurzfristiger Kapazitätsabgleich durch die Arbeitsvorbereitung oder die Meister – dürfte nicht unproblematisch sein.

2.2.1.1.2 Personalbedarfsdeckungsplanung und -steuerung

2.2.1.1.2.1 Personalbeschaffungsplanung (und -steuerung)

Zeigt sich als Ergebnis der Personalbedarfsplanung, daß ein positiver Netto-Personalbedarf zum Zeitpunkt t_x für die Berufsgruppe/Tätigkeit y gegeben sein wird, so muß entsprechendes Personal beschafft werden. Die primäre Aufgabe der Personalbeschaffungsplanung besteht nun darin, Entscheidungshilfen zu geben, ob das Personal intern beschafft werden kann oder extern beschafft werden muß[163]. Dabei ergibt sich ein ähnlich strukturiertes Problem wie bei der Wahl zwischen Eigenfertigung und Fremdbezug von Material im Rahmen der PPS[164]. Da intern bereits vorhandenes Personal unter Umständen noch nicht über die zur Aufgabenerledigung benötigten Qualifikationen verfügt, sind den entsprechend lernwilligen Arbeitskräften die erforderlichen Fähigkeiten erst noch zu vermitteln. Dies korrespondiert mit der Eigenfertigung, während die Beschaffung adäquat qualifizierter Mitarbeiter über den externen Arbeitsmarkt als Fremdbezug aufgefaßt werden kann.

Für beide Beschaffungswege gibt es diverse Gründe[165], wobei für die externe Beschaffung speziell die vergleichsweise größere Vielfalt der Auswahlmöglichkeiten und die durch eine Einstellung direkt erfolgende Bedarfsdeckung spricht. Der Rückgriff auf das innerbetriebliche Arbeitskräftereservoir verheißt neben einer Verbesserung des Betriebsklimas und der Mitarbeitermotivation vor allem ein schnelleres Schließen der Bedarfslücke. Auf externem Weg kann ein Personalbedarf kurzfristig allerdings auch durch Personalleasing nach §1 Abs.1 AÜG, d.h. durch das Einschalten von Zeitarbeitsfirmen gedeckt werden. In jüngerer Zeit scheint viel für einen Vorrang des internen vor dem exter-

---

162) In der Literatur wird hierfür auch der Begriff der Personalausstattungsplanung verwandt. Vgl. Frese, E. (1990), S. 277 ff.; Kossbiel, H. (1975), Sp. 1619.
163) Vgl. RKW (1990), S. 121.
164) Vgl. Mag, W. (1986), S. 70.
165) Vgl. Kador, F.-J./Kempe, H.-J./Pornschlegel, H. (1989), S. 74 f.

nen Beschaffungsweg zu sprechen, zumal der Betriebsrat nach § 93 BetrVG eine innerbetriebliche Stellenausschreibung verlangen kann. Insbesondere bei längerfristigem Personalbedarf führt dieses Vorgehen jedoch regelmäßig nur dazu, daß die Bedarfsdeckung – wenn auch auf einem niedrigeren Qualifikationsniveau – letztlich doch extern erfolgen muß.

Bezüglich der internen Beschaffungsplanung ist zu berücksichtigen, daß eigentlich alle Maßnahmen entweder der Personaleinsatzplanung oder der Personalentwicklungsplanung zuzuordnen sind[166]. Für den Personaleinsatz gilt das speziell im kurzfristigen Bereich sowohl in zeitlicher als auch in räumlicher Hinsicht, z. B. bei Überstunden und Urlaubsverschiebungen bzw. bei Versetzungen. Mittel- und langfristig ist die Personalentwicklung – z. B. im Fall der Weiterbildung bei Versetzungen – mit der Personalbeschaffung identisch[167].

Die Erschließung der externen Beschaffungsmärkte stellt die zweite Hauptaufgabe der Personalbeschaffungsplanung dar[168]. Die hierzu zählenden Aktivitäten werden heutzutage oft unter dem Begriff des Personalmarketings zusammengefaßt, wobei es sich um ein Beschaffungsmarketing für den Faktor Personal handelt. Als Analogon auf dem Materialsektor kann die Bezugsquellensicherung angeführt werden. In räumlicher Hinsicht kann dabei zwischen den regionalen und überregionalen sowie den ausländischen Arbeitsmärkten – inner- und außerhalb der EG – unterschieden werden. Außerdem kann auch die Fremdvergabe von Aufträgen (verlängerte Werkbank) zu den Möglichkeiten der Personalbeschaffung gezählt werden, die hierdurch jedoch nur indirekt erfolgt und deshalb im weiteren nicht näher betrachtet wird.

2.2.1.1.2.2 Personalfreisetzungsplanung (und -steuerung)

Ist der errechnete Netto-Personalbedarf für die Berufsgruppe/Tätigkeit y zum Zeitpunkt t_x negativ, so ist es Aufgabe der Personalfreisetzungsplanung, diesen Überhang abzubauen[169]. Das kann analog zur Beschaffung intern oder extern geschehen. Bei der internen Variante der Freisetzung ist wiederum zu beachten, daß die Aktivitäten[170] weitestgehend der Personaleinsatzplanung – z. B. bei einer 'einfachen' Umsetzung und beim Abbau von Urlaubstagen und Überstun-

---

166) Vgl. Drumm, H.J./Scholz, Ch. (1988), S. 123.
167) Vgl. Arnold, U./Wächter, H. (1975), Sp. 1502.
168) Vgl. Kador, F.-J./Kempe, H.-J./Pornschlegel, H. (1989), S. 71.
169) Vgl. RKW (1990), S. 21.
170) Vgl. Kador, F.-J./Kempe, H.-J./Pornschlegel, H. (1989), S. 81 f.

den – oder der Personalentwicklungsplanung – z. B. bei einer Umsetzung mit zusätzlicher Umschulung oder Fortbildung – zuzurechnen sind.

Die Personalfreisetzungsplanung beinhaltet dann letztlich nur die Planung der Personalabbaumaßnahmen, die extern wirksam werden[171], wie Entlassungen, Aufhebungsverträge, (Früh-)Pensionierungen etc.[172]. Darüberhinaus können als indirekte Maßnahmen, d. h. als Aktivitäten zur Vermeidung von Personalfreisetzungen, auch die Stornierung eigener oder sogar die Akquirierung fremder Lohnaufträge angesehen werden[173].

2.2.1.1.2.3 Personalentwicklungsplanung (und -steuerung)

Die Hauptaufgabe Personalentwicklungsplanung besteht darin, die zur beruflichen Fort- und Weiterbildung aller Mitarbeiter erforderlichen inner- und außerbetrieblichen Aktivitäten zu ermitteln und zu planen[174]. Sie ist dabei regelmäßig entweder das Resultat nicht nur interner, sondern ggf. auch externer Personalbeschaffungsplanung oder das Ergebnis interner Personalfreisetzungsplanung. Die Personalentwicklungsplanung umfaßt außerdem die Nachfolge- und Laufbahnplanung für bestimmte Arbeitnehmer oder Arbeitnehmergruppen[175]. Werden einzelne Mitarbeiter im Rahmen einer Nachfolgeplanung auf eine qualifiziertere Aufgabe hin entwickelt, so ergibt sich eine starke inhaltliche Überschneidung mit der mittel- bis langfristigen Personaleinsatzplanung[176].

Bei der Personalentwicklungsplanung steht der einzelne Arbeitnehmer weit mehr im Mittelpunkt als bei den drei zuvor dargestellten Planungsaufgaben. Dabei hat sich die Personalentwicklungsplanung primär an den individuellen Fähigkeiten und auch Wünschen und Neigungen des Personals zu orientieren. Die quantitative Dimension dieser Teilplanung ergibt sich dadurch, daß die Personalentwicklung auch für unterschiedliche Mitarbeitergruppen und sogar für das gesamte Unternehmen zu planen ist[177].

---

171) Vgl. Habbel, W.R./Posth, M. (1975), Sp. 1456.
172) Vgl. RKW (1978d), S. 51 ff.
173) Vgl. Kador, F.-J./Kempe, H.-J./Pornschlegel, H. (1989), S. 82.
174) Vgl. Kador, F.-J./Kempe, H.-J./Pornschlegel, H. (1989), S. 18.
175) Vgl. Kolvenbach, H. (1975), Sp. 1546.
176) Vgl. RKW (1990), S. 265
177) Vgl. RKW (1990), S. 302 ff.

2.2.1.1.2.4 Personaleinsatzplanung und -steuerung

Ist das Personal gemäß dem festgestellten Bedarf beschafft oder abgebaut sowie ggf. entwickelt worden, muß es nun entsprechend seinen Qualifikationen und den betrieblichen Anforderungen eingesetzt werden[178]. Die Zuordnung der Arbeitskräfte zu den einzelnen Arbeitsplätzen oder Stellen ist mittel- und langfristig die Hauptaufgabe der Personaleinsatzplanung[179]. An dieser Stelle ergeben sich enge Verbindungen mit der Personalbedarfsplanung, da die Aufgabe der mittel- bis langfristigen Personaleinsatzplanung einer Abstimmung zwischen Personalbedarf und Personalbestand entspricht. Während mittels der Ermittlung des Netto-Personalbedarfes ein tendenziell langfristiger quantitativer Abgleich der beiden Größen vorgenommen wird, erfolgt im Rahmen der Einsatzplanung eine qualitative und ansatzweise lokale Zuordnung. Bei der Lösung dieser auch als klassisches Job-man-assignment-Problem bekannten, eher mittelfristigen Aufgabe werden Gruppen von Mitarbeitern weitgehend ähnlicher Qualifikation mit zu Tätigkeitskomplexen zusammengefaßte Stellen verglichen, die einheitliche Anforderungsmerkmale aufweisen[180].

Erst im Rahmen der kurzfristigen Personaleinsatzplanung erfolgt statt der personalbezogenen eine personenbezogene Zuordnung, die dann sowohl räumliche als auch insbesondere zeitliche Aspekte berücksichtigt[181]. Weitere im Rahmen der Personaleinsatzplanung zu erstellende Pläne sind deshalb vor allem Urlaubs- und Vertretungspläne sowie Schichtpläne in Unternehmen mit Mehrschichtbetrieb[182].

Als Hauptaufgabe der operativen Personaleinsatzplanung ist allerdings die personenbezogene Zuweisung der Mitarbeiter zu spezifischen Arbeitsaufgaben in Form von einzelnen Aufträgen anzusehen[183]. Während sowohl die rein quantitativ als auch die qualitativ ausgerichteten Zuordnungen der mittel- bis langfristigen Personaleinsatzplanung einen starren Charakter aufweisen, besitzt die kurzfristige Personaleinsatzplanung zudem ein starkes dynamisches Element[184]. Plötzlich auftretende Störgrößen, die nicht nur zu Veränderungen bei der Kapazitätsnachfrage – z.B. durch Eilaufträge –, sondern gerade auch zu

---

178) Vgl. Kador, F.-J./Kempe, H.-J./Pornschlegel, H. (1989), S. 18; Kossbiel, H. (1974), S. 8.
179) Vgl. Domsch, M. (1975b), Sp. 1513.
180) Vgl. Drumm, H.J./Scholz, Ch. (1988), S. 125.
181) Vgl. Kossbiel, H. (1974), S. 15.
182) Vgl. Kador, F.-J./Kempe, H.-J./Pornschlegel, H. (1989), S. 92 ff.
183) Vgl. Drumm, H.J./Scholz, Ch. (1988), S. 124.
184) Vgl. Mag, W. (1986), S. 85.

Schwankungen im Kapazitätsangebot – z. B. durch Krankheit – führen, erzwingen äußerst kurzfristige Veränderungen im Personaleinsatz.

Die Lösung der in diesem Zusammenhang anstehenden Probleme der kurzfristigen Kapazitätsabstimmung obliegt der Personaleinsatzsteuerung. Sie kann zur Aufgabenbewältigung auf die drei Funktionen der Kapazitätsanpassung zurückgreifen[185]:

> ① Das Ziel der *Ausgleichsfunktion* ist die Steigerung der quantitativen Flexibilität. Bei einer für das ganze Unternehmen gegebenen Personalkapazität werden Personalumsetzungen zwischen verschiedenen Organisationseinheiten (Arbeitsgruppen oder Abteilungen) vorgenommen.

> ② Im Rahmen der *Überbrückungsfunktion* lassen sich Fehlzeiten, Urlaub oder Krankheit durch den Einsatz von Springern, Reservepersonal oder Aushilfskräften überbrücken.

> ③ Mit Hilfe der *Steuerungsfunktion* werden die Möglichkeiten zur Variation der Einsatzzeit des Faktors Personal bei gegebener quantitativer, qualitativer und lokaler Zuordnung sowie konstanter Intensität der Leistungserbringung ausgenutzt.

Da die zeitliche Anpassung als Sonderform der quantitativen aufgefaßt werden kann[186], setzt sie analog zur Ausgleichs- und Überbrückungsfunktion voraus, daß die Arbeitskräfte im Hinblick auf ihren Einsatz an verschiedenen Maschinen(gruppen) mehrfach qualifiziert sind und die Bereitschaft zu den unterschiedlichen Tätigkeiten zeigen[187].

2.2.1.2 Ziele der Personalplanung und -steuerung

Die Ziele der Personalplanung und -steuerung sind genauso wie die vorgenannten Zielgrößen der Produktionsplanung und -steuerung an die Unterneh-

---

185) Vgl. Freund, F./Knoblauch, R./Racke, G. (1988), S. 60.
186) Vgl. Gutenberg, E. (1983), S. 372.
187) Vgl. Dienstdorf, B. (1973), S. 1073.

mensziele gebunden[188]. Ebenso lassen sich die Zielvorstellungen nach wirtschaftlichen und sozialen Gesichtspunkten differenzieren[189].

Die o.g. Zielsetzung der Personalplanung, Arbeitskräfte in erforderlicher Zahl und Qualifikation zum rechten Zeitpunkt sowie für die nötige Zeitspanne am richtigen Ort für die Arbeit im Unternehmen zur Verfügung zu haben, zu der sie sich nach wirtschaftlichen Kriterien am besten eignen, gilt auch für die PersPS. Unter ökonomischen Aspekten läßt sich hieraus als ihr primäres Ziel eine Minimierung der Personalkosten ableiten[190], wobei zu unterstellen ist, daß Maßnahmen der Personalplanung und -steuerung keinen Einfluß auf die Höhe der Erlöse des Unternehmens haben:

$$K_{Pers} \rightarrow Min!$$

Da Personalkosten nicht nur für den Einsatz des Personals, sondern auch für dessen Beschaffung, Freisetzung und Entwicklung anfallen, ist die Summe dieser vier Kostenarten – im Hinblick auf den Zeitbedarf der drei letztgenannten Aktivitäten ggf. langfristig – zu minimieren:

$$\Sigma\, K_{Pers\text{-}Eins} + K_{Pers\text{-}Besch} + K_{Pers\text{-}Freis} + K_{Pers\text{-}Entw} \rightarrow Min!$$

Ersatzweise könnten eventuell mit Blick auf die Arbeitszeiten der Mitarbeiter auch Zeitziele herangezogen werden. So könnten eine Minimierung der personalabhängigen Anteile der Durchlaufzeit, wozu insbesondere Rüst- und Ausführungszeiten zählen, sowie der Leerzeiten des Personals insgesamt oder zumindest der Leerzeiten personeller Engpaßkapazitäten angestrebt werden. Da sich die Kosten speziell des Personaleinsatzes mit Hilfe von Lohn- und Gehaltsabrechnungssystemen jedoch grundsätzlich recht gut erfassen lassen, erscheint eine Ausrichtung an zeitbezogenen Ersatzzielen eigentlich überflüssig. Hierzu analoge Überlegungen dürften auch gegen das Verfolgen mengenorientierter Ziele sprechen, die auf die Höhe der Personalbestände gerichtet sein könnten.

Als soziale Zielgrößen sind die Wünsche der Mitarbeiter und auch die Forderungen außerbetrieblicher Gruppen wie der Gewerkschaften zu berücksichtigen. Deren Vorstellungen zielen vor allem auf die Sicherung des Arbeitsplatzes, aber auch auf einen neigungs- und qualifikationsadäquaten Arbeitseinsatz so-

---

188) Vgl. Häusler, J. (1969), S. 21.
189) Vgl. Eckardstein, D. v./Schnellinger, F. (1978), S. 12.
190) Vgl. Eckardstein, D. v. (1979), Sp. 1404.

wie ein Ausschöpfen der individuellen Fähigkeiten der einzelnen Mitarbeiter ab[191]. Eine Quantifizierung dieser qualitativen Zielgrößen scheint jedoch nur schwer möglich zu sein, weshalb allein auf die o. g. Zielgrößen rekurriert wird.

2.2.2 Methoden und Datenbasis der Personalplanung und -steuerung

Im folgenden werden zunächst verschiedene Methoden für die fünf Aktivitäten der Personalplanung und -steuerung kurz beschrieben und anschließend die dazu erforderliche Datenbasis charakterisiert. Formale Methoden der Personalplanung, die überwiegend auf statischen oder dynamischen Modellen des Operations Research basieren sowie quantitative und qualitative heuristische Methoden umfassen[192], sind grundsätzlich jedoch nicht Gegenstand der weiteren Ausführungen. Denn Untersuchungen von Mülder/Wanzenberg und Drumm/Scholz/Polzer haben gezeigt, daß formale Methoden in der Praxis kaum angewandt werden[193]. Auch wenn beide Erhebungen auf Grund der geringen Probandenzahl von 196 bzw. 117 Firmen nicht unbedingt als repräsentativ anzusehen sind, so sollen hier formale Planungsmethoden unberücksichtigt bleiben, da zudem sowohl theoretische Einwände hinsichtlich ihrer Abbildungsleistung gegen ihre Anwendung sprechen[194] als auch der Nutzen ihres Einsatzes in der Praxis als sehr gering eingeschätzt wird[195].

Auch wenn die Personalplanung aus Sicht der Theorie nicht mehr als vernachlässigter Teilbereich der betrieblichen Planung gelten kann[196], so sind die Möglichkeiten ihrer methodischen Fundierung gegenwärtig noch begrenzt. Als Grund für diese Tatsache dürften primär die dem Objektbereich der Personalplanung immanenten Schwierigkeiten anzusehen sein. Sie ergeben sich insbesondere daraus, daß das Personal und sein Verhalten nie präzise zu berechnen und vorherzusagen und damit auch nicht exakt zu planen sind[197].

Jedoch können zur Unterstützung der unterschiedlichen Aktivitäten der Personalplanung und -steuerung sowohl zahlreiche allgemeine betriebswirtschaftliche als auch mehrere personalplanungsspezifische Verfahren oder Methoden

---

191) Vgl. Sozialpolitische Gesprächsrunde (1971), S. 2.
192) Vgl. Drumm, H.J./Scholz, Ch./Polzer, H. (1980), S. 722 f.
193) Vgl. Drumm, H.J./Scholz, Ch./Polzer, H. (1980), S. 723; Mülder, W./Wanzenberg, N. (1978), S. 198 ff.
194) Vgl. Dinkelbach, W. (1973), S. 161; Drumm, H.J./Scholz, Ch. (1988), S. 31 ff.
195) Vgl. Mülder, W. (1986), S. 90.
196) Vgl. Mülder, W. (1986), S. 74.
197) Vgl. RKW (1990), S. 6.

dienen. Letztere stehen insbesondere für den Bereich der Personalbedarfsplanung zur Verfügung, während die allgemeinen Verfahren primär zur eigenständigen Lösung der übrigen Aufgaben der PersPS, d.h. der Personalbedarfsdeckungsplanung und -steuerung, dienen. Quasi als Bindeglied zwischen den beiden Verfahrensgruppen kann die Stellenplan-/Arbeitsplatzmethode angesehen werden, die sich nicht nur zur Unterstützung der Personalbedarfsplanung, sondern auch der Personaleinsatzplanung eignet[198].

2.2.2.1 Spezifische Personalplanungsmethoden – Methoden der Personalbedarfsplanung

Zu den Methoden der Personalbedarfsplanung zählen

- ❏ für den Aufgabenbereich der Ermittlung des Brutto-Personalbedarfes: Schätzverfahren, die Kennzahlenmethode, die Stellenplan-/Arbeitsplatzmethode und die Methoden der Personalbemessung,

- ❏ für den Aufgabenbereich der Fortschreibung des Personalbestandes: die Abgangs-Zugangs-Rechnung und die Methode der Beschäftigungszeiträume sowie

- ❏ für den Aufgabenbereich der Ermittlung des Netto-Personalbedarfes: die einfache Differenzrechnung und die Differenzrechnung mit Berücksichtigung von Einflußfaktoren.

Neben diesen in der Mehrzahl speziell für die Personalplanung entwickelten Methoden sind an dieser Stelle auch eine Reihe allgemeiner Verfahren zu erwähnen, die im Rahmen der zuvor genannten spezifischen Methoden herangezogen werden können[199]. Hierzu gehören insbesondere *statistische Prognoseverfahren*

- ✶ einfache oder gleitende arithmetische Mittelwertberechnung,
- ✶ Verfahren der exponentiellen Glättung,
- ✶ Verfahren der Zeitreihenanalyse und
- ✶ ein- oder mehrstufige Regressionsanalyse,

---

198) Vgl. Kador, F.-J./Kempe, H.-J./Pornschlegel, H. (1989), S. 92 ff.
199) Vgl. Schröder, H.-H./Vatteroth, H.-Ch. (1985a), S. 453.

die speziell zur Vorhersage des Brutto-Personalbedarfes eingesetzt werden können. Außerdem fallen hierunter noch das automatische *Erstellen von Statistiken* wie

* Personalbestandsstatistiken,
* Altersstrukturstatistiken,
* Fluktuationsstatistiken,
* Fehlzeitenstatistiken und
* Überstundenstatistiken

sowie das *Berechnen von Kennzahlen* in Form von

* Fluktuationsraten,
* Fehlzeitenquoten,
* Strukturquoten bezüglich des Personalbestandes und
* spezifischen Kennzahlen für verschiedene Varianten der Kennzahlenmethode.

2.2.2.1.1 Methoden der Planung des Brutto-Personalbedarfes

Unter dem Begriff der *Schätzverfahren* werden hier die einfache Schätzung, die normale und die systematische Expertenbefragung (Delphi-Methode) zusammengefaßt[200]. Während die einfache Schätzung das Urteil einer einzelnen kompetenten Person widerspiegelt, entscheidet bei der Expertenbefragung das Gruppenurteil mehrerer Fachleute[201].

Die *Kennzahlenmethode*[202] geht von der Voraussetzung aus, daß der Brutto-Personalbedarf von bestimmten Bezugsgrößen wie den vorhandenen Betriebsmitteln oder dem Output einer Stelle pro Periode abhängt. Für den Brutto-Personalbedarf (B) der Stelle j kann dann die Beziehung:

$$B_j = f_j(d_j, \beta_j, x_j) \cdot x_j$$

aufgestellt werden[203]. Dabei stehen d_j und β_j für den Intensitätsgrad bzw. den Technisierungsgrad der vorhandenen Betriebsmittel, während x_j die Ausbringung der Stelle j pro Periode angibt.

---

200) Vgl. Wimmer, P. (1985), S. 27.
201) Vgl. RKW (1990), S. 97 f.
202) Zur Bedeutung von Kennzahlen als Planungsinformationen vgl. Kern, W. (1971), S. 701 f. und Kern, W. (1989c), Sp. 809.
203) Vgl. Kloock, J. (1967), S. 122.

Als Kennzahlen finden Grundzahlen wie die Ausbringung, Gliederungszahlen wie die Facharbeiterquote und vor allem Beziehungszahlen wie die Arbeitsproduktivität – definiert als Quotient aus Umsatz und Beschäftigtenzahl[204] – oder der Arbeitszeitbedarf (AZB) je Ausbringungseinheit (AE) Verwendung[205]. Je nach den betrieblichen Gegebenheiten können vielfältige Kennzahlen Anwendung finden[206]. Einerseits ergibt die Division des geplanten Umsatzes durch die geschätzte zukünftige Arbeitsproduktivität dann den Brutto-Personalbedarf[207]. Andererseits läßt er sich auch aus dem AZB je AE nach Multiplikation mit den geplanten AE und Division durch die übliche Arbeitszeit je Arbeitskraft ermitteln, wobei jedoch zu beachten ist, daß so nur der Einsatzbedarf festgestellt wird[208]. Zu diesem ist noch der Reservebedarf, der durch Urlaub, Krankheit etc. bedingt ist, zu addieren, um den Brutto-Personalbedarf zu erhalten[209].

Die Kennzahlenmethode wie auch die Schätzverfahren eignen sich vor allem für die grobe Planung im mittel- und langfristigen Bereich[210]. Unter der Voraussetzung, daß die Größen, die den Personalbedarf bisher bestimmt haben, auch in der Zukunft keinen starken Änderungen unterliegen werden[211], können beide Methoden auf mehrere der zuvor genannten mathematisch-statistische Verfahren zurückgreifen.

Bei den *Verfahren der Personalbemessung* handelt es sich um spezielle Formen der Kennzahlenmethode für die kurz und mittelfristige Planung[212]. Sie greifen auf Ergebnisse der Methoden zur Vorgabezeitermittlung zurück, die im Rahmen der Arbeitsplanung, wie oben schon gesagt, auch zur Produktionsprozeßplanung eingesetzt werden[213]. Der AZB je AE wird dabei mit Hilfe arbeitswissenschaftlicher Verfahren bestimmt[214], zu denen u. a. die REFA-Methode gehört[215], bei der sich der AZB als Quotient aus Auftragszeit – Summe von Rüst- und Ausführungszeit – und dem tatsächlichen durchschnittlichen Leistungsfaktor

---

204) Vgl. Brüx, H.-J./Seysen, W. (1986), S. 167.
205) Vgl. RKW (1990), S. 102 ff.
206) Vgl. Mataré, J. (1984), Anhang S. 1 ff.
207) Vgl. RKW (1990), S. 102 f.
208) Vgl. Hackstein, R./Nüssgens, K.H./Uphus, P.H. (1971b), S. 169 f.
209) Vgl. Hackstein, R./Nüssgens, K.H./Uphus, P.H. (1971a), S. 105.
210) Vgl. RKW (1978b), S. 31.
211) Vgl. Mülder, W./Schmitz, W. (1986), S. 97.
212) Vgl. RKW (1978b), S. 31 ff.
213) Vgl. Kern, W. (1992a), S. 285 ff.
    Kern weist dort auch auf die Schwächen der im folgenden angesprochenen Verfahren ausführlich hin (vgl. Kern, W. (1992a), S. 296 ff.).
214) Vgl. Mataré, J. (1986), S. 219.
215) Vgl. Schmidt, G. (1980), S. 9.

aller Arbeitskräfte ergibt[216]. Außerdem können die Normalzeitwerte, die sich bei Anwendung des MTM-Verfahrens ergeben[217], als Ausgangsdaten in die Planung eingehen.

Die größte Bedeutung in der Praxis besitzt die *Stellenplan-/Arbeitsplatzmethode*[218]. In einem Stellenplan wird die betriebliche Organisationsstruktur – mit der Stelle als kleinster organisatorischer Einheit – bis zur niedrigsten Hierarchiestufe dargestellt[219]. Die Arbeitsplatzmethode entspricht im wesentlichen der Stellenplanmethode, wird aber nur für Stellen benutzt, die unabhängig vom Output, d.h. fix, sind[220]. Um den Brutto-Personalbedarf zu erhalten, wird der aktuelle Stellenplan für die Zukunft fortgeschrieben. Dabei muß erneut auf Bezugsgrößen zurückgegriffen werden, die ggf. mit Hilfe der oben genannten Methoden ermittelt wurden[221]. Dies hat Mag dazu veranlaßt, eigentlich alle Verfahren der Personalbedarfsplanung als Spielarten der Kennzahlenmethode zu charakterisieren[222].

2.2.2.1.2 Methoden der Prognose des Personalbestandes

Zur Prognose des zukünftigen Personalbestandes wird die *Abgangs-Zugangs-Rechnung* verwandt. Ausgehend vom Personalbestand zu Beginn einer Periode werden die voraussichtlichen Zu- und Abgänge während der Periode addiert bzw. subtrahiert[223]. Diese Veränderungen lassen sich in sichere, bereits feststehende – z.B. durch das Erreichen der Altersgrenze sowie auf Grund von Wehr- oder Zivildienst – und unsichere Zu- und Abgänge – z.B. durch Kündigung oder Tod – unterteilen, deren Umfang nur zu schätzen ist[224].

Die Abgangs-Zugangs-Rechnung ist der *Methode der Beschäftigungszeiträume* vorzuziehen, da bei dieser Methode nur die Abgänge erfaßt werden. Sie basiert auf der Verbleibensquote, die das Verhältnis der in einem Zeitraum T_x eingestellten und zu einem späteren Zeitpunkt t_y noch angestellten Mitarbeiter in bezug auf alle in dem Zeitraum T_x eingestellten Mitarbeiter angibt[225].

---

216) Vgl. REFA (1978a), S. 54 ff.
217) Vgl. Schwab, J.L. (1959), S. 12.
218) Vgl. REFA (1978b), S. 51.
219) Vgl. RKW (1990), S. 109.
220) Vgl. Hentze, J. (1991a), S. 195 f.
221) Vgl. RKW (1990), S. 111.
222) Vgl. Mag, W. (1986), S. 58 ff.
223) Vgl. Wächter, H. (1974), S. 20 f.
224) Vgl. Hackstein, R./Nüssgens, K.H./Uphus, P.H. (1975), Sp. 1490.
225) Vgl. RKW (1990), S. 117.

Für die Prognose des Personalbestandes müssen mehrere der vorgenannten Personalstatistiken vorhanden sein[226]. So sind dann aus Personalbestands- und Altersstrukturstatistiken die entsprechenden Quoten zu ermitteln, die ebenso wie die mit Hilfe der Fluktuations- und der Fehlzeitenstatistiken ermittelten Fluktuations- bzw. Fehlzeitenquoten zum Abschätzen der nicht vorhersehbaren Veränderungen dienen[227]. Zur Berechnung der Fluktuationsrate werden drei Formeln benutzt. Nach der BDA-Formel entspricht die Fluktuationsrate für einen Berichtszeitraum (BZ) dem Quotienten aus der Zahl aller Abgänge im BZ und dem durchschnittlichen Personalbestand im BZ[228]. Ebenfalls stark verbreitet ist die Schlüter-Formel[229]; die Fluktuationsrate ergibt sich bei ihr aus dem Verhältnis aller Abgänge im BZ zur Summe von Personalbestand zu Beginn des BZ und den Zugängen im BZ. Beide Formeln sind der ZVEI-Formel vorzuziehen, da bei dieser nur die ersetzten Abgänge im BZ zum durchschnittlichen Personalbestand im BZ ins Verhältnis gesetzt werden[230].

2.2.2.1.3 Methoden der Berechnung des Netto-Personalbedarfes

Um den Netto-Personalbedarf zu erhalten, braucht im Rahmen der Stellenplanmethode nur der zukünftige Stellenplan einer Periode mit dem entsprechenden Stellenbesetzungsplan verglichen zu werden. Das entspricht im Prinzip der einfachen Differenzrechnung, die neben der Berechnung mit Berücksichtigung von Einflußfaktoren zum Berechnen des Netto-Personalbedarfes eingesetzt wird[231].

Unter der *einfachen Differenzrechnung* wird verstanden, daß der Netto-Personalbedarf als Differenz zwischen Brutto-Personalbedarf und prognostiziertem Personalbestand ermittelt wird, ohne daß schon geplante Personalbeschaffungs- und/oder -abbaumaßnahmen berücksichtigt werden[232]. Bei der *Berechnung unter Berücksichtigung von Einflußfaktoren* müssen zusätzlich zu den in der Abgangs-Zugangs-Rechnung oder bei der Planung des Brutto-Personalbedarfes ins Kalkül einbezogenen Größen weitere Faktoren wie die Konjunktur oder die Arbeitsmarktsituation berücksichtigt werden können[233].

---

226) Vgl. Waldschütz, S. (1986), S. 47.
227) Vgl. RKW (1990), S. 493 ff.
228) Vgl. Daul, H. (1967), S. 14.
229) Vgl. Kador, F.-J./Kempe, H.-J./Pornschlegel, H. (1989), S. 65.
230) Vgl. RKW (1990), S. 503.
231) Vgl. RKW (1990), S. 119 f.
232) Vgl. Müller-Hagen, D. (1988), S. 16 f.
233) Vgl. RKW (1978b), S. 43.

2.2.2.2 Allgemeine Methoden – Methoden der Personalbedarfsdeckungsplanung und -steuerung

Zu den allgemeinen Verfahren, die zur eigenständigen Lösung der Aufgaben der weiteren Teilplanungen der Personalplanung herangezogen werden können, gehört vor allem die *Methode des Profilvergleichs*. Sie kann sowohl zur Unterstützung der Personalbeschaffungs- und -freisetzungsplanung als auch der Personalentwicklungsplanung sowie der Personaleinsatzplanung dienen. Im Rahmen der Personalbeschaffungsplanung wird die Methode des Profilvergleichs zur Auswahl der Bewerber eingesetzt. Sie beinhaltet eine Gegenüberstellung von Anforderungsprofilen der zu besetzenden Stellen mit den Fähigkeitsprofilen der Bewerber[234]. Die zulässigen Grenzwerte sollten dabei flexibel sein[235]. Denn wenn starre Grenzen vorgegeben sind, besteht die Gefahr, daß der Benutzer die Ergebnisse nicht als Hilfe zur Entscheidungsfindung nutzt, sondern sie schon als die Entscheidung an sich betrachtet. Die Profile geben, nach bestimmten Merkmalen spezifiziert, die Arbeitsanforderungen einer Stelle bzw. die Fähigkeiten eines Menschen wieder und stellen sie ihrer Höhe nach graphisch dar[236]. Für die Anforderungsmerkmale kann auf die im Rahmen der analytischen Arbeitsbewertung gebräuchlichen Einteilungen der Anforderungsarten zurückgegriffen werden, die sich fast alle auf das Genfer Schema zurückführen lassen[237]. Auf ihm basiert auch die bekannte Gliederung der Anforderungsarten nach REFA[238]. Im Rahmen der Personalplanung sind die Anforderungsarten vor allem im Hinblick auf den Detaillierungsgrad der Planung zu modifizieren[239]. Die Anforderungen einer Stelle ergeben sich aus der Stellenbeschreibung, die schon als Anforderungsprofil gespeichert sein sollte[240]. Die Fähigkeiten der Bewerber können mit Hilfe von Personalfragebögen, psychologischen Eignungstests und Einstellungsgesprächen ermittelt werden[241]. Dabei ist zu beachten, daß ein Vergleich von Anforderungen und Fähigkeiten nur dann möglich ist, wenn die Merkmale inhaltlich und vom Maßstab her einander voll entsprechen[242]. Während die Profilvergleichsmethode früher eine eher positive Einschätzung erfuhr[243], sind in der Zwischenzeit jedoch – vor allem durch die mit der Erfassung menschlicher Eigenschaften verbundenen

---

234) Vgl. Arnold, U./Wächter, H. (1975), Sp. 1510 f.
235) Vgl. Domsch, M. (1980), S. 138 f.
236) Vgl. RKW (1978c), S. 32 ff.
237) Vgl. Pfeiffer, W./Dörrie, U./Stoll, E. (1977), S. 186.
238) Vgl. REFA (1977), S. 42 ff.
239) Vgl. Pfeiffer, W./Dörrie, U./Stoll, E. (1977), S. 186.
240) Vgl. RKW (1978h), S. 33.
241) Vgl. Hackstein, R./Nüssgens, K.H./Uphus, P.H. (1972a), S. 30.
242) Vgl. Meyer, F.W. (1975), S. 151.
243) Vgl. Hackstein, R. u. a. (1977), S. 40 ff.

Probleme – Zweifel am Wert dieser Methode aufgekommen[244]. Wenn der Profilvergleich mit flexiblen Grenzwerten durchgeführt wird und sich der Anwender der eingeschränkten Aussagefähigkeit der Ergebnisse bewußt ist, kann diese Methode in allen Bereichen der Personalbedarfsdeckungsplanung eingesetzt werden.

Da bei betriebsnotwendigen Kündigungen nach § 1 Abs. 3 KSchG soziale Gesichtspunkte zu berücksichtigen sind, kann auch bei der Personalfreisetzungsplanung die Profilvergleichsmethode eingesetzt werden. Anhand eines sozialen Rasters, der Merkmale wie Dauer der Betriebszugehörigkeit, Zahl der Unterhaltsberechtigten etc. aufweist, werden die für eine Entlassung in Frage kommenden Arbeitskräfte bestimmt[245].

Im Rahmen der Personalentwicklungsplanung kann durch Profilvergleiche festgestellt werden, ob und welche Mitarbeiter der beruflichen Weiterbildung bedürfen[246]. Der Entwicklungsbedarf schlägt sich in Form einer Differenz zwischen den Fähigkeiten des Personals und den Arbeitsanforderungen der von ihm gegenwärtig besetzten oder zukünftig zu besetzenden Stelle nieder[247]. Um die augenblicklichen Fähigkeiten sowie das Entwicklungspotential der Mitarbeiter zu bestimmen, werden Leistungs- und Entwicklungsbeurteilungen benötigt[248].

Zur Personaleinsatzplanung werden die Methoden der Zuordnung von Arbeitsplätzen und -kräften eingesetzt, von denen sich die Methode des Profilvergleichs[249] und die Stellenplanmethode[250] besonders eignen. Die Profilvergleichsmethode dient dabei vor allem der qualitativen Einsatzplanung[251]. Sie wird von der Stellenplanmethode im quantitativen Bereich ergänzt[252]. Im Rahmen der Stellenplanmethode wird für die Personaleinsatzplanung auf die Stellenbesetzungspläne zurückgegriffen[253]. Für die kurzfristige Personaleinsatzplanung sind vor allem Pläne mit aktuellen Stellenbesetzungen erforderlich. Pläne mit zukünftigen Stellenbesetzungen werden zur mittel- und langfristigen Personaleinsatzplanung benötigt, wobei eine Planung über mehrere Pe-

---

244) Vgl. Hentschel, B. (1984), S. 186.
245) Vgl. RKW (1990), S. 235 f.
246) Vgl. RKW (1990), S. 282 ff.
247) Vgl. Hackstein, R./Nüssgens, K.H./Uphus, P.H. (1972b), S. 104.
248) Vgl. Struck, K. (1975), S. 170 ff.
249) Vgl. Meiritz, W. (1984), S. 80.
250) Vgl. RKW (1978f), S. 39.
251) Vgl. Hackstein, R./Nüssgens, K.H./Uphus, P.H. (1972c), S. 156 f.
252) Vgl. RKW (1978f), S. 62.
253) Vgl. Kador, F.-J./Kempe, H.-J./Pornschlegel, H. (1989), S. 86.

rioden ebenso möglich sein sollte wie ein automatisches Fortschreiben der Pläne[254].

Besonders im Rahmen der kurzfristigen Personaleinsatzplanung und -steuerung müssen noch weitere spezielle Einsatzpläne zusätzlich zum Stellenbesetzungsplan erstellt werden, da sich mit ihm keine permanenten Änderungen in den Stellenbesetzungen planen lassen[255]. Die Planung von Wechseln in der Stellenbelegung wird notwendig, wenn Betriebe in mehreren Schichten produzieren oder die Arbeitskräfte im systematischen Wechsel z. B. in Form von *job rotation* eingesetzt werden. Zu den speziellen Einsatzplänen zählen auch Ablösefolgepläne für Stellen mit hoher physischer und/oder psychischer Belastung, Urlaubs- und Vertretungspläne sowie Pläne für Bereitschaftsdienste und Teilzeitbeschäftigte[256]. Diese Einsatzpläne können mit Hilfe der Methoden der linearen Optimierung und graphentheoretischer Verfahren – z. B. zum Lösen des Zuordnungsproblems[257] – sowie der Simulation erstellt werden[258].

2.2.2.3 Datenbasis für die Personalplanung und -steuerung

Die wichtigsten Stammdateien, die für Zwecke der Personalplanung und -steuerung benötigt werden, sind die *Personalstammdatei*, die Informationen zu Person und Qualifikation der Mitarbeiter enthält, und die *Arbeitsplatzstammdatei*, in der Daten über die vorhandenen und ggf. geplanten Arbeitsplätze gespeichert sind[259]. Da in sämtlichen Teilplanungen auf diese beiden Basis-Dateien zurückgegriffen wird, stellt ihre Existenz eine Minimalanforderung dar. Weiterhin sollten zur Unterstützung der Personalbeschaffungsplanung eine *Bewerberstammdatei* und für die Personalentwicklungsplanung sowohl eine *Förderstammdatei* als auch eine *Seminarstammdatei* vorhanden sein. Während die Förderstammdatei die relevanten Daten für die Mitarbeiter enthält, die an Entwicklungs- und Förderprogrammen teilnehmen, beinhaltet die Seminarstammdatei die zur Planung, Durchführung und (Erfolgs-)Kontrolle von internen und externen Entwicklungsmaßnahmen benötigten Daten. Der Aufbau einer – mit der Arbeitsplatzstammdatei zu verkettenden – *Tätigkeitenstammdatei*, in der die

---

254) Vgl. RKW (1978f), S. 32.
255) Vgl. Kador, F.-J./Kempe, H.-J./Pornschlegel, H. (1989), S. 92.
256) Vgl. RKW (1990), S. 392 ff.
257) Vgl. Kern, W. (1987b), S. 30.
258) Vgl. Dierstein, R. (1983), S. 119.
259) Zu den für die Personalplanung benötigten Dateien siehe Scheer, A.-W. (1990b), S. 422 ff.

Beschreibungen aller (häufig) vorkommenden Tätigkeiten und der sich aus ihnen ergebenden Anforderungen erfaßt sind, dient einer redundanzarmen Speicherung, wenn die Tätigkeiten an vielen Arbeitsplätzen identisch sind.

3. Ansätze einer Personalorientierung von PPS-Konzepten

Das vorangehende Grundlagenkapitel hat gezeigt, daß die Aufgaben und Ziele sowohl der Produktions- als auch der Personalplanung und -steuerung eine weitgehend ähnliche Struktur aufweisen und daß zwischen ihnen zahlreiche Interdependenzen bestehen. Im Hinblick auf die PersPS sowie die PPS-Bereiche der Bereitstellungsplanung und -steuerung von Arbeitskräften kann sogar fast von einer Identität der Aufgaben und Ziele gesprochen werden. Dies gilt dann, wenn sich die Objekte der PersPS auf den Kreis der auch zu den PPS-Objekten zählenden Arbeitskräfte reduzieren lassen und somit auch hinsichtlich der Ziele angenommen werden kann, daß in den entscheidungsrelevanten Kosten der Produktionskapazitäten genau die Kosten für den Einsatz sowie für die Beschaffung, Freisetzung und Entwicklung des betrachteten Personals enthalten sind. Allerdings lassen sich jedoch keine analogen Überlegungen für die Zeitziele der Minimierung der Durchlaufzeiten oder der Leerzeiten der Kapazitäten anstellen, da es nicht zwingend ist, daß die Durchlaufzeiten der Aufträge allein durch die Arbeitszeiten des Personals – in Form von Rüst- und Ausführungszeiten – oder die Leerzeiten der Kapazitäten primär durch die Leerzeiten der Arbeitskräfte[1] determiniert werden.

Darüberhinaus bestehen jedoch, wie zuvor schon mehrfach angedeutet, eigentlich bei allen Aufgabenbereichen der PPS Beziehungen zu den unterschiedlichen Teilplanungen der PersPS. Allerdings differieren die verschiedenen Real-Konzepte der PPS, wie im letzten Kapitel dargelegt, sowohl in ihren Zielen und Funktionen als auch in ihren Strukturen und damit vermutlich auch in der Art ihrer Personalorientierung. Aufgabe des folgenden Kapitels ist es deshalb, diese PPS-Konzepte daraufhin zu überprüfen, inwiefern sie die Ziele der PersPS berücksichtigen, die Daten für die PersPS bereitstellen und die Aufgaben der PersPS unterstützen.

Dazu sind zunächst die Anforderungen bezüglich der Umsetzung der Aufgaben, d. h. der Funktionen, sowie der Datenbasis und Ziele der PPS-Konzepte im Hinblick auf deren Personalorientierung zu bestimmen. Insbesondere müssen die personalrelevanten Bezüge der einzelnen PPS-Funktionen aufgezeigt und in den Kontext der verschiedenen Aufgabenbereiche der PersPS gestellt werden. Hierdurch wird ein Raster zur Analyse der PPS-Konzepte gewonnen, mit dessen Hilfe anschließend die im vorhergehenden Kapitel vorgestellten Konzepte

---

[1] Zur Bedeutung des Personals als primärer Kapazitätsdeterminante vgl. vor allem Kern, W. (1962), S. 4 und 44 ff. Siehe hierzu auch Gaugler, E. (1992), S. 5 ff.

der PPS auf ihre Personalorientierung hin untersucht werden können. Den Abschluß des Kapitels bildet eine zusammenfassende Darstellung der Ursachen und Folgen der – vermutlich – geringen Personalorientierung in PPS-Konzepten.

3.1 Anforderungen an PPS-Konzepte hinsichtlich ihrer Personalorientierung

3.1.1 Anforderungen bezüglich der Funktionen der PPS-Konzepte

Bei der Aufgabenumsetzung durch die PPS-Konzepte können hinsichtlich der Personalorientierung zwei unterschiedliche, sich aber gegenseitig ergänzende Strukturen festgestellt werden. Die Aufgaben der PersPS lassen sich zum einen durch einen integrierten Funktions-Block der Personalbereitstellungsplanung und -steuerung gesamtheitlich erfassen. Dies entspricht prinzipiell dem simultanen Planungsansatz. Zum anderen können die Aufgaben der PersPS auch durch die Funktionsbereiche der PPS unterstützt werden, zu denen Interdependenzen bestehen, falls die Aufgaben in diesen Bereichen personalorientiert aufgefaßt werden. Dazu müssen sowohl die Programmplanung und die Prozeßplanung und -steuerung als auch die Bereitstellungsplanungen und -steuerungen hinsichtlich der Betriebsmittel sowie des Materials unter Berücksichtigung von Personalaspekten durchgeführt werden. Die dafür notwendigen Rückkoppelungen zur PersPS orientieren sich am hierarchischen Ansatz der Produktionsplanung. Deshalb sollen zunächst die Anforderungen an die Funktionen der Bereitstellungsplanung und -steuerung hinsichtlich des Personals sowie im Anschluß daran die Anforderungen an die übrigen Funktionen der PPS ermittelt werden.

3.1.1.1 Anforderungen bezüglich der Bereitstellungsplanung und -steuerung hinsichtlich des Personals

Wie zuvor schon mehrfach erwähnt, spiegelt sich die Personalorientierung bezüglich der Funktionen der PPS natürlich insbesondere in der Planung und Steuerung der Bereitstellung hinsichtlich der Arbeitskräfte wider. Da letztlich alle Aktivitäten der PersPS auf das Ziel der optimalen Bereitstellung des Personals ausgerichtet sind, müssen auch alle Funktionen der Personalplanung, nämlich von der Personalbedarfsplanung über die Personalbeschaffungs- und -freisetzungsplanung sowie die Personalentwicklungsplanung bis hin zur Personaleinsatzplanung, und auch die Personaleinsatzsteuerung als Kernstück der Personalsteuerung in diesem Funktions-Block der PPS enthalten sein.

Auch wenn die Bedeutung der übrigen Teilaufgaben nicht geschmälert werden soll, so besitzen die Aktivitäten der Personalbedarfsplanung sowie der Personaleinsatzplanung und -steuerung bezüglich der einzelnen PPS-Funktionen doch besondere Relevanz. Neben der Analyse des Personalbestandes (Ist-Personalkapazität) stellt das Ermitteln nach Art und Zahl der benötigten Arbeitsleistungen (Soll-Personalkapazität) sowie der entsprechenden Arbeitszeitvolumina die zentrale Aufgabe der Personalbedarfsplanung dar[2]. Hierbei ist allerdings zu beachten, daß die Bedarfsplanungen regelmäßig auf den Ergebnissen der Produktionsprogrammplanung aufbauen[3].

Während es sich bei der Personalbedarfsplanung um ein mittel- bis langfristiges Planungsproblem handelt, ist die Aufgabenstellung der Personaleinsatzplanung primär kurzfristig ausgerichtet. Dabei ist noch anzumerken, daß der Übergang von der Bedarfsplanung – *"Welche(n) Mitarbeiter werden generell in diesem Jahr, d.h. mittelfristig benötigt?"* – zur Einsatzplanung – *"Welche(n) konkreten Mitarbeiter werden heute, d.h. kurzfristig wann und wie lange gebraucht?"* – fließend ist[4] und allein vom zeitlichen Detaillierungsgrad und vom Zeithorizont der Planung determiniert wird. D.h. die temporale Dimension, die bei der Bedarfsplanung eine eher untergeordnete Rolle spielt, gewinnt zunehmend an Bedeutung, während der rein quantitative Aspekt in den Hintergrund tritt.

Für die Einsatzplanung stellen die mit Hilfe der Stellen(-besetzungs-)planung zu lösenden Fragen der Personalzuordnung die Hauptaufgabe dar[5]. Dabei kann es sich zum einen um eine fixe kapazitätsorientierte Zuordnung der Mitarbeiter zu einzelnen Anlagen, Maschinengruppen, Abteilungen oder sonstigen betrieblichen Organisationseinheiten handeln, was im herkömmlichen Sinne dem Bilden einer Vorkombination entspricht.

Zum anderen ist auch eine auftragsorientierte Zuweisung des Personals denkbar, wobei die Vorkombination aus dem Betriebsmittel und dem davor wartenden Material gebildet wird. Die Endkombination entsteht dann nach dem Eintreffen des Mitarbeiters an der Bearbeitungsstation erst dadurch, daß dieser beginnt, den zugewiesenen Auftrag abzuarbeiten. Hierin spiegelt sich jedoch eine

---

2) Vgl. Gutenberg, E. (1983), S. 184; Kern, W. (1992a), S. 169 f.
3) Vgl. Gutenberg, E. (1983), S. 184 f.; Kern, W. (1992a), S. 170.
4) Siehe hierzu Gutenberg, E. (1983), S. 184 ff., insbesondere S. 186.
5) Vgl. Gutenberg, E. (1983), S. 186 ff.

sehr kurzfristige Sichtweise wider, die eng mit den Aufgaben der Personaleinsatzsteuerung[6] verknüpft ist. Diese beinhalten alle Umdispositionen auf der Personalseite, die bei Friktionen im Betriebsgeschehen, sei es durch Eilaufträge, Maschinen- oder Personalausfälle, notwendig werden.

3.1.1.2 Anforderungen bezüglich der Produktionsprogrammplanung

Im Hinblick auf die Aufgaben der PersPS ergeben sich bei der Produktionsprogrammplanung, wie zuvor schon erwähnt, primär Beziehungen zur Personalbedarfsplanung. Dabei gilt die Personalbedarfsplanung regelmäßig als von der Programmplanung abgeleitete und damit abhängige Planung.

Aufgrund der zwischen den beiden Planungsbereichen bestehenden Interdependenzen ist es jedoch durchaus denkbar, daß auch die Personalplanung ihrerseits die Produktionsprogrammplanung determiniert. Dies ist dann der Fall, wenn entweder das Personal den Engpaß der betrieblichen Planung[7] und somit den dominierenden Sektor darstellt[8] oder auf Grund der Unternehmensziele dem Personalbereich der entscheidende Vorrang eingeräumt wird[9]. Letzteres dürfte vor allem dann gegeben sein, wenn für die Entwicklung, Produktion und/oder Vermarktung – speziell in den Bereichen Service und Wartung – der Produkte primär das Know-How der Mitarbeiter maßgeblich ist. Während personalbedingte Engpaßsituationen schon durch den Vergleich der Personalkapazität im Rahmen der Personalbedarfsplanung erfaßt werden (sollen), zielt der zweite Aspekt vornehmlich auf die der Sicherung des strategisch bedeutsamen Know-Hows der Mitarbeiter dienenden Personalentwicklungsplanung, die somit ebenfalls in das Raster aufzunehmen ist.

3.1.1.3 Anforderungen bezüglich der Bereitstellungsplanung und -steuerung hinsichtlich der Betriebsmittel

Bei der Bereitstellungsplanung und -steuerung hinsichtlich der Betriebsmittel sind ebenfalls personalbezogenen Aspekte zu berücksichtigen. So ist einerseits im langfristigen Kontext der Investitionsplanung zu beachten, wieviel Personal für eine neue Anlage benötigt wird und über welche Qualifikationen die ein-

---

6) Vgl. Kern, W. (1992a), S. 169.
7) Vgl. Hofstätter, A. (1973), S. 168.
8) Vgl. Gutenberg, E. (1983), S. 164.
9) Vgl. Albach, H. (1966), S. 797.

zelnen Mitarbeiter verfügen müssen, womit die Teilplanungen bezüglich des Personalbedarfs, der Personalbeschaffung und -freisetzung sowie der Personalentwicklung in quantitativer wie qualitativer Hinsicht angesprochen werden[10]. Eine simultane Personal- und Investitionsplanung würde dann ggf. dazu führen, daß eine bestimmte Maschine – zumindest vorerst – nicht angeschafft wird, weil kein geeignetes Bedienungspersonal rechtzeitig und auf Dauer verfügbar ist.

In kurzfristiger Sicht erfordern die Maßnahmen zur Kapazitätsanpassung und -steuerung im Rahmen der Kapazitätsterminierung sowie der Terminfeinplanung eine Personalorientierung auch bei der Bereitstellung von Betriebsmitteln. Die entsprechenden Anpassungsmaßnahmen bezüglich der maschinellen Kapazitäten sind regelmäßig mit einer analogen personellen Maßnahme verknüpft, die gleichzeitig zu erfolgen hat. So kann in einem Kapazitätsengpaß eine vorhandene Reservemaschine nur dann zusätzlich eingesetzt werden, wenn auch das entsprechende Bedienungspersonal zeitgleich verfügbar ist. Dies impliziert eine Berücksichtigung sowohl der Personaleinsatzplanung als auch der Personaleinsatzsteuerung. Auf die bei einer solchen Anpassungsmaßnahme vermutlich ebenfalls auftretenden Änderungen in der Qualität der Faktorkombination sei hier zusätzlich hingewiesen.

Werden die Aufgaben der Instandhaltung ebenfalls unter die Maßnahmen zur Bereitstellung der Betriebsmittel subsumiert, so ergeben sich in kurzfristiger Sicht weitere Interdependenzen zum Personalsektor. Weil es sich bei dem Personal, das die Produktions- und auch die Instandhaltungsaufträge auszuführen hat, zumindest teilweise um dieselben Arbeitskräfte handeln kann, werden sich hier entsprechende Überschneidungen ergeben, die bei der Personaleinsatzplanung und -steuerung zu berücksichtigen sind.

3.1.1.4 Anforderungen bezüglich der Bereitstellungsplanung und -steuerung hinsichtlich des Materials

Auch die Bereitstellungsplanung und -steuerung hinsichtlich des Materials weist personalrelevante Bezüge auf. So ist es bei der im Rahmen der Materialwirtschaft relevanten Entscheidung zwischen Eigenfertigung und Fremdbezug lang- und mittelfristig von Interesse, ob für die Eigenfertigung erforderliche personellen Kapazitäten grundsätzlich überhaupt vorhanden sind. Damit ist

---

10) Vgl. Gutenberg, E. (1983), S. 181.

primär die Personalbestandsermittlung als Teilaufgabe der Personalbedarfsplanung angesprochen.

Des weiteren ist aus materialwirtschaftlicher Sicht auch von Bedeutung, daß zum Umgang mit bestimmten Materialien nicht nur spezielle Fähigkeiten sondern auch Spezialkenntnisse – vor allem bei Gefahrstoffen z. B. in der chemischen Industrie – benötigt werden. Die hierzu notwendige Fort- und Weiterbildung der Mitarbeiter spricht den Aspekt der Personalentwicklungsplanung an.

3.1.1.5 Anforderungen bezüglich der Produktionsprozeßplanung

Eine der beiden Hauptaufgaben der Prozeßplanung ist neben der Durchlaufinsbesondere die Kapazitätsterminierung. Ihre Funktion besteht in einem mittel- bis kurzfristigen Vergleich von Kapazitätsangebot und -nachfrage sowie, falls Differenzen festgestellt werden sollten, in der Planung von Anpassungsmaßnahmen bezüglich des Kapazitätsangebotes und/oder des Abgleiches hinsichtlich des Kapazitätsbedarfes[11].

Im Rahmen dieser Arbeit interessieren natürlich insbesondere die Maßnahmen zur Veränderung des Kapazitätsangebotes des Potentialfaktors Personal. Als grundsätzliche Anpassungsformen kommen dabei vor allem die intensitätsmäßige[12], die quantitative und die zeitliche Anpassung in Betracht. Während sich ein schnelleres oder langsameres Erbringen dispositiver Arbeitsleistungen kaum bestimmen läßt, korreliert eine Erhöhung oder Verminderung der Arbeitsintensität bei manueller objektbezogener Arbeitsleistung primär mit der Arbeitsgeschwindigkeit der zu bedienenden Maschine[13]. Eine Entscheidungsunterstützung der intensitätsmäßigen Anpassung ist daher durch eine Teilplanung der Personalplanung nicht zu erwarten, sondern könnte allenfalls durch eine betriebsmittelbezogene Planung erfolgen.

Mittelfristig stellen die Veränderungen des Personalbestandes in Form von Entlassungen oder Neueinstellungen quantitative Anpassungsmaßnahmen dar, womit auch schon die Teilaufgaben der Personalfreisetzungs- sowie der Personalbeschaffungsplanung angesprochen sind. Die zahlenmäßige Anpassung kann kurzfristig durch einen Personalaustausch zwischen über- und unterbe-

---

11) Vgl. REFA (1985), S. 192 f.
12) Vgl. Gutenberg, E. (1983), S. 355 f.
13) Vgl. Gutenberg, E. (1983), S. 365.

schäftigten Kapazitätseinheiten erfolgen. Dabei lassen sich Kapazitätsengpässe insbesondere durch den Einsatz von Springern abdecken. Diese Anpassungsform entspricht einer rein quantitativen Personaleinsatzplanung und mündet bei kürzestfristigen Umsetzungen in die Personaleinsatzsteuerung ein.

Zeitliche Anpassungsmaßnahmen sind insbesondere das Ableisten oder Abfeiern von Überstunden, das Verschieben oder Vorziehen von Erholungsurlaub sowie das Fahren von Zusatzschichten, ohne daß dafür Personal zusätzlich eingestellt wird. Hierbei handelt es sich also um Variationen im Rahmen der Verteilung der Arbeitszeit, die der quantitativ-zeitlichen Personaleinsatzplanung bei einer sehr kurzfristigen Anordnung von Überstunden einer Personaleinsatzsteuerung entsprechen. Eine Kombination von rein quantitativer und quantitativ-zeitlicher Anpassung stellt die Einführung einer zusätzlichen Schicht dar, da hierbei sowohl Personal neu zu beschaffen ist, als auch die Betriebszeit der Kapazitätseinheit erhöht wird[14].

Auch wenn Gutenberg unterstellte, daß diese Maßnahmen[15] ohne Änderung der Faktorqualität durchzuführen sind[16], so sind bezüglich des Personals hier doch einige Zweifel angebracht. So wird sich die Qualität der Arbeitsleistungen bei der Ableistung von Überstunden und Zusatzschichten sowie bei einem schnelleren Arbeiten vermutlich verschlechtern, während insbesondere ein langsameres Arbeiten im Rahmen der intensitätsmäßigen Anpassung zu besseren Arbeitsleistungen führen dürfte[17]. Außerdem werden auch die quantitativen Veränderungen im Personalbestand durch Einstellungen und Entlassungen zu qualitativen Veränderungen in dieser Faktorkategorie führen.

3.1.1.6 Anforderungen bezüglich der Produktionsprozeßsteuerung

Sowohl die Bestimmung der Fertigungslosgrößen als auch die Terminfeinplanung als die beiden primären Teilaufgaben der Prozeßsteuerung weisen jeweils bedeutsame Interdependenzen zum Personalsektor auf. Hinsichtlich der Ferti-

---

14) Anderer Meinung ist Zäpfel, der die Einführung von Zusatzschichten allein der quantitativen Anpassung zuordnet (vgl. Zäpfel, G. (1982), S. 234).
15) Gutenberg betrachtet die einzelnen Anpassungsmaßnahmen isoliert von einander. Bei den unterschiedlichen Anpassungsformen sind jeweils nur die Arbeitsintensität d des Personals, die Anzahl m der Arbeitskräfte sowie die – mit der Arbeitszeit des Personals letztlich identische – Betriebszeit t variabel (vgl. Gutenberg, E. (1983), S. 356).
16) Vgl. Gutenberg, E. (1983), S. 354 f.
17) Zur Bedeutung von Faktorqualitäten in produktionsbezogenen Optimierungsmodellen vgl. Kern, W. (1987a), S. 145 ff.

gungslosgröße ergeben sich Ansätze zu einer Personalorientierung daraus, daß sich die optimale Auftragsgröße nämlich nur bestimmen läßt, wenn gleichzeitig sichergestellt werden kann, daß sowohl die Maschine(n) inklusive der erforderlichen Werkzeuge als auch das benötigte Personal für die Bearbeitungsdauer zur Verfügung stehen. Dies gilt in besonderem Maße für Arbeitsgänge oder Aufträge, die spezifische Fachkenntnisse und/oder Fertigkeiten des Personals voraussetzen. D. h., daß für die Ermittlung der Fertigungslosgröße nicht nur die quantitative sondern letztlich eine qualitative Personaleinsatzplanung vonnöten ist.

Die Beziehungen der Feinterminierung zum Personalbereich ergeben sich nun dadurch, daß bei der Zuweisung der zuvor freigegebenen Aufträge zu den einzelnen Arbeitsplätzen nicht nur die Betriebsmittel im Rahmen eines Maschinenbelegungsplans erfaßt werden, sondern auch mit Hilfe von Personaleinsatzplänen die einzelnen Mitarbeiter zu berücksichtigen sind, die anschließend die Aufträge durchführen sollen. Damit ist zunächst die Aufgabe der Personaleinsatzplanung angesprochen, die jedoch durch den Zwang, auch die kurz- und kürzestfristigen Veränderungen der Datenkonstellationen im Produktionsbereich berücksichtigen zu müssen, letztlich in die Personaleinsatzsteuerung einmündet.

Die im Rahmen der Produktionsprozeßsteuerung erfolgende Überwachung der Produktionskapazitäten muß deshalb auch die Überwachung der personellen Kapazitäten einschließen. Andernfalls könnten kurz- und kürzestfristige Maßnahmen der personalbezogenen Kapazitätsanpassung gar nicht durchgeführt werden. Die engen Verbindungen zwischen Produktionsprozeß- und Personaleinsatzsteuerung werden hieran besonders deutlich.

Daraus folgt, daß die Größen der Fertigungslose und der Personaleinsatz an sich simultan zu planen und zu steuern sind. Vom Umfang der einzelnen Aufträge hängt nämlich auch die optimale Auftragsreihenfolge ab, so daß sich Auftragsgrößen- und Kapazitätsbelegungsplanung gegenseitig bedingen. Da auch die belegbaren Kapazitäten von der Bereitstellung der erforderlichen Potentialfaktoren abhängen, schließt sich der Kreis mit der Forderung nach einer simultanen Personaleinsatz- und Kapazitätsbelegungsplanung bzw. -steuerung.

3.1.2 Anforderungen bezüglich der Datenbasis der PPS-Konzepte

Auf die Bedeutung der Reaktionsgeschwindigkeit bei Änderungen in den Datenkonstellationen im Produktionsbereich wurde im letzten Abschnitt schon hingewiesen. Damit auf Datenänderungen überhaupt reagiert werden kann, sind die Daten zunächst zu erfassen und anschließend auszuwerten. Somit sind mit Blick auf die Personalorientierung auch datenbezogene Anforderungen an die Konzepte der PPS zu stellen.

Die für die Personalplanung benötigten personenbezogenen Daten werden, wie oben gezeigt, vor allem in den Personal- und Arbeitsplatzstammdateien sowie ggf. in einer Tätigkeitenstammdatei gespeichert. Die Erfassung und Pflege dieser Stammdaten sollte im Rahmen der Grunddatenverwaltung der PPS-Systeme berücksichtigt werden. Hierbei sind neben den identifizierenden Daten wie Name, Vorname, Geburtsdatum etc. insbesondere Qualifikationsdaten sowie Angaben zu den Einsatzmöglichkeiten und -beschränkungen – speziell bei besonderen Personalgruppen wie Jugendlichen, Schwangeren oder Schwerbehinderten – zu speichern.

Zur Personalsteuerung müssen andererseits aktuelle Daten über die Verfügbarkeit der Mitarbeiter vorhanden sein, um speziell die Personaleinsatzsteuerung und die damit einhergehende kurzfristige Personaleinsatzplanung überhaupt durchführen zu können. Dazu sollte eine Erfassung und Überwachung der An- und Abwesenheitszeiten der Mitarbeiter – z. B. durch Arbeitszeiterfassungssysteme – im Rahmen der Prozeßüberwachung erfolgen.

3.1.3 Anforderungen bezüglich der Ziele der PPS-Konzepte

Die Personalorientierung der PPS-Konzepte muß nicht zuletzt auch in der ihnen jeweils eigenen Zielsetzung wiederzufinden sein. Hinsichtlich ökonomischer Zielgrößen ist damit, wie oben schon gezeigt, die Berücksichtigung der personalbezogenen Kosten – sowie eventuell entsprechender Erlöse – erforderlich.

Bei der Verfolgung von Zeitzielen erscheint eine spezielle Berücksichtigung personalabhängiger Zeiten wünschenswert. Hierfür kommen – mit den oben gezeigten Einschränkungen – sowohl die Minimierung der vom Bedienungspersonal abhängigen Komponenten der Durchlaufzeiten[18] als auch die Minimierung der Leerzeiten der Personalkapazitäten in Frage.

3.1.4 Darstellung des Rasters zur Analyse der Personalorientierung von PPS-Konzepten und -Systemen

Die Personalorientierung von PPS-Konzepten und -Systemen kann sich also niederschlagen in:

① den verfolgten personalbezogenen Zielen,
② den berücksichtigten Personaldaten und
③ den unterstützten Aufgaben der Personalplanung und -steuerung.

Hinsichtlich der Zielformulierung können die Personalaspekte sowohl bei ökonomischen Zielen als auch durch Zeitziele berücksichtigt werden. Bezüglich der Personaldaten ist eine Erfassung und Auswertung der Identifikations-, Qualifikations- und Arbeitszeitdaten der Mitarbeiter zu fordern. Im Hinblick auf die verschiedenen Aufgaben der PersPS läßt sich deren Unterstützung außer mit Hilfe des Funktions-Blocks der Bereitstellungsplanung und -steuerung hinsichtlich des Personals auch jeweils durch die personalorientierte Gestaltung weiterer Funktionen der PPS erreichen. Damit ergibt sich zur Überprüfung der Personalorientierung von PPS-Konzepten und -Systemen das in Abbildung 6 dargestellte Raster. Die durch Funktionen der PPS nicht abzudeckenden Aufgaben der PersPS wurden darin mit schraffierten Flächen gekennzeichnet.

---

18) Vgl. Kern, W. (1992a), S. 278 f. und 292 ff.

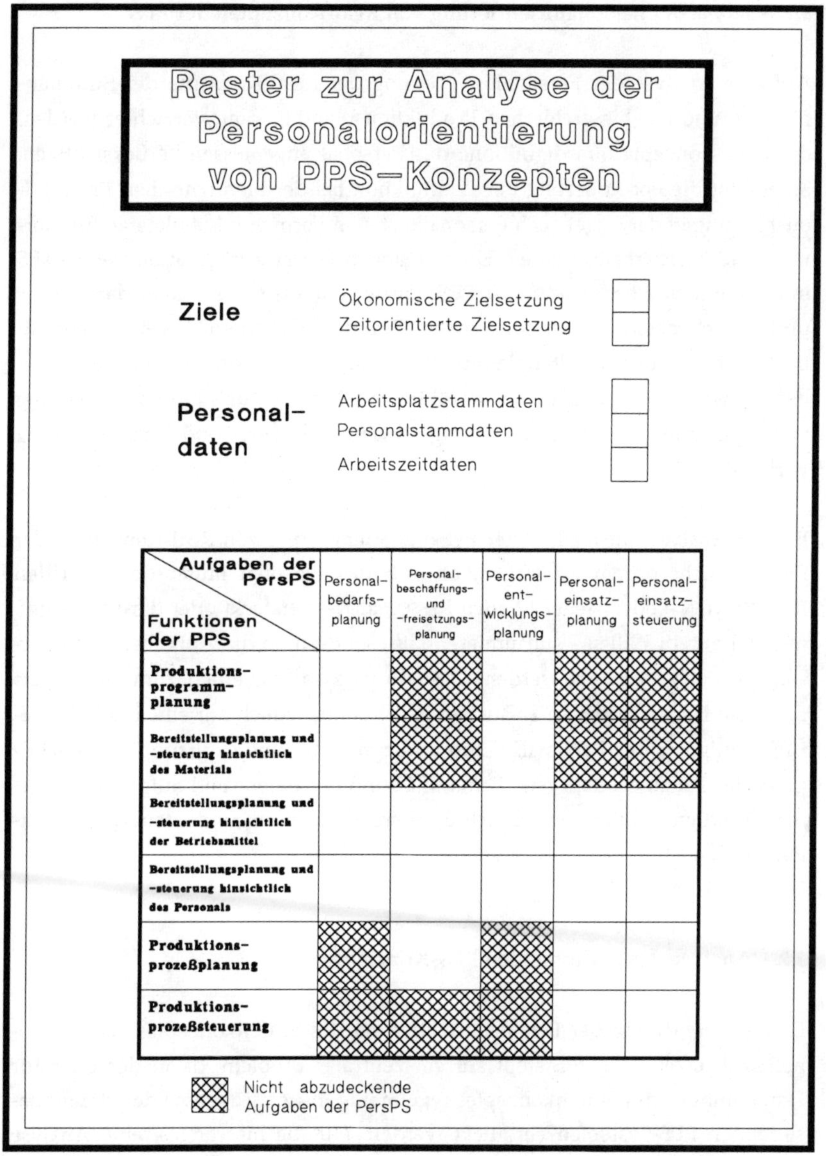

Raster zur Analyse der Personalorientierung von PPS-Konzepten

Ziele
- Ökonomische Zielsetzung ☐
- Zeitorientierte Zielsetzung ☐

Personaldaten
- Arbeitsplatzstammdaten ☐
- Personalstammdaten ☐
- Arbeitszeitdaten ☐

Funktionen der PPS \ Aufgaben der PersPS	Personalbedarfsplanung	Personalbeschaffungs- und -freisetzungsplanung	Personalentwicklungsplanung	Personaleinsatzplanung	Personaleinsatzsteuerung
Produktionsprogrammplanung		▩		▩	▩
Bereitstellungsplanung und -steuerung hinsichtlich des Materials		▩		▩	▩
Bereitstellungsplanung und -steuerung hinsichtlich der Betriebsmittel					
Bereitstellungsplanung und -steuerung hinsichtlich des Personals					
Produktionsprozeßplanung	▩		▩		
Produktionsprozeßsteuerung	▩	▩	▩		

▩ Nicht abzudeckende Aufgaben der PersPS

Abbildung 6: Raster zur Analyse der Personalorientierung von PPS-Konzepten

3.2 Analyse der Personalorientierung von Real-Konzepten der PPS

Auf eine Analyse der Personalorientierung der Ideal-Konzepte der Simultanplanung und der hierarchischen Produktionsplanung kann verzichtet werden, da diese Konzepte qua definitione das Personal angemessen berücksichtigen. So enthält die Formulierung der Zielfunktion bei der hierarchischen Produktionsplanung in der Regel auch Personalkosten in Form von Lohnkosten für Normal- und Mehrarbeitsstunden. Die aufgabenorientierte Integration der PersPS in die hierarchische Struktur der PPS wurde erstmals von Günther dargelegt[19] und zwischenzeitlich von Schneeweiß[20] und Mitarbeitern[21] weiter verdeutlicht. Auch bei der Simultanplanung findet sich das Personal in der Zielformulierung wieder[22]. Außerdem sind zahlreiche Ansätze zur simultanen Planung von Programm- und Bedarfsplanung sowie zur Prozeß- und Einsatzplanung vorhanden.

Bei der Analyse hinsichtlich der Personalorientierung von Real-Konzepten der PPS ist nicht primär zu fragen, ob sich das Personal hinter den Begriffen KAPAZITÄTEN – oder vielleicht auch RESSOURCEN – versteckt oder darunter – ggf. mit viel gutem Willen – subsumieren läßt, sondern ob die Aufgaben auch personalbezogen aufgefaßt werden. Deshalb ist zwar sicherlich zum einen stets nach den beiden Begriffen zu suchen. Sie verraten jedoch nur eine implizite Berücksichtigung des Personals. Zum anderen kann eine explizite Berücksichtigung des Personals dagegen allein auf Grund der daten- und aufgabenbezogenen Funktionsqualität hinsichtlich der Personalplanung und -steuerung ermittelt werden.

3.2.1 Analyse des traditionellen PPS-Konzeptes

Eine Untersuchung der Personalorientierung des Stufenkonzeptes als traditionellem Konzept der PPS stößt auf ein zentrales Problem, da in der Literatur Darstellungen des Stufenkonzeptes regelmäßig mit Aussagen zu den darauf basierenden PPS-Systemen verquickt werden. Für die hier angestrebte Analyse besteht also die äußerst unbefriedigende Situation, daß sich eigentlich in kei-

---

19) Vgl. Günther, H.-O. (1989).
20) Vgl. Schneeweiß, Ch. (1992a); Schneeweiß, Ch. (1992c), S. 20 ff.
21) Vgl. Wild, B./Schneeweiß, Ch./Faißt, J. (1992), S. 241 ff; Faißt, J./Schneeweiß, Ch./Wolf, F. (1992), S. 199 ff.
22) Die Berücksichtigung des Personals in der Zielfunktion erfolgt jedoch regelmäßig nur implizit z. B. in Form eines Bearbeitungskostensatzes (vgl. hierzu z. B. Zäpfel, G. (1982), S. 300.)

nem Fall eindeutig sagen läßt, ob eine fehlende Personalorientierung allein dem Stufenkonzept oder doch nur den PPS-Systemen anzulasten ist. D. h. mit anderen Worten, es läßt sich nie genau bestimmen, ob ein sekundärer oder ein tertiärer Objektdefekt vorliegt. Da es im Hinblick auf Themenstellung und Ergebnis dieser Arbeit jedoch nicht als wesentlich erscheint, wo der Defekt zu lokalisieren ist, und sich in Anlehnung an die in der Literatur herrschende Sichtweise doch alle Defekte der herkömmlichen PPS-Systeme auf das Stufenkonzept zurückführen lassen, werden die Mängel in der Personalorientierung, soweit sie nicht eindeutig den PPS-Systemen zuzurechnen sind, im Rahmen der folgenden Analyse der Ebene des Real-Konzeptes zugewiesen.

Die *Zielsetzungen* des traditionellen PPS-Konzeptes beziehen sich allein auf Zeit- und/oder Mengenziele. Ein Verfolgen ökonomischer Ziele ist somit grundsätzlich nicht vorgesehen. Ebenso erfolgt die Berücksichtigung personalorientierter Zeitziele bei der Verwendung von Durchlaufzeiten und Kapazitätsnutzungszeiten als Zielgrößen allenfalls implizit.

Bei den in der Grunddatenverwaltung zu erfassenden und zu pflegenden Daten werden in der Regel keine *Personaldaten* aufgeführt[23]. Indirekt sind sie eventuell in den für Betriebsmittelgruppen gespeicherten Kapazitätsstammdaten enthalten[24]. Ob mit einer in der Regel fixen Zuordnung der Mitarbeiter zu bestimmten Maschinen oder Maschinengruppen jedoch das dem Personal innewohnende Flexibilitätspotential auch nur in Ansätzen abgebildet wird, muß wohl zu recht bezweifelt werden. In einigen Veröffentlichungen wird verdeutlicht, daß die Personaldaten nicht im Rahmen der PPS, sondern in speziellen Systemen – insbesondere der Lohn- und Gehaltsabrechnung – vorzuhalten sind[25]. Im Gegensatz dazu sind Arbeitsplatzstammdateien, die aber regelmäßig nur Maschinendaten enthalten, in der Grunddatenverwaltung berücksichtigt[26]. Die Erfassung von Arbeitszeitdaten wiederum ist jedoch beim herkömmlichen PPS-Konzept nicht vorgesehen[27].

---

23) Vgl. z. B. Glaser, H./Geiger, W./Rohde, V. (1992), S. 4; Scheer, A.-W. (1990a), S. 199. Eine Ausnahme findet sich bei Hackstein, der die Personalstammdaten explizit aufführt und hierunter sowohl identifizierende als auch qualifikatorische und arbeitszeitbezogene Angaben erwähnt (vgl. Hackstein, R. (1989), S. 9 f.).
24) Vgl. z. B. Scheer, A.-W. (1990b), S. 173.
25) Vgl. z. B. Kurbel, K. (1993), S. 108.
26) Vgl. Hackstein, R. (1989), S. 9 f.; Glaser, H./Geiger, W./Rohde, V. (1992), S. 4 u. 30 f.; Zäpfel, G. (1989a), S. 190 ff.
27) Vgl. Adam, D. (1993), S. 476.

Da beim herkömmlichen PPS-Konzept weder personalorientierte Ziele verfolgt noch personenbezogene Daten berücksichtigt werden, verwundert es auch nicht, daß sich auch hinsichtlich der PPS-Funktionen eigentlich nirgendwo in der Literatur zum Stufenkonzept eine explizite Personalorientierung feststellen läßt. So ist zum einen weder für die *Personal-* noch für die *Betriebsmittelbereitstellungsplanung und -steuerung* ein Modul oder Teilschritt vorgesehen. Auch in der *Produktionsprogrammplanung* und in der *Mengenplanung* sind keine personalbezogenen Aspekte enthalten. In den Funktionsbereichen der *Produktionsprozeßplanung* und *-prozeßsteuerung*, denen insbesondere die Aufgaben der Kapazitätsterminierung und des kurzfristigen Kapazitätsabgleichs bzw. der Verfügbarkeitsprüfung und Kapazitätsüberwachung obliegen, findet allenfalls eine implizite Berücksichtigung des Personals statt. Diese kann dann unterstellt werden, wenn angenommen wird, daß das Personal in den jeweils betrachteten Kapazität(sgrupp)en und Ressourcen enthalten ist. Die Aufspaltung der Kapazitäten und eine damit verbundene differenzierte Betrachtung von Maschinen- und Personalkapazitäten ist im Stufenkonzept jedoch nicht vorgesehen[28]. Auch wenn im Kontext der Maßnahmen zum Kapazitätsabgleich[29], der Verfügbarkeitsprüfung[30] oder der Kapazitätsüberwachung[31] häufig personalbezogene Begriffe zu finden sind, sollte das nicht darüber hinwegtäuschen, daß die beiden produktionsprozeßbezogenen Funktionen der PPS letztlich allein betriebsmittelorientiert aufgefaßt werden. Nicht umsonst wird regelmäßig nur von *Maschinen*gruppen und *Maschinen*belegungsplänen gesprochen[32], während Personaleinsatzpläne eigentlich nie erwähnt werden.

Auch wenn sich somit in der Literatur immer wieder zarte Hinweise für eine anfanghafte Personalorientierung im traditionellen Konzept der PPS finden lassen, so ist der Feststellung von Renner, daß das Personal in PPS-Systemen, die auf dem Stufenkonzept basieren, meist unberücksichtigt bleibt[33], ohne Einschränkungen zuzustimmen. Die von Fischer gewonnene Erkenntnis, daß das traditionelle PPS-Konzept die Aufgaben der Personaleinsatzplanung und -steuerung in keiner Weise abdeckt[34], kann deshalb ohne Vorbehalte auf die Unterstützung aller Teilbereiche der PersPS ausgedehnt werden. Abbildung 7

---

28) Vgl. Helberg, P. (1986), S. 26; Helberg, P. (1987), S. 162 f.
29) Vgl. z. B. Adam, D. (1993), S. 459; Glaser, H./Geiger, W./Rohde, V. (1992), S. 182.
30) Vgl. z. B. Zäpfel, G. (1989a), S. 195.
31) Vgl. z. B. Schröder, H.-H. (1990), S. 64; Zäpfel, G. (1989a), S. 195, die beide interessanter Weise im Kontext der Prozeßüberwachung gerade auch an das Personal denken.
32) Vgl. z. B. Glaser, H./Geiger, W./Rohde, V. (1992), S. 183; Zäpfel, G. (1989a), S. 193 f.
33) Vgl. Renner, A. (1991), S. 39.
34) Vgl. Fischer, K. (1990), S. 75.

zeigt noch einmal im Überblick die mangelhafte Personalorientierung des traditionellen PPS-Konzeptes.

Personalorientierung des traditionellen PPS-Konzeptes

Ziele
- Ökonomische Zielsetzung
- Zeitorientierte Zielsetzung

Personaldaten
- Arbeitsplatzstammdaten
- Personalstammdaten
- Arbeitszeitdaten

Aufgaben der PersPS / Funktionen der PPS	Personalbedarfsplanung	Personalbeschaffungs- und -freisetzungsplanung	Personalentwicklungsplanung	Personaleinsatzplanung	Personaleinsatzsteuerung
Produktionsprogrammplanung		▨		▨	
Bereitstellungsplanung und -steuerung hinsichtlich des Materials		▨		▨	
Bereitstellungsplanung und -steuerung hinsichtlich der Betriebsmittel					
Bereitstellungsplanung und -steuerung hinsichtlich des Personals					
Produktionsprozeßplanung	▨		▨		
Produktionsprozeßsteuerung	▨		▨		

- ▨ Nicht abzudeckende Aufgaben der PersPS
- ■ Voll berücksichtigt
- ☐ Anfanghaft berücksichtigt

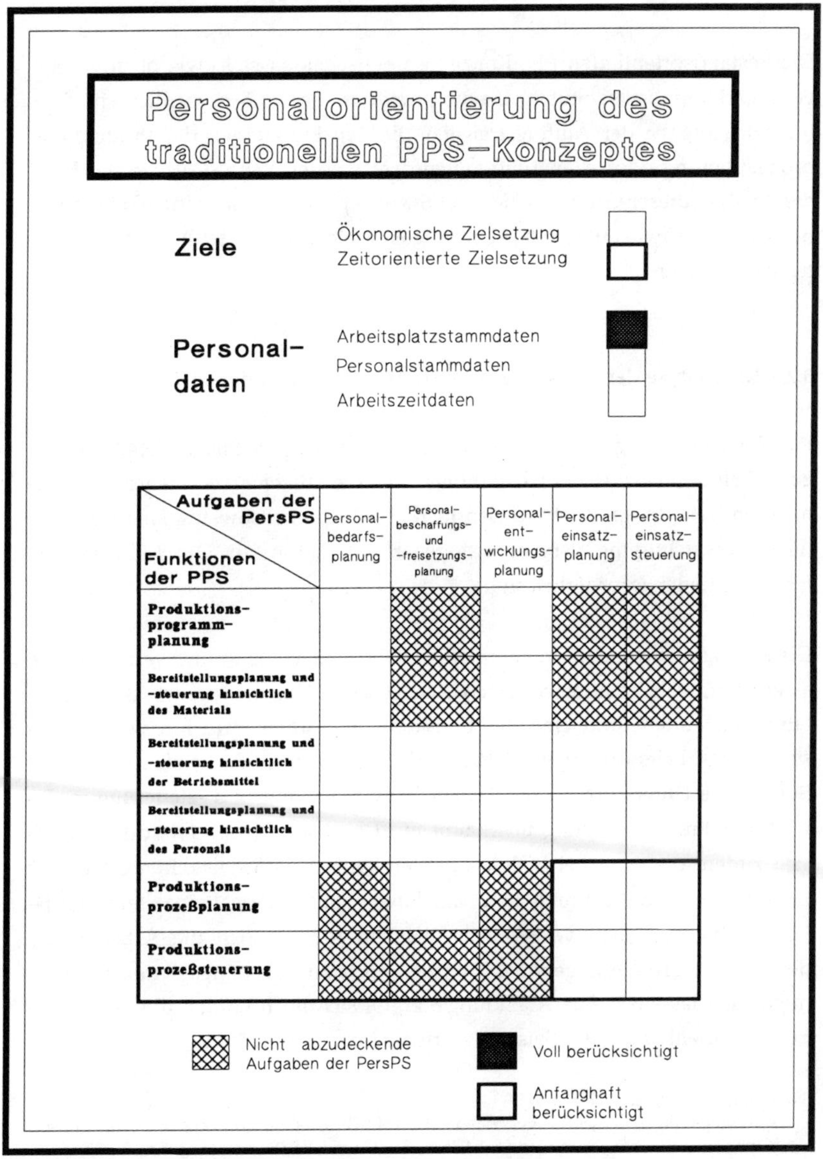

Abbildung 7: Personalorientierung des traditionellen PPS-Konzeptes

3.2.2 Analyse der neueren PPS-Konzepte

3.2.2.1 Analyse der bestandsorientierten PPS-Konzepte

Die bestandsorientierten PPS-Konzepte unterscheiden sich, wie oben gezeigt, vom herkömmlichen Stufenkonzept primär in der unterschiedlich durchgeführten Aufgabe der Auftragsfreigabe, die den Funktionen der Produktionsprozeßplanung oder -steuerung zugeordnet werden kann. Deshalb wird sich die Analyse dieser Gruppe neuerer PPS-Konzepte auf diese beiden Teilfunktionen der PPS sowie auf die dabei verfolgten Ziele und die dafür benötigten Daten beschränken.

3.2.2.1.1 Analyse der Belastungsorientierten Auftragsfreigabe

Für die Zielsetzung der *Belastungsorientierten Auftragsfreigabe* (BORA) läßt sich eine Zieldominanz bezüglich minimaler Durchlaufzeiten feststellen[35]. Personalorientierte Zeitgrößen[36] spielen hierbei jedoch ebensowenig eine Rolle wie die Berücksichtigung personenbezogener Daten, die zur Durchführung der PPS-Funktionen erforderlich sind.

Die Kapazitäten werden im Rahmen von BORA als bekannt und verfügbar vorausgesetzt, wobei eine zuvor erfolgte langfristige Harmonisierung der Kapazitätsquerschnitte[37] und eine der Einlastung vorausgehende Kapazitätsanpassung die Arbeitsweise von BORA stark begünstigt[38]. Das bedeutet, daß bei BORA eine Unterstützung der Personaleinsatzplanung und -steuerung im Bereich der Prozeßsteuerung überhaupt nicht beabsichtigt ist. Hierdurch lassen sich zudem die auch bei BORA auftretenden Kapazitätsleerzeiten erklären[39]. Eine getrennte Betrachtung von Maschinen- und Personalkapazitäten ist bei BORA ebenfalls nicht vorgesehen. Vielmehr müssen sich die Arbeitsplätze, denen die Aufträge zugeordnet werden, noch zu Belastungsgruppen zusammenfassen lassen[40]. Aus Abbildung 8 ergibt sich noch einmal die mangelnde Personalorientierung der Belastungsorientierten Auftragsfreigabe.

---

35) Vgl. Wiendahl, H.-P. (1987), S. 17.
Allerdings zeigen Glaser/Geiger/Rohde, daß bei BORA letztlich das Ziel einer maximalen Kapazitätsauslastung dominiert (vgl. Glaser, H./Geiger, W./Rohde, V. (1992), S. 225).
36) Vgl. Schröder, H.-H. (1990), S. 70.
37) Vgl. Adam, D. (1988b), S. 108; Hildebrand, R./Mertens, P. (1992), S. 109 f.
38) Vgl. Helberg, P. (1987), S. 75 f.
39) Vgl. Adam, D. (1993), S. 483; Hildebrand, R./Mertens, P. (1992), S. 110 f.
40) Vgl. Hildebrand, R./Mertens, P. (1992), S. 110.

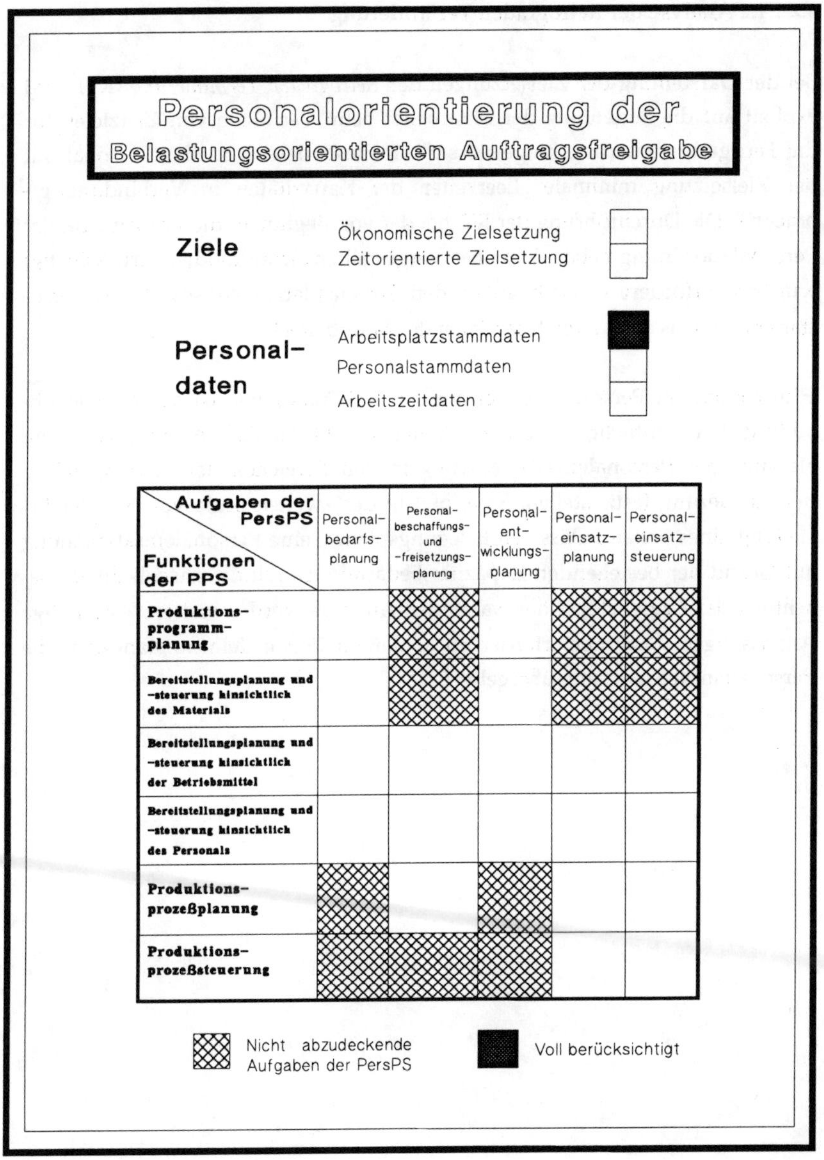

Personalorientierung der Belastungsorientierten Auftragsfreigabe

Ziele
- Ökonomische Zielsetzung ☐
- Zeitorientierte Zielsetzung ☐

Personaldaten
- Arbeitsplatzstammdaten ■
- Personalstammdaten
- Arbeitszeitdaten ☐

Funktionen der PPS \ Aufgaben der PersPS	Personalbedarfsplanung	Personalbeschaffungs- und -freisetzungsplanung	Personalentwicklungsplanung	Personaleinsatzplanung	Personaleinsatzsteuerung
Produktionsprogrammplanung		▓		▓	▓
Bereitstellungsplanung und -steuerung hinsichtlich des Materials		▓		▓	▓
Bereitstellungsplanung und -steuerung hinsichtlich der Betriebsmittel					
Bereitstellungsplanung und -steuerung hinsichtlich des Personals					
Produktionsprozeßplanung	▓		▓		
Produktionsprozeßsteuerung	▓	▓	▓	▓	▓

▓ Nicht abzudeckende Aufgaben der PersPS   ■ Voll berücksichtigt

Abbildung 8: Personalorientierung der Belastungsorientierten Auftragsfreigabe

3.2.2.1.2 Analyse der Retrograden Terminierung

Bei der Darstellung der Zielsetzungen der *Retrograden Terminierung* (RT) wird explizit auf die Bedeutung der Mitarbeiter beim Verfolgen von Zeitzielen für die Fertigungssteuerung hingewiesen[41]. Insbesondere wird das Personal mit der Zielsetzung minimaler Leerzeiten der Kapazitäten in Verbindung gebracht[42]. Die Durchführung der RT, bei der von Beginn an die Problematik der Personalzuordnung neben dem oben vorgestellten Grundmodell berücksichtigt wurde[43], erfordert deshalb außer den Arbeitsplatzdaten sowohl Personalstammdaten als auch Arbeitszeitdaten der Mitarbeiter[44].

Hinsichtlich der Personalorientierung der PPS-Funktionen ist bei RT, wie Abbildung 9 verdeutlicht, die Unterstützung sowohl der Personaleinsatzplanung als auch der Personaleinsatzsteuerung in den Bereichen der Prozeßplanung und -steuerung festzustellen. So erfolgt in der zweiten Stufe von RT, der Erstellung eines ersten zulässigen Belegungsplanes, eine Personaleinsatzplanung auf Grund der bestehenden Kapazitätsbedarfe[45]. Durch die anschließende Beachtung der Dringlichkeit der wartenden Aufträge werden weitere kurzfristige Anpassungsmaßnahmen erforderlich, so daß die Personaleinsatzplanung in die Personaleinsatzsteuerung übergeht[46].

---

41) Vgl. Fischer, K. (1990), S. 94 f.
42) Vgl. Adam, D. (1993), S. 473 u. 511.
43) Vgl. Adam, D. (1993), S. 496 f.
44) Vgl. Adam, D. (1993), S. 476; Fischer, K. (1990), S. 180 ff.
45) Vgl. Fischer, K. (1990), S. 187 ff.
46) Vgl. Adam, D. (1993), S. 512 f.; Fischer, K. (1990), S. 195.

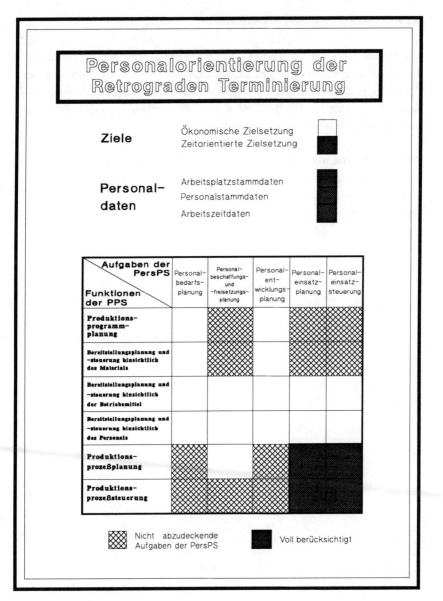

Abbildung 9: Personalorientierung der Retrograden Terminierung

3.2.2.1.3 Analyse des Kanban-Konzeptes

Bei *Kanban* stellt die kurzfristige Lieferbereitschaft das primäre Ziel dar[47]. Hierdurch ist die Zielsetzung minimaler Durchlaufzeiten ohne Beachtung des Personals angesprochen. Die Datenbasis muß nicht nur Arbeitsplatzdaten umfassen[48], sondern im Hinblick auf flexible Personaleinsätze auch Personalstamm- und Arbeitszeitdaten beinhalten[49].

Hochqualifizierte und flexibel einzusetzende Mitarbeiter stellen eine wesentliche Voraussetzung für die Anwendung von Kanban dar[50]. Somit kann durch Kanban, wie auch Abbildung 10 zeigt, eine Unterstützung hinsichtlich der Personaleinsatzplanung und -steuerung erwartet werden.

---

47) Vgl. Wildemann, H. (1988), S. 35.
48) Vgl. Wildemann, H. (1988), S. 44; Glaser, H./Geiger, W./Rohde, V. (1992), S. 258.
49) Vgl. Wildemann, H. (1988), S. 43 f.
50) Vgl. Adam, D. (1993), S. 488; Wildemann, H. (1988), S. 38 f. u. 43 f.

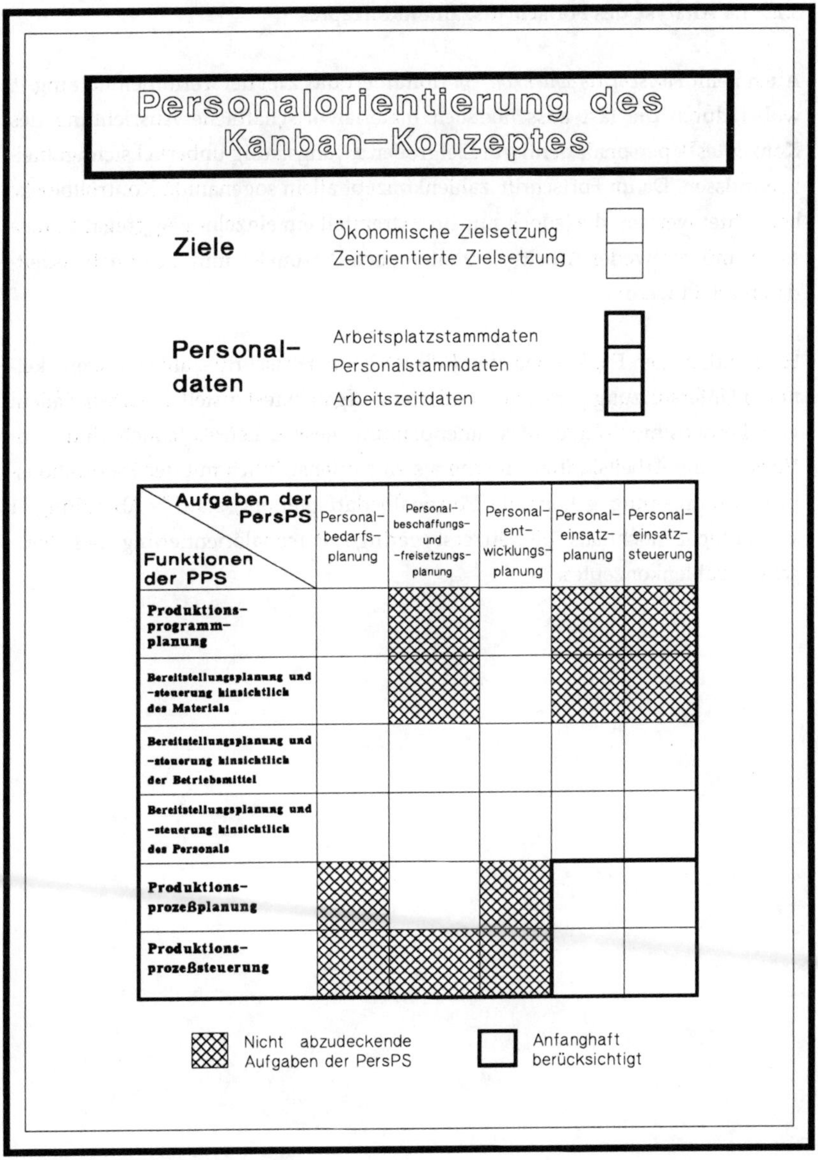

Personalorientierung des Kanban-Konzeptes

Ziele
Ökonomische Zielsetzung
Zeitorientierte Zielsetzung

Personal-daten
Arbeitsplatzstammdaten
Personalstammdaten
Arbeitszeitdaten

Aufgaben der PersPS / Funktionen der PPS	Personal-bedarfs-planung	Personal-beschaffungs- und -freisetzungs-planung	Personal-ent-wicklungs-planung	Personal-einsatz-planung	Personal-einsatz-steuerung
Produktions-programm-planung		▨		▨	▨
Bereitstellungsplanung und -steuerung hinsichtlich des Materials		▨		▨	▨
Bereitstellungsplanung und -steuerung hinsichtlich der Betriebsmittel					
Bereitstellungsplanung und -steuerung hinsichtlich des Personals					
Produktions-prozeßplanung	▨		▨	☐	☐
Produktions-prozeßsteuerung	▨	▨	▨	☐	☐

▨ Nicht abzudeckende Aufgaben der PersPS
☐ Anfanghaft berücksichtigt

Abbildung 10: Personalorientierung des Kanban-Konzeptes

3.2.2.1.4 Analyse des Fortschrittszahlenkonzeptes

Auch beim *Fortschrittszahlenkonzept* dominiert das Ziel der Termineinhaltung[51], wobei durch die fast ausschließlich materialwirtschaftliche Ausrichtung des Konzeptes[52] personalorientierte Zielgrößen zwangsläufig unberücksichtigt bleiben müssen. Da im Fortschrittszahlenkonzept allein sogenannte Kontrollblöcke betrachtet werden, die jedoch nur im Extremfall ein einzelnes Aggregat umfassen[53], müssen weder Arbeitsplatzdaten noch Personalstamm- oder Arbeitszeitdaten erfaßt werden.

Hinsichtlich der Funktionen der PPS ist beim Fortschrittszahlenkonzept keinerlei Unterstützung personalorientierter Aufgaben festzustellen. Es wird allein von Betriebsmittel- und Maschinenplanung gesprochen[54]. Jedoch findet im Vorfeld eine Arbeitskräfterechnung als eine offensichtlich mit der Produktionsprogrammplanung gekoppelte Personalbedarfsplanung statt[55]. Abbildung 11 verdeutlicht nochmals die äußerst geringe Personalorientierung des Fortschrittszahlenkonzeptes.

---

51) Vgl. Heinemeyer, W. (1988), S. 8 f.
52) Vgl. Adam, D. (1993), S. 490.
53) Vgl. Heinemeyer, W. (1988), S. 9.
54) Vgl. Heinemeyer, W. (1988), S. 7.
55) Vgl. Heinemeyer, W. (1988), S. 6.

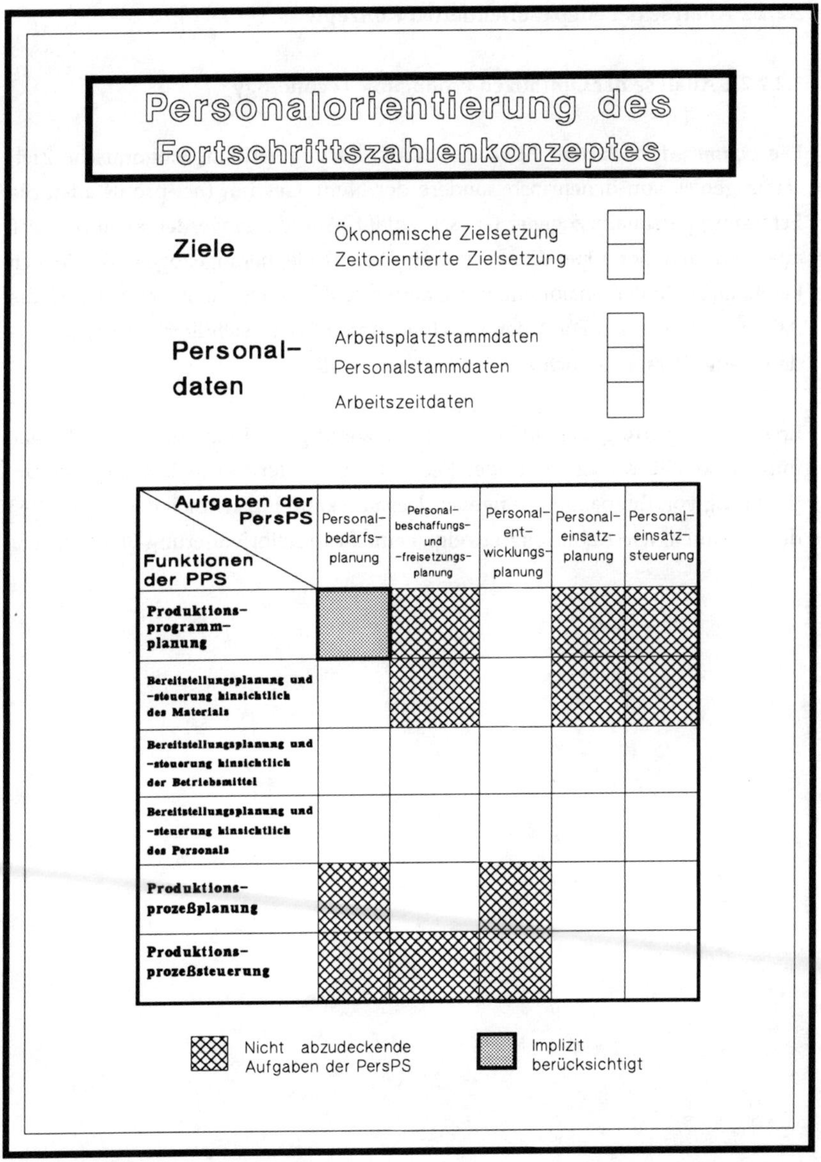

Abbildung 11: Personalorientierung des Fortschrittszahlenkonzeptes

3.2.2.2 Analyse der engpaßorientierten Konzepte

3.2.2.2.1 Analyse der Optimized Production Technology

Die *Optimized Production Technology* (OPT) verfolgt primär ökonomische Zielsetzungen[56], von denen insbesondere der Netto-Gewinn (net-profit) auch die Erfassung personalbezogener Größen zuläßt. Allerdings werden auch bei OPT aus Gründen der Operationalisierung Ersatzziele herangezogen, die jedoch keine spezielle Personalorientierung aufweisen[57]. Auch wenn sich bei OPT die Arbeitsplatzdaten in Form der Maschinendaten berücksichtigen lassen, so werden weder Personal- noch Arbeitszeitdaten erfaßt[58].

Ebensowenig erfolgt bei OPT eine Differenzierung der Engpässe in maschinelle und personelle Kapazitäten oder Ressourcen, sondern oftmals sogar eine Betrachtung von Engpaßabteilungen[59]. Deshalb kann hinsichtlich der Funktionen der PPS auch, wie Abbildung 12 zeigt, keine Personalorientierung Platz greifen.

---

56) Vgl. Goldratt, E. B. (1985), S. 725.
57) Vgl. Dochnal, H.-G. (1990), S. 22 ff.
58) Vgl. Dochnal, H.-G. (1990), S. 67 ff.
59) Vgl. Adam, D. (1993), S. 494 f.; Dochnal, H.-G. (1990), S. 32 ff.

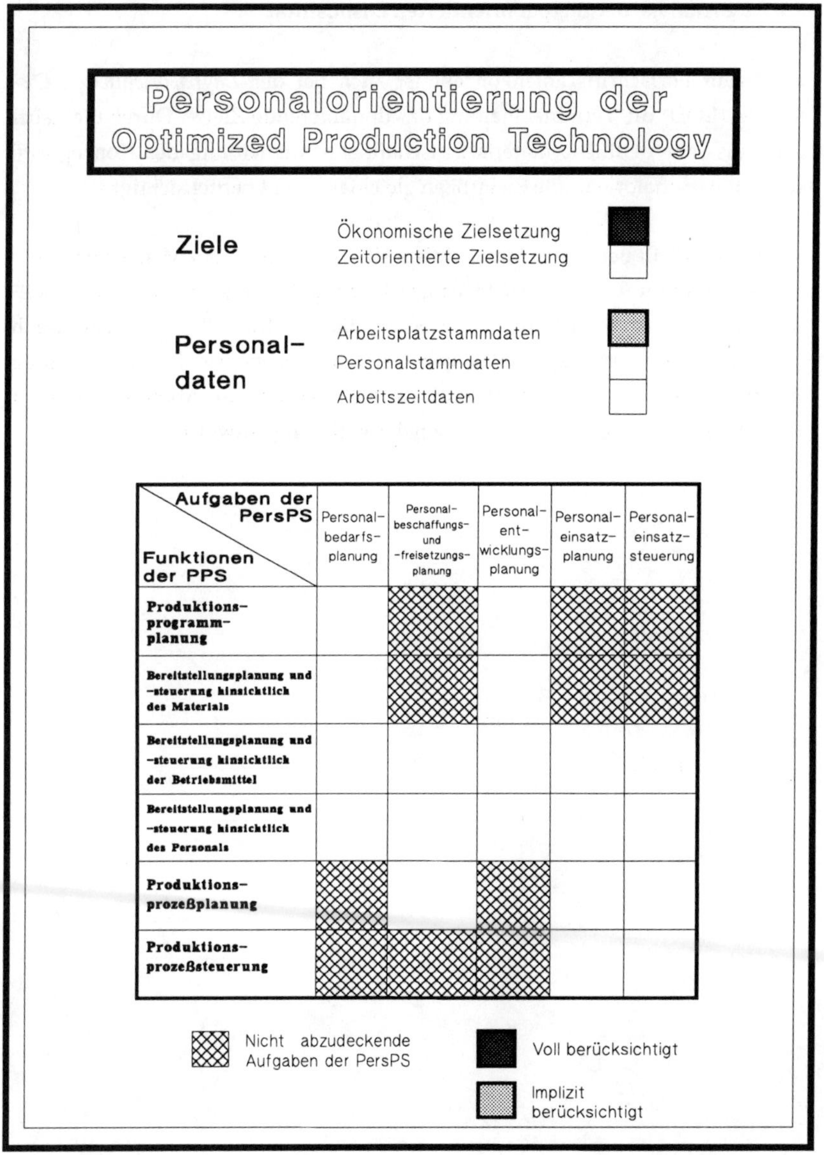

Personalorientierung der Optimized Production Technology

Ziele
- Ökonomische Zielsetzung ■
- Zeitorientierte Zielsetzung □

Personal-daten
- Arbeitsplatzstammdaten ▨
- Personalstammdaten
- Arbeitszeitdaten □

Aufgaben der PersPS / Funktionen der PPS	Personal-bedarfs-planung	Personal-beschaffungs- und -freisetzungs-planung	Personal-ent-wicklungs-planung	Personal-einsatz-planung	Personal-einsatz-steuerung
Produktions-programmplanung		▩		▩	▩
Bereitstellungsplanung und -steuerung hinsichtlich des Materials		▩		▩	▩
Bereitstellungsplanung und -steuerung hinsichtlich der Betriebsmittel					
Bereitstellungsplanung und -steuerung hinsichtlich des Personals					
Produktions-prozeßplanung	▩		▩		
Produktions-prozeßsteuerung	▩	▩	▩		

▩ Nicht abzudeckende Aufgaben der PersPS
■ Voll berücksichtigt
▨ Implizit berücksichtigt

Abbildung 12: Personalorientierung der Optimized Production Technology

3.2.2.2.2 Analyse der Engpaßorientierten Disposition

Wie beim Fortschrittszahlenkonzept ist auch bei der *Engpaßorientierten Disposition* (EOD) die Termineinhaltung das dominierende Ziel[60]. Durch die dabei ebenfalls sehr deutliche materialwirtschaftliche Ausrichtung des Konzeptes[61] werden personalorientierte Zielgrößen gleichfalls nicht berücksichtigt.

Die EOD enthält neben der Materialdisposition auch noch ein Modul zur Kapazitätsdisposition[62]. Der Kapazitätsabgleich erfolgt hierin jedoch nur durch auftragsbezogene Verschiebungen der Kapazitätsnachfrage[63] und nicht durch Veränderungen des Kapazitätsangebotes. Eine gesonderte Berücksichtigung personeller Kapazitäten kommt somit gar nicht in Betracht. Abbildung 13 zeigt noch einmal, daß EOD keinerlei Personalorientierung aufweist.

---

60) Vgl. Zimmermann, G. (1987), S. 43.
61) Vgl. Zimmermann, G. (1987), S. 55.
62) Vgl. Zimmermann, G. (1988), S. 491 ff.
63) Vgl. Zimmermann, G. (1988), S. 493 ff.

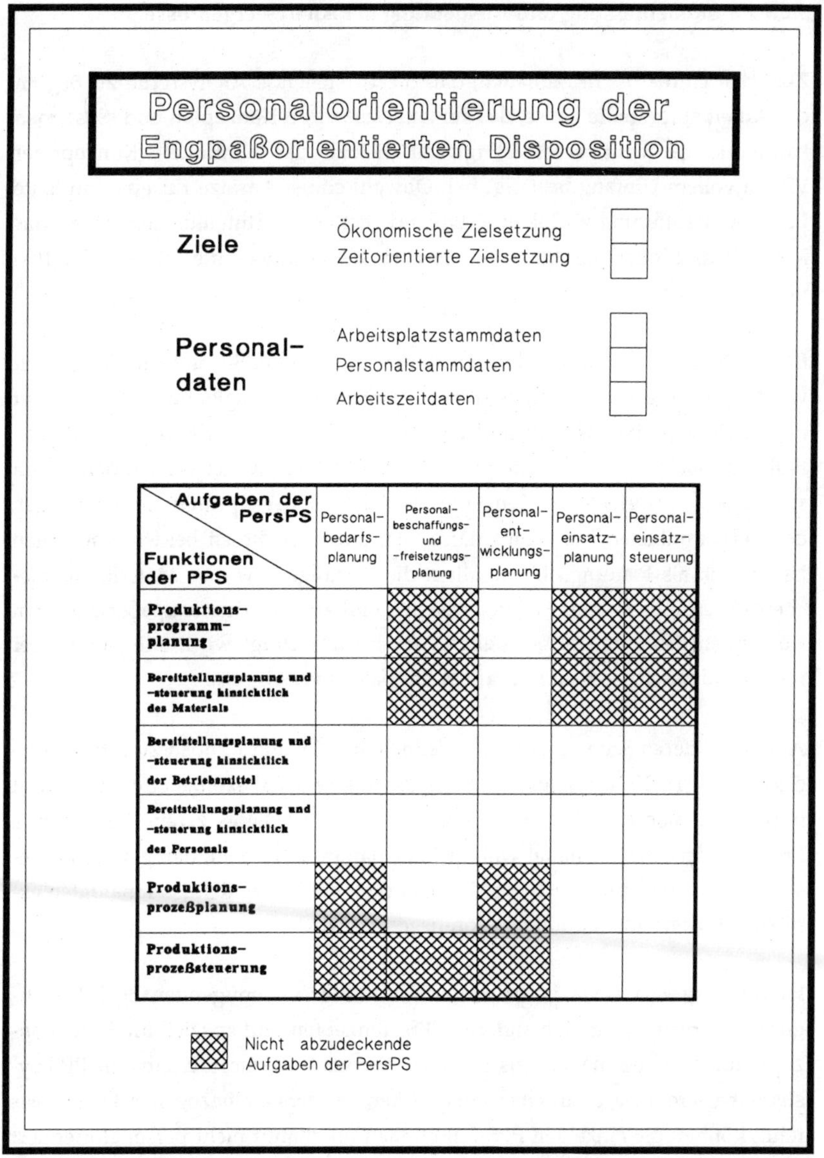

Personalorientierung der Engpaßorientierten Disposition

Ziele
Ökonomische Zielsetzung
Zeitorientierte Zielsetzung

Personal-daten
Arbeitsplatzstammdaten
Personalstammdaten
Arbeitszeitdaten

Aufgaben der PersPS / Funktionen der PPS	Personal-bedarfs-planung	Personal-beschaffungs- und -freisetzungs-planung	Personal-ent-wicklungs-planung	Personal-einsatz-planung	Personal-einsatz-steuerung
Produktions-programm-planung		▨		▨	
Bereitstellungsplanung und -steuerung hinsichtlich des Materials		▨		▨	
Bereitstellungsplanung und -steuerung hinsichtlich der Betriebsmittel					
Bereitstellungsplanung und -steuerung hinsichtlich des Personals					
Produktions-prozeßplanung	▨		▨		
Produktions-prozeßsteuerung	▨	▨	▨		

▨ Nicht abzudeckende Aufgaben der PersPS

Abbildung 13: Personalorientierung der Engpaßorientierten Disposition

3.2.3 Zusammenfassung und Ausdeutung der Analyseergebnisse

Zunächst einmal ist festzuhalten, daß die vorstehende Analyse die zu Beginn der Arbeit aufgestellte These, das Personal sei in PPS-Konzepten und -Systemen kaum oder gar nicht berücksichtigt, mit Blick auf das traditionelle Konzept der PPS in vollem Umfang bestätigt hat. Obwohl einige Ansätze für eine implizite Personalorientierung zu lokalisieren sind, stellen im Stufenkonzept allein das Material und/oder die Aufträge – je nach Perspektive – die Objekte der Planung dar.

Im Gegensatz dazu muß hinsichtlich der neueren PPS-Konzepte festgestellt werden, daß die Ausgangsthese für sie nur bedingt Gültigkeit hat. Zwar ist auf der einen Seite die ebenfalls äußerst geringe Personalorientierung sowohl von BORA als auch des Fortschrittszahlenkonzeptes nicht weiter verwunderlich, da sie als bestandsorientierte Konzepte – speziell BORA – primär Erweiterungen des herkömmlichen Konzeptes darstellen; auch bei diesen beiden Konzepten lassen sich als Planungsobjekte allein die Aufträge bzw. das Material ausmachen. Allerdings erstaunt es doch etwas, daß auch in den engpaßorientierten Konzepten das Personal ebenfalls kaum berücksichtigt wird. Die Mitarbeiter scheinen demnach keinen relevanten Engpaß zu verkörpern.

Auf der anderen Seite überrascht es jedoch, mit RT und Kanban zwei bestandsorientierte PPS-Konzepte vorzufinden, die das Personal explizit oder zumindest implizit in mehreren PPS-Funktionen ansprechen. Dieses zweite bedeutsame Ergebnis der Analyse hängt wohl primär damit zusammen, daß gerade in diesen beiden Konzepten auch die Verfügbarkeit der relevanten Personaldaten explizit gefordert oder zumindest vorausgesetzt wird.

Hierin zeigt sich auch die primäre Ursache der ungenügenden Berücksichtigung des Personals in den anderen PPS-Konzepten und speziell im Stufenkonzept, auf dem die meisten als Standard-Software-Pakete verfügbaren PPS-Systeme basieren: Da es an einer entsprechenden personalbezogenen Datenbasis fehlt, können die einzelnen PPS-Funktionen überhaupt nicht personalorientiert wahrgenommen werden. Dies ist letztlich darauf zurückzuführen, daß auch die verfolgten Zielsetzungen keinerlei Personalorientierung aufweisen.

Ein zweite mögliche Ursache für die mangelnde Personalorientierung dürfte darin bestehen, daß unter dem Begriff der Kapazität explizit regelmäßig nur

Maschinen, Aggregate oder Betriebsmittelgruppen verstanden werden[64]. Hierunter läßt sich jedoch auch das Personal subsumieren, was implizit wohl auch stets geschieht. So wird der Personalbestand in quantitativer und wohl auch qualitativer Hinsicht grundsätzlich als gegeben betrachtet. Dabei gilt offensichtlich implizit die Prämisse, daß das Personal bestimmten Betriebsmitteln – z. B. in Form von Kapazitätsgruppen – fest zugeordnet ist, deren Bestand wiederum ja stets als gegeben angenommen wird. Darüber hinaus scheint bezüglich der quantitativ-zeitlichen Personalbereitstellung implizit als Prämisse zu gelten, daß das Personal auf Grund seiner Flexibilität schon immer rechtzeitig an den richtigen Arbeitsplätzen (Maschinen/Betriebsmittelgruppen) für die gesamte Bearbeitungsdauer der Aufträge verfügbar ist.

Eng verbunden damit ist eine weitere mögliche Ursache, die aus der Planung mit verdichteten Daten herrührt, wie es z. B. Kapazitätsgruppen sind. Während eine Aggregation der Daten von Betriebsmitteln und Personal für eine Grobplanung sinnvoll ist, müssen für eine Feinplanung die entsprechenden Daten disaggregiert werden. Allerdings wird bei der Planungsdekomposition im Rahmen des Stufenkonzeptes nicht allein im Bereich der Kapazitätsgrobplanung ausschließlich von einer *Maschinen*belegungsplanung gesprochen, sondern dieser Begriff gerade auch im kurzfristigen Bereich der Kapazitätsfeinplanung beibehalten. Der Faktor Personal geht bei der parallel verlaufenden Disaggregation der Daten deshalb völlig 'verloren'.

Die Folgen der mangelnden Berücksichtigung des Personals in PPS-Konzepten – als sekundäre oder tertiäre Defekte – zeigen sich in einer entsprechend mangelhaften Zielerreichung der PPS-Systeme. Hierbei handelt es sich dann letztlich um primäre Defekte der PPS-Systeme, die allein von den einzelnen Anwendern festgestellt werden können. Denn falsche oder unvollständige Daten bezüglich der verfügbaren Kapazität führen entweder zu unausgelasteten Kapazitäten, wodurch die Zielsetzung minimaler Leerzeiten der Kapazitäten verletzt wird, oder sie bedingen Kapazitätsengpässe, die ihrerseits tendenziell erhöhte Durchlaufzeiten der Aufträge bewirken[65]. Dadurch wird die Zielerreichung sowohl hinsichtlich minimaler Durchlaufzeiten als auch bezüglich minimaler Liefertermínabweichungen beeinträchtigt.

Eine weitere Folge mangelnder Personalorientierung zeigt sich, wenn von der Prämisse ausgegangen wird, daß das aktuelle Produktionsprogramm gegeben

---

64) Vgl. Kern, W. (1962), S. 3.
65) Vgl. Zäpfel, G. (1989a), S. 217.

sei, d. h. fixe Auftragsgrößen vorliegen. Daraus resultieren dann entsprechende Bedarfe an Produktionsfaktoren – hier: Personalbedarfe –, die kurzfristig im Rahmen der Bereitstellung – hier: des Personaleinsatzes – zu decken sind. Die Personaleinsatzplanung ist also eine – aus der kurzfristigen Produktionsprogrammplanung – abgeleitete Planung. Fehler in der Auftragsgrößenplanung in Form von zu großen Aufträgen müssen somit fast zwangsläufig zu Überstunden führen, wenn nicht unfertige Aufträge in Kauf genommen werden sollen, die sowohl zur Verlängerung der Durchlaufzeiten als auch zu einer Erhöhung der Bestände an Halbfabrikaten führen. Zudem können Fehler in der Personaleinsatzplanung – z. B. bei Urlaubsgewährung – also auch nicht durch Veränderungen, d. h. in diesem Fall durch Reduzierungen, der Auftragsgröße kompensiert werden.

4. Generelle Möglichkeiten zur Berücksichtigung des Personals in PPS-Systemen

4.1 Skizzierung der Berücksichtigung des Personals in praxisrelevanten PPS-Systemen – Versuch einer empirischen Bestandsaufnahme

Auf Grund der im vorhergehenden Kapitel aufgezeigten Schwächen in der Personalorientierung der PPS-Konzepte ist davon auszugehen, daß sich diese Mängel auch in den konkreten Ausgestaltungen der Konzepte, d.h. in den PPS-Systemen wiederfinden. Marktübersichten[1] und empirische Untersuchungen[2] zeigen, daß weder die Anbindung personalwirtschaftlicher Systeme noch die Integration personalwirtschaftlicher oder personalplanerischer Aufgaben und Methoden – z. B. in Form der Verfügbarkeitsprüfung – in PPS-Systemen regelmäßig erfolgt. Schnittstellen bestehen ausschließlich für die Übergabe der entgeltrelevanten Auftrags- und Arbeitszeitdaten an die Programme der Lohn- und Gehaltsabrechnung, wobei sie sich zum Teil sogar darauf beschränken, allein die Lohnscheine automatisch zu drucken. Diese müssen dann nochmals manuell in das vom Unternehmen jeweils benutzte Lohn- und Gehaltsabrechnungssystem eingegeben werden, was eine nicht unbedeutende Fehlerquelle darstellen kann. Übrigens handelt es sich auch bei den von Renner ermittelten Schnittstellen zu Personalinformationssystemen[3] lediglich um Kopplungen mit Systemen zur Lohn- und Gehaltsabrechnung, wie sich aus einer Nachfrage des Verfassers bei Herrn Renner ergab. Außerdem zeigt das Herausstellen der Verbindung mit personalwirtschaftlichen Programmen oder Aufgaben in jüngst veröffentlichten Marktübersichten[4] und Anzeigen[5] als Novität von PPS-Systemen, daß bisher keine entsprechenden Mechanismen vorgesehen waren.

4.2 Grundlegende Ansätze für eine Berücksichtigung des Personals in PPS-Systemen

Aus den zuvor dargestellten Ergebnissen verschiedener empirischer Erhebungen ergibt sich, daß auch in den PPS-Systemen nur eine anfanghafte Berücksichtigung des Personals festzustellen ist. Wenn es aber richtig ist, daß das Per-

---

1) Vgl. Geitner, U.W./Chen, J. (1990), S. 56 f.; Geitner, U.W. (1991), S. 146; o. V. (1990d), S. 58 ff.; Roos, E./Löffelholz, F. v./Miessen, E.D. (1987), S. 74 f.
2) Vgl. Renner, A. (1991), S. 64 f.
3) Vgl. Renner, A. (1991), S. 65.
4) Vgl. z. B. o. V. (1992a), S. 19.
5) Vgl. z. B. o. V. (1992c), S. 285.

sonal den – speziell wegen seiner Flexibilität – bedeutsamsten Produktionsfaktor darstellt und es sich bei diesem um das vergessene, aber entscheidende Planungsobjekt der PPS handelt, dann ist dringend eine (Re-)Integration des Personals in die PPS-Systeme geboten. Die bestehenden Integrationsansätze und deren Zusammenführung in einer Ideal-Konzeption werden im folgenden aufgezeigt.

4.2.1 Grundlegende Integrationspfade für eine Berücksichtigung des Personals in PPS-Systemen

Ausgehend von der Überlegung, daß sich ein System aus zu einander in Beziehung stehenden Elementen zusammensetzt[6], kann Integration sowohl durch ein koordinierendes Zusammenfügen von Fragmenten (Elementen und/oder Teilsystemen) zu einem *neuen* (Gesamt-)System als auch durch ein gezieltes Einfügen von Elementen und/oder Teilsystemen in ein *bestehendes* System erreicht werden[7]. Während das Einfügen als Integration ersten Grades angesehen werden kann, entspricht der Zusammenschluß einer Integration zweiten Grades, die hier als Kopplung bezeichnet werden soll. Bei ihr erfolgt die Koordination der zuvor getrennten (Teil-)Systeme mit Hilfe von Schnittstellen, die wegen ihrer nunmehr verbindenden Funktion präziser als Nahtstellen[8] zu bezeichnen wären[9].

Damit lassen sich zwei grundsätzliche Möglichkeiten zum Erreichen der Personalorientierung von PPS-Systemen erkennen. Erstens kann eine *Integration* der personalbezogenen Aufgaben im einzelnen PPS-System erfolgen. Gemäß den im vorangehenden Kapitel festgestellten Möglichkeiten zur Personalorientierung ließe sich dies bei den auf dem traditionellen Stufenkonzept basierenden PPS-Systemen durch eine um die Aufgaben des Personaleinsatzes erweiterte Produktionsprozeßplanung und -steuerung erreichen. Zusätzlich könnte eine Integration auch, wie es sich beim Fortschrittszahlenkonzept andeutete, durch das Einbeziehen der Personalbedarfs- in die Produktionsprogrammplanung geschehen. Die übrigen Aufgaben der PersPS lassen sich so jedoch immer noch nicht unterstützen. Die Potentiale der Integration ersten Grades erstrecken sich

---

6) Vgl. Kosiol, E./Szyperski, N./Chmielewicz, K. (1965), S. 338 f.
7) Vgl. Kern, W. (1992b), S. 23 f.
8) Vgl. Kern, W. (1992h), S. 67.
9) Da sich diese Präzisierung im allgemeinen Sprachgebrauch jedoch – zumindest bisher – nicht durchgesetzt hat (vgl. Hanssen, R.A./Kern, W. (1992), S. VIII), wird im folgenden weiter von Schnittstellen gesprochen.

also allenfalls auf die beiden in der Abbildung 14 grau gekennzeichneten Pfeilspitzen. In beiden Ansätzen wäre es außerdem noch notwendig, die erforderlichen Personal- und Arbeitszeitdaten zur Verfügung zu stellen.

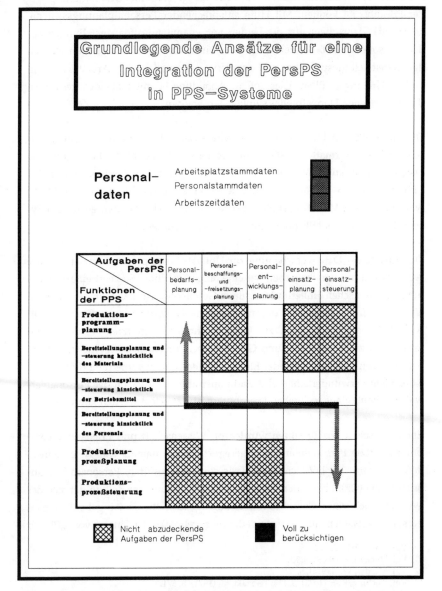

Abbildung 14: Grundlegende Ansätze für eine Integration der PersPS in PPS-Systeme

Dagegen besteht bei der zweiten Integrationsvariante, der *Kopplung,* die Möglichkeit, die PPS-Systeme über genormte Schnittstellen mit solchen computergestützten Informationssystemen zu verbinden, die sowohl die notwendigen Personal- und Arbeitszeitdaten als auch die gewünschte Unterstützung der PersPS anbieten können. Mit Hilfe entsprechender Personalplanungssysteme ließen sich dann nicht nur die beiden vorgenannten Aufgabenstellungen abdecken, sondern insbesondere die oben erläuterten Anforderungen hinsichtlich der Bereitstellungsplanung und -steuerung bezüglich der Arbeitskräfte in vollem Umfang erfüllen. Dies soll in Abbildung 14 mit Hilfe des gesamten, durchgezogenen Doppelpfeiles symbolisiert werden.

Deshalb stellt sich hier die Frage, welche zusätzlichen, speziell personalwirtschaftlichen Informationssysteme in der Lage sein könnten, die angestrebte Daten- und Funktionsintegration mit den PPS-Systemen zu bewerkstelligen. Da PPS-Systeme, wie eingangs gezeigt, heutzutage regelmäßig als Standard-Software-Pakete am Markt angeboten werden, sollte es sich bei den gesuchten System-Lösungen ebenfalls um Standard-Software handeln.

Der Einsatz der Datenverarbeitung zur Unterstützung personalwirtschaftlicher Aufgaben in Industriebetrieben hat eine lange Tradition. So zeigt eine Aufstellung der Deutschen Hollerith Maschinen Gesellschaft für das Jahr 1911, daß ca. 40 % ihrer Industriekunden das mechanische Hollerith-System für personalwirtschaftliche Zwecke – u. a. zur Lohnberechnung – benutzten[10]. Die Computerunterstützung der Lohn- und Gehaltsabrechnung war auch eine der ersten betrieblichen Anwendungen der Elektronischen Datenverarbeitung (EDV)[11]. So ist es nicht verwunderlich, daß die administrativen Aufgaben der Personalverwaltung heutzutage weitgehend computergestützt gelöst werden können[12].

Ebenfalls schon vor 20 Jahren wurde von Wissenschaft und Praxis eine computergestützte Personalplanung angeregt[13]. Bereits damals war zu erkennen, daß sich dafür als DV-technische Basis computergestützte Personalinformationssysteme (CPIS) besonders eignen würden[14]. In jüngerer Zeit, in der sich der Wunsch nach einer Computerunterstützung auch dieses Aufgabenbereiches verstärkt feststellen läßt[15], wird wiederum regelmäßig der Einsatz von CPIS für

---

10) Vgl. o. V. (1912), S. 21 f.
11) Vgl. Huckert, K. (1989), S. 13.
12) Vgl. Mülder, W. (1991a), S. 5.
13) Vgl. Küching, K.-F. (1973), S. 143; Terasaki, M. (1971), S. 571.
14) Vgl. Domsch, M. (1971), S. 15; Gebert, H. (1969), S. 919; Schmidt, H. (1973), S. 286.
15) Vgl. Mülder, W. (1989), S. 31; Papmehl, A./Rasche, T. (1990), S. 119 f.; Scholz, Ch. (1989), S. 420 f.

Zwecke der Personalplanung vorgeschlagen[16]. Während dafür früher noch firmenspezifische Individual-Software[17] entwickelt wurde, bietet sich heutzutage aus Zeit- und Kostengründen[18] allein der Einsatz von Standard-Software an[19].

Als DV-technische Basis für die Erfassung und Verarbeitung von Arbeitszeitdaten des Personals dienen computergestützte Zeitwirtschaftssysteme[20]. In der Praxis lassen sich dabei vier verschiedene Typen von Zeiterfassungsprogrammen unterscheiden[21]:

① Zeiterfassungsprogramme, die als isolierte Einheiten (sog. stand-alone-Systeme) die Daten erfassen und verarbeiten (Typ A),

② Zeiterfassungsprogramme, die Schnittstellen zu anderen Programmen – insbesondere der Lohn- und Gehaltsabrechnung oder der Betriebsdatenerfassung (BDE) – aufweisen und die Daten direkt übergeben können (Typ B),

③ Zeiterfassungsprogramme, die variabler Bestandteil (Modul) integrierter Informationssysteme sein können (Typ C), und

④ Zeiterfassungsprogramme, die fester Bestandteil (Sub-System) integrierter Informationssysteme sind (Typ D).

Aus der Aufstellung wird ersichtlich, daß die computergestützte Arbeitszeiterfassung (AZE) sowohl mit Hilfe von *reinen* Personalzeiterfassungssystemen (Typen A und B) als auch im Rahmen von bereits *integrierten* Lösungen (Typen C und D) erfolgen kann. Zu diesen umfassenden Informationssystemen zählen insbesondere BDE-Systeme, mit denen ansonsten gerade auch die für die Überwachung der Produktionsprozesse im Rahmen der Steuerungsaufgaben der PPS erforderlichen aktuellen Daten erhoben werden. Abbildung 15 zeigt im Hinblick auf die Möglichkeiten zur Integration von AZE und BDE zwei Konfigurationsbeispiele, die im oberen Bildteil die Kopplungslösung mit Hilfe von

---

16) Vgl. z. B. Bellgardt, P. (1990), S. 21; Domsch, M. (1990), Sp. 1693; Gaugler, E. (1989), Sp. 1360; Schneevoigt, I./Scheuten, W.K. (1992), S. 406.
17) Vgl. Bleil, J./Korb, H. (1977), S. 23; Lehmann, P.K.W. (1979), S. 422.
18) Vgl. Hentschel, B. (1989), S. 9; Schröder, H.-H./Vatteroth, H.-Ch. (1985a), S. 451.
    Die Entwicklungskosten eines PIS werden heutzutage auf mehrere Millionen DM geschätzt. Hinzu kommen noch Kosten für Pflege und Weiterentwicklung des Systems, die noch einmal rund das Doppelte der Entwicklungskosten ausmachen können (vgl. Seibt, D. (1990), S. 133).
19) Vgl. Schilling, G. (1991), S. 53.
20) Vgl. Mülder, W. (1990a), S. 46 f.
21) Vgl. Kuhn, B. (1989), S. 29.
    Eine ähnliche Systematisierung findet sich auch bei Mülder, W. (1992a), S. 36 f.

Schnittstellen (Typ B) und in der unteren Bildhälfte die bereits vollzogene Integration (Typen C und D) darstellen.

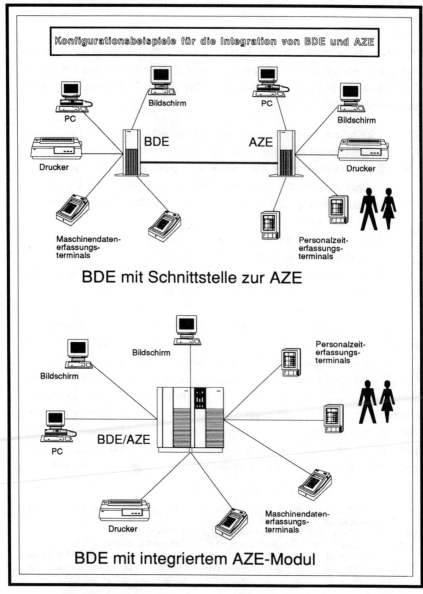

Abbildung 15: Zwei Konfigurationsbeispiele für die Integration von BDE und AZE

Unter Rückgriff auf personalwirtschaftliche Standard-Software bestehen also offensichtlich verschiedene Optionen, die Personalorientierung bei PPS-Systemen zu realisieren. Deshalb wird im folgenden die zusätzlich bestehende, jedoch über eine Integration auf Systeme-Ebene hinausgehende Möglichkeit nicht weiter verfolgt, ein neues, personalorientiertes Real-Konzept der PPS zu entwerfen und auf seiner Basis PPS-Systeme zu entwickeln, die das Personal voll berücksichtigen. Die entsprechende Konzipierung und Realisierung eines völlig neuartigen PPS-Systemes dürfte jedoch – analog zur Eigenentwicklung eines CPIS – nicht nur erhebliche finanzielle Belastungen hervorrufen, sondern auch kurzfristig kaum zu verwirklichen sein, und somit im Vergleich speziell zu schon ggf. existierenden Lösungen aus Zeit- und Kostengründen uninteressant bleiben.

4.2.2 Zusammenführung der Integrationspfade zu einer Ideal-Konzeption der Berücksichtigung des Personals in PPS-Systemen

Nachdem nun Möglichkeiten benannt wurden, wie für bestehende PPS-Systeme sowohl die personalwirtschaftlichen Daten als auch die benötigten Aufgaben der PersPS Unterstützung finden können, sollen nun zwei Entwicklungspfade aufgezeigt werden, um letztlich zu einer vollen Integration des Personals in die Funktionen der PPS zu gelangen. Die Ausgangslage für die angestrebte Kopplung der unterschiedlichen computergestützten Teil-Systeme ist in Abbildung 16 dargestellt. Lediglich die Systeme der PPS und der BDE sind dabei schon durch Schnittstellen miteinander verbunden, da sie, wie oben angesprochen, regelmäßig die zur Steuerung der Produktion benötigten Daten liefern.

Ausgehend vom PPS-System kann die Integration dann zum einen im Uhrzeigersinn vorangetrieben werden. Durch eine Kopplung mit einem CPIS lassen sich eine Funktionsintegration hinsichtlich der Aufgaben der PersPS und eine Datenintegration bezüglich der Personalstammdaten erreichen. Da CPIS für Zwecke der Personalplanung regelmäßig jedoch (noch) kein Modul zur Arbeitszeiterfassung enthalten, ist mit Blick auf eine Datenintegration bezüglich

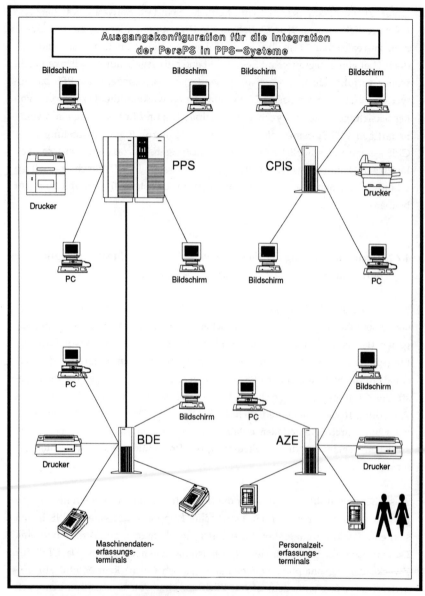

Abbildung 16: Ausgangskonfiguration für die angestrebte Integration der PersPS in PPS-Systeme

der Arbeitszeitdaten das CPIS jeweils über eine Schnittstelle mit einem AZE-System zu koppeln. Dieser Integrationspfad ist in Abbildung 17 wiedergegeben.

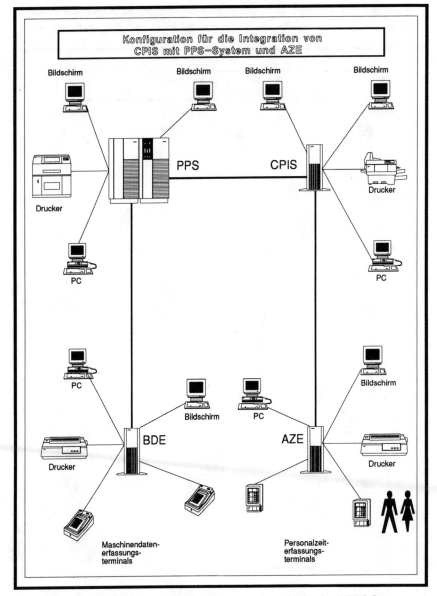

Abbildung 17: Konfiguration für die Integration von CPIS mit PPS-System und AZE

Da sich jedoch, wie oben schon gezeigt, die Erfassung von Arbeitszeitdaten auch mit Hilfe von BDE-Systemen erfolgen kann, ergibt sich auch ein Entwicklungspfad, der entgegen dem Uhrzeigersinn verläuft. In Abbildung 18 stellt diesen Integrationsweg dar, wobei hier nicht mehr die Zwischenstufe einer

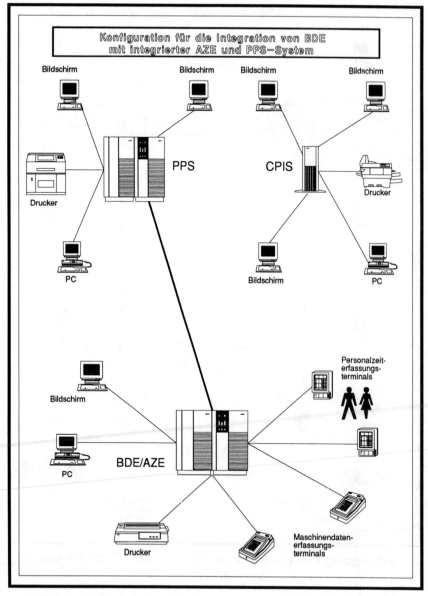

Abbildung 18: Konfiguration für die Integration von BDE mit integrierter AZE und PPS-System

Kopplung von BDE- und AZE-System, sondern schon direkt die in die BDE integrierte AZE präsentiert wird.

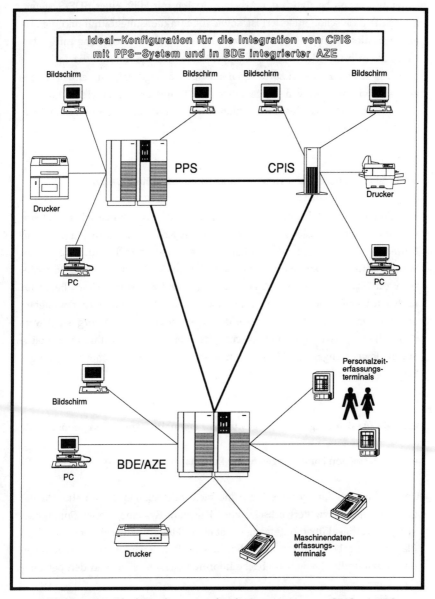

Abbildung 19: Ideal-Konfiguration für die Integration von CPIS mit PPS-System und in BDE integrierter AZE

Die als Ideal-Konzeption zu bezeichnende Gestaltung der Integration der Teil-Systeme PPS, BDE mit AZE und CPIS zeigt Abbildung 19. Hier erfolgt eine Datenintegration bezüglich der Arbeitszeitdaten mit Hilfe eines BDE-Systems, in das die AZE schon integriert ist, sowie die Funktionsintegration und die Datenintegration bezüglich der Personalstammdaten durch Kopplung mit einem CPIS, das selbst wiederum auf das vorgenannte BDE-System und die darin verfügbaren Arbeitszeitdaten zurückgreifen kann. Im Gegensatz zu den vorher gezeigten Zwischenlösungen, die lediglich eine Teilintegration bewirken können, läßt sich mit Hilfe der Ideal-Konzeption eine Vollintegration der einzelnen Teil-Systeme erreichen[22].

4.3 Charakterisierung der für eine Integration relevanten Systeme

Am Seminar für Allgemeine Betriebswirtschaftslehre, Industriebetriebslehre und Produktionswirtschaft der Universität zu Köln wurden in der Zeit von Mitte 1990 bis Anfang 1992 zwei Forschungsprojekte zum Leistungsvermögen von CPIS für Zwecke der Personalplanung (Projekt A) sowie von BDE-Systemen zur Erfassung flexibler Arbeitszeiten (Projekt B) durchgeführt. Bevor im nächsten Kapitel die im Rahmen der beiden Projekte jeweils vorgenommenen empirischen Untersuchungen sowie deren Analyseergebnisse vorgestellt werden, sollen die zwei Systeme noch charakterisiert und die für ihre im Hinblick auf die jeweils angestrebte Integration wesentlichen Leistungsmerkmale aufgezeigt werden.

4.3.1 Kennzeichnung computergestützter Personalinformationssysteme

4.3.1.1 Definition computergestützter Personalinformationssysteme

Personalinformationssysteme (PIS) sind nicht mit Personal Information Management Systems zu verwechseln, zumal letztere Systeme, deren Funktionen vom Textretrieval über Zeitmanagement bis zu Hypermedia reichen[23], auch für Planungsaufgaben eingesetzt werden können[24]. In erster Linie dienen sie jedoch dazu, individuelle betriebliche Informationen entsprechend den persönli-

---

22) Vgl. Kern, W./Antweiler, J. (1992), S. 201.
23) Vgl. Müller-Zantop, S. (1990a), S. 103.
    Einen ersten Marktüberblick für diese Systeme liefert Müller-Zantop, S. (1990b), S. 100.
24) Vgl. Bäurle, R. (1990), S. 84.

chen Bedürfnissen der Endbenutzer – primär Fach- und Führungskräfte[25] – zu organisieren und zu (re)präsentieren[26].

Bei der Definition computergestützter PIS (CPIS) finden Systeme, die zur Information des Personals[27] dienen, ebenfalls keine Berücksichtigung; solche Systeme werden auch Mitarbeiter-Informationssysteme genannt[28]. Im Gegensatz dazu umfaßt die Definition im Rahmen dieser Arbeit nur solche Systeme, die Informationen über das Personal[29] oder, wie KILIAN sehr knapp beschreibt, "intelligente Dokumentationen von Personalangaben"[30] enthalten. Aber auch dann wird der Begriff des CPIS in der Literatur – weder früher noch heute – einheitlich verwandt[31].

Ausgehend von der auch zuvor schon präsentierten Überlegung, daß sich ein System aus zueinander in Beziehung stehenden Elementen zusammensetzt[32], sind in der Literatur für CPIS folgende Elemente zu finden[33]:

❑ Hardware-Elemente wie Zentraleinheit und Peripheriegeräte für Dateneingabe, -speicherung und -ausgabe[34] und

❑ Software-Elemente wie Datenbanksysteme und Anwendungsprogramme[35].

Außerdem können noch die Benutzer[36] computergestützter Informationssysteme als Elemente in Frage kommen[37]. Während Hardware ein Sammelbegriff für die Geräte von Rechensystemen ist, umfaßt die Software die Gesamtheit aller Programme eines Rechensystems[38]. Die Software wird in System- und Anwendungs-Software unterteilt[39]. Das Betriebssystem ist das Hauptelement der System-Software, zu der auch noch die systemnahe Software zu rechnen ist[40].

---

25) Vgl. Seidensticker, F.-J. (1990), S. 1.
26) Vgl. Meier, H. (1990), S. 318.
27) Vgl. Bärsch, H.G. (1972), S. 147.
28) Vgl. Braehmer, U./Haller, K.J. (1984), S. 266.
29) Vgl. Weissenberg, P. (1975), S. 287.
30) Kilian, W. (1982a), S. 2.
31) Vgl. Gola, P. (1980), S. 585; Heinrich, L.J./Pils, M. (1977), S. 259 f.; Hentze, J./Heinecke, A. (1989a), S. 13; Kadow, B. (1986), S. 17.
32) Vgl. Kosiol, E./Szyperski, N./Chmielewicz, K. (1965), S. 338 f.
33) Vgl. Domsch, M. (1980), S. 25; Sämann, W./Schulte, B./Weertz, K. (1976), S. 76.
34) Vgl. Hansen, H.R. (1986), S. 214.
35) Vgl. Scheer, A.-W. (1990a), S. 10 f. und 16.
36) Als Benutzer eines CPIS kommen Personalsachbearbeiter und -referenten sowie Führungskräfte in Betracht (vgl. Mülder, W. (1989), S. 26).
37) Vgl. Hansen, H.R. (1986), S. 92.
38) Vgl. DIN Deutsches Institut für Normung e.V. (1985), S. 164.
39) Vgl. Seibt, D. (1970), S. 24.
40) Vgl. Hansen, H.R. (1986), S. 323 f.

Hauptaufgabe des Betriebssystems ist das Steuern und Überwachen der Hardware und der darauf ablaufenden Anwendungs-Software[41].

Die genannten Elemente werden auch in zahlreichen Definitionen von CPIS berücksichtigt. Die wohl umfassendste Definition stammt von DOMSCH[42], der nach mehrfacher Revision[43] unter einem CPIS jetzt folgendes versteht:

"0 ein System der geordneten Erfassung, Speicherung, Transformation und Ausgabe

0 von für die Personalarbeit relevanten Informationen über das Personal und die Tätigkeitsbereiche/Arbeitsplätze

0 mit Hilfe organisatorischer und methodischer Mittel und im Hinblick auf die EDV-technische Realisierung

0 unter Berücksichtigung sozialer und wirtschaftlicher Ziele sowie

0 unter Berücksichtigung des Bundesdatenschutzgesetzes, des Betriebsverfassungsgesetzes sowie anderer relevanter Gesetze, Verordnungen und Vereinbarungen

0 zur Versorgung der betrieblichen und überbetrieblichen Nutzer des Systems mit denjenigen Informationen,

0 die sie zur Wahrnehmung ihrer Führungs- und Verwaltungsaufgaben benötigen"[44].

MEYER-DEGENHARDT definiert PIS als

"... eine jederzeit erweiterbare Sammlung von Personaldaten im Computer, die mittels geeigneter Programme und Geräte maschinell erfaßt, gespeichert, verarbeitet, ausgewertet, übertragen und verknüpft werden sowie über Bildschirmgeräte und Druckausgaben abrufbar sind zum Zweck der effektiveren Nutzung und Kontrolle der menschlichen Arbeitskraft"[45].

---

41) Vgl. Steinke, D. (1980), S. 25.
   Wie in der Literatur werden hier die Begriffe 'Anwendungs-Programme' und 'Anwendungs-Software' sowie 'Anwender-Programme' und 'Anwender-Software' als Synonyma betrachtet (vgl. Steinke, D. (1980), S. 38).
42) Vgl. Domsch, M. (1972), S. 9.
43) Vgl. Domsch, M. (1973), S. 9; Domsch, M. (1975a), S. 107; Domsch, M. (1977), S. 9; Domsch, M. (1979a), S. 337 f.; Domsch, M. (1979b), S. 9; Domsch, M. (1980), S. 17.
44) Domsch, M. (1981), S. 9.
   Seine neueren Definitionen von Personal- und Arbeitsplatzinformationssystemen weisen dieselben Charakteristika auf (vgl.Domsch, M. (1984), S. 517; Domsch, M. (1989), S. 535 f.).
45) Meyer-Degenhardt, K. (1984), S. 54.

Dagegen umfaßt ein CPIS nach SEIBT

"... im Kern meist ein im Stapelbetrieb eingesetztes Lohn- und Gehaltsabrechnungssystem und zusätzlich eine im Dialogbetrieb genutzte Personaldatenbank, mit deren Hilfe nicht nur die Personalstammdaten der einzelnen Mitarbeiter interaktiv gepflegt, sondern durch Kombination verschiedener Kriterien (...) auch flexible Auswertungen über alle Mitarbeiter oder über bestimmte Mitarbeitergruppen für verschiedene Zwecke des Personalwesens gefahren werden können"[46].

Von dem Darstellen weiterer Definitionen soll hier abgesehen werden, da sie sich inhaltlich nur unwesentlich von den angeführten unterscheiden[47]. Für Verständnis, Auslegung und Ergänzung der Definitionen erscheinen vielmehr Einzelbeschreibungen von Bedeutung. Sie geben an,

- welchen Aufgaben[48] und
- welchen Zielen[49]

CPIS dienen sollen sowie

- welche Strukturen[50] oder
- welche Datenverarbeitungsaktivitäten[51]

für CPIS charakteristisch sind.

Während DOMSCH, MEYER-DEGENHARDT und die meisten anderen Autoren in ihren Beschreibungen vergleichsweise ausführlich die verarbeiteten Datenarten, die hardware- und software-bezogenen Mittel ihrer Verarbeitung, die Verarbeitungsaktivitäten sowie den Zweck von CPIS darlegen, stellt SEIBT wesentlich auf die software-bezogenen Mittel und den damit verfolgten Zweck ab. Die Hardware wird von ihm vorausgesetzt, wie in der Informatikliteratur üblich[52], und auch die Benutzer des Systems spezifiziert Seibt nicht näher. Deshalb werden hier die Hardware-Elemente und auch die System-Software sowie die Benutzer bei der Definition von CPIS ebenfalls nicht weiter betrachtet.

---

46) Seibt, D. (1984), S. 7.
47) Vgl. u.a. Hülsmann, J. (1975), S. 99; Jobs, F. (1984), S. 119.
48) Vgl. Scheer, A.-W. (1990b), S. 422.
49) Vgl. Hackstein, R./Koch, G.A. (1975), Sp. 1575; Kilian, W. (1977), S. 481 f.; Reber, G. (1979), S. V.
50) Vgl. Heinrich, L.J./Pils, M. (1983), S. 38.
51) Vgl. Drumm, H.J./Scholz, Ch. (1988), S. 75; Moser, G. (1978), S. 2 f.
52) Vgl. Scheer, A.-W. (1990b), S. 1.

Für die vorliegende Arbeit kommt es nämlich in erster Linie auf die von SEIBT hervorgehobenen Merkmale an. Denn aus dem Thema heraus sind im wesentlichen Software-Elemente wie Datenbank und Anwendungs-Software zu berücksichtigen. In der Datenbank will SEIBT nur Personaldaten speichern, während DOMSCH definitionsgemäß auch Arbeitsplatzdaten einbezieht; dabei will er analog zu den Personaldaten neben den aktuellen auch die Daten vergangener und zukünftiger Perioden berücksichtigt sehen[53]. Da nach Meinung des Verfassers im Rahmen einer Definition die Datenarten nicht von vornherein beschränkt werden sollten, wird hier allgemein von einem dialogorientierten Datenbanksystem ausgegangen.

Im Gegensatz zu SEIBT sieht MÜLDER als Kernstück eines CPIS das Datenbanksystem an[54], das als Datenbasis für die mit Hilfe der Anwendungs-Software möglichen Verarbeitungen dient, die im Rahmen eines CPIS über die Abwicklung der Lohn- und Gehaltsabrechnung hinaus weitere Prozeduren wie das Erstellen von Statistiken und Auswertungen umfassen müssen[55]. Im folgenden wird deshalb unter einem

CPIS ein Software-Paket verstanden, das aus einem im Dialogbetrieb arbeitenden Datenbanksystem und mindestens einem System für die Lohn- und Gehaltsabrechnung sowie fakultativ aus weiteren Programmen zur Personalplanung, zur Arbeitszeiterfassung etc. besteht.

4.3.1.2 Konzepte computergestützter Personalinformationssysteme

Es lassen sich grundsätzlich drei Konzeptionen von CPIS unterscheiden:

① die *Top-Down*-Konzeption,
② die *Bottom-Up*-Konzeption und
③ die *Side-In*-Konzeption[56].

In der genannten Reihenfolge spiegeln die drei Konzeptionen auch in etwa die geschichtliche Entwicklung von CPIS wider. Unter *Top-Down*-Konzeption werden diejenigen Ansätze zusammengefaßt, bei denen ein CPIS das personalwirtschaftliche Sub-System eines – alle betriebliche Bereiche umfassenden – Mana-

---

53) Vgl. Domsch, M. (1980), S. 20.
54) Vgl. Mülder, W. (1990b), S. 320.
55) Vgl. Mülder, W. (1984), S. 13.
   Siehe hierzu auch Heß, K.-D. (1990), S. 1-8 f.; Scholz, Ch. (1991a), S. 106.
56) Vgl. Vatteroth, H.-Ch. (1990c), S. 14 f.

gement-Informationssystems (MIS) darstellt[57]. Diese Konzeption entstand gegen Ende der 60-er Jahre und erlebt in jüngster Zeit eine Renaissance in Form von Chef-Informationssystemen (CIS)[58] und Executive Information Systems (EIS)[59]. Ausgangspunkt dieser Konzeption ist der Wunsch von Unternehmensleitungen, mit – personalwirtschaftlichen – Informationen[60] zur Entscheidungsunterstützung versorgt zu werden. Hierfür werden dispositive – eventuell sogar strategische – CPIS benötigt.

Den Gegensatz zur *Top-Down*-Konzeption bildet die *Bottom-Up*-Konzeption, deren Ursprünge in administrativen Systemen liegen. Hierbei handelt es sich primär um die seit dem Beginn der 60er Jahre eingesetzten DV-gestützten Lohn- und Gehaltsabrechnungssysteme[61]. Unter *Bottom-Up*-Konzeption sind die erstmals zu Beginn der 70-er Jahre entwickelten Ansätze zu verstehen, bei denen ein CPIS die Endstufe eines immer weiter ausgebauten computergestützten Lohn- und Gehaltsabrechnungssystems darstellt[62].

Als *Side-In*-Ansätze werden hier die CPIS bezeichnet, die – primär – als Insellösungen allein für Planungs- und Informationszwecke im Rahmen der Personalwirtschaft konzipiert sind, jedoch über entsprechende Schnittstellen das individuelle Lohn- und Gehaltsabrechnungssystem des Anwenders integrieren können. Ältere Beispiele hierfür sind die Programme INTERPERS und PISK[63].

4.3.1.3 Leistungsmerkmale von Personalinformationssystemen für die computergestützte Personalplanung

Bei den Leistungsmerkmalen von personalwirtschaftlicher Standard-Software können, wie die Übersicht in Abbildung 20 zeigt, allgemeine und spezielle Merkmale unterschieden werden. Während die allgemeinen Merkmale grundsätzlich unabhängig vom spezifischen Einsatzgebiet der Standard-Software

---

[57] Vgl. vor allem Domsch, M. (1972), S. 8 f. Siehe dazu auch Bürki, W. (1969), S. 520; Hentze, J. (1991b), S. 332; Kilian, W. (1982b), S. 37; Kirsch, W./Klein, H.K. (1977a), S. 163 ff.; Kirsch, W./Klein, H.K. (1977b), S. 22; Wagner, H./Sauer, M. (1992), Sp. 1712.
[58] Vgl. Bullinger, H.-J./Huber, H./Koll, P. (1990), S. 40; Hecker, W./Hichert, R. (1990), S. B 15.
[59] Vgl. Back-Hock, A. (1990), S. 137; Back-Hock, A. (1991), S. 48; Scheer, A.-W. (1991), S. 3; Schmidhäusler, F.J. (1990), S. 70.
Einen ersten Überblick über EIS-Software und -Anwendungen gibt Kemper, H.-G. (1991), S. 70 ff.
[60] Vgl. Back-Hock, A./Kirn, Th. (1991), S. 134; Stadelmann, U. (1991), S. 11.
[61] Vgl. Meyer-Degenhardt, K. (1984), S. 60; Mülder, W. (1984), S. 64.
[62] Vgl. Mülder, W. (1990b), S. 320.
[63] Vgl. Vatteroth, H.-Ch. (1988), S. 59.

sind, kommen in den speziellen Merkmalen die materiellen Eigenschaften des jeweiligen Einsatzgebietes – hier der Personalplanung – zum Ausdruck[64].

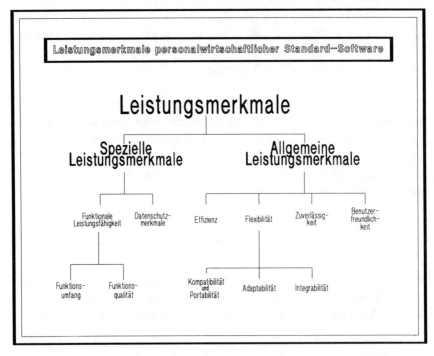

Abbildung 20: Leistungsmerkmale von personalwirtschaftlicher Standard-Software

Zum Erfassen der allgemeinen Leistungsmerkmale von Software-Produkten ist in der Literatur schon eine Reihe von Merkmalskatalogen[65] vorgeschlagen worden. Sie unterscheiden sich vor allem darin, mit welchem Detaillierungs- und Spezifizierungsgrad die einzelnen Merkmale zunächst erfaßt und dann bestimmten Gruppen zugeordnet werden. Für die im weiteren Verlauf der Arbeit

---

64) Zu einer ähnlichen Einteilung vgl. Geitner, U.W. (1991), S. 125 f.
65) Ausführlich werden die Kriterien z. B. bei Dahmen, H. (1982), S. 30; Frank, J. (1976), S. 39 ff., Schröder, H.-H./Peters, U. (1983), S. 78 ff. sowie bei Zimmermann, G. (1978a), (1978b) und (1978c) dargestellt.

vorzunehmenden Untersuchungen wird hinsichtlich der allgemeinen Leistungsmerkmale mit

① der Effizienz,
② der Flexibilität,
③ der Zuverlässigkeit und
④ der Benutzerfreundlichkeit

zwischen vier Kategorien differenziert.

Eine scharfe Abgrenzung zwischen den allgemeinen und den spezifischen Merkmalen ist in der Praxis nicht immer eindeutig zu treffen, da viele allgemeine Merkmale, die zunächst nur formal definiert wurden, noch inhaltlich auszufüllen sind. Im Rahmen der folgenden Untersuchungen trifft dies speziell auf die Adaptabilität und die Integrabilität als Teilaspekte der Flexibilität zu.

4.3.1.3.1 Spezielle Leistungsmerkmale

Zu den speziellen Leistungsmerkmalen personalwirtschaftlicher Software zählen neben den Datenschutzmerkmalen insbesondere die **funktionalen Leistungsmerkmale**[66]. Letztere können wiederum nach Funktionsumfang und Funktionsqualität unterschieden werden. Die Funktionsqualität ist Ausdruck dafür, wie gut die personalplanerischen Aufgaben realisiert werden können. Sie zeigt sich insbesondere in der Datenverwaltung und der Methodenunterstützung.

4.3.1.3.1.1 Funktionale Leistungsmerkmale

Unter quantitativen Gesichtspunkten wird die funktionale Leistungsfähigkeit von Standard-Software durch den Funktionsumfang erfaßt. Er ergibt sich vor allem aus der Anzahl und der Art der von dem einzelnen Programm abgedeckten Aufgaben[67]. Der Funktionsumfang bezieht sich hier also darauf, wie viele und welche der fünf Teilaufgaben der PersPS Unterstützung finden. Außerdem kann auch die Zahl der möglichen Planperioden unter diesem Aspekt

---

66) Vgl. Geitner, U.W. (1991), S. 141.
67) Auch wenn dieser "Grad der Vollständigkeit" (Schröder, H.-H./Peters, U. (1983), S. 78) der Aufgabenerfüllung eigentlich schon einen Qualitätsaspekt darstellt, so ist an dieser Stelle die rein quantitative Übereinstimmung gemeint.

subsumiert werden. Um die Software für Planungen mit unterschiedlichen Fristigkeiten einsetzen zu können, sollte die Anzahl der Planperioden möglichst hoch sein. So können neben kurzfristigen auch mittel- und langfristige Planungen unterstützt werden[68].

Die datenbezogene Funktionsqualität ergibt sich einerseits aus der Existenz der jeweils benötigten Dateien, die hier zuvor als Datenbasis für die PersPS angesprochen wurden. Andererseits sind die Aktualität der in ihnen gespeicherten Daten und der Kontext, in dem die Speicherung erfolgte, von grundlegender Bedeutung für die Qualität der Funktionserfüllung[69]. Als Indikatoren für die Datenaktualität wurden für die folgende Untersuchung von Personalplanungssystemen die Möglichkeiten zur Datenerfassung und -pflege im Dialog und zur Befristung von Gültigkeit und Wirksamkeit der Daten herangezogen. Eine kontextbezogene Darstellung ermöglichen die Angaben zu Erhebungszeitpunkt, -form und -ort sowie zum Verwendungszweck der Daten.

Die methodische Fundierung der PersPS kann, wie oben schon gezeigt, sowohl durch allgemeine betriebswirtschaftliche Verfahren als auch mit Hilfe personalplanungsspezifischer Methoden erreicht werden. Ausgehend von der Hypothese, daß die Qualität der Planungsergebnisse proportional mit dem Grad der methodischen Fundierung der Personalplanung ansteigt, dient die Verfügbarkeit der oben skizzierten Verfahren als Kriterium für die methodenbezogene Funktionsqualität von Standard-Software für die computergestützte Personalplanung. Programme mit einer großen funktionalen Leistungsfähigkeit bezüglich der Methodenunterstützung zeichnen sich dadurch aus, daß die genannten Verfahren – z. B. in einer Methodenbank – standardmäßig implementiert sind. Als Mindestanforderung hinsichtlich der Berücksichtigung allgemeiner betriebswirtschaftlicher oder personalplanungsspezifischer Methoden kann die Existenz einer benutzerorientierten Abfrage- oder Planungssprache gelten, mit deren Hilfe es möglich ist, die erwähnten Verfahren zu realisieren.

4.3.1.3.1.2 Datenschutzmerkmale

Der Datenschutz ist ein Spezifikum, das bei jeder Art personalwirtschaftlicher Standard-Software zu berücksichtigen ist. Auch wenn dieser Aspekt bei jeder

---

68) Vgl. Schröder, H.-H./Vatteroth, H.-Ch. (1985a), S. 452.
69) Zur generellen Bedeutung der Datenaktualität im Rahmen einer Funktionsintegration vgl. Kern, W./Antweiler, J. (1992), S. 198.

computergestützten Verarbeitung personenbezogener Daten ins Kalkül gezogen werden muß, so werden die Datenschutzmerkmale hier ganz bewußt zu den speziellen Leistungsmerkmalen von Standard-Software für die Personalplanung gezählt. Dies geschieht aus zwei Gründen: Zum einen läßt sich so der datenbezogenen Besonderheit von CPIS, die darin begründet liegt, daß hier fast **ausschließlich** personenbezogene Daten gespeichert und verarbeitet werden, Rechnung tragen[70]. Zum anderen läßt sich so die besondere Relevanz des Datenschutzes bei den Aktivitäten der PersPS verdeutlichen[71].

Für die vorliegenden Untersuchungen wurden die folgenden Aspekte berücksichtigt:

❑ Art der nach § 6 und Anlage zu § 6 BDSG[72] vorgesehenen Kontrollmaßnahmen (Speicher-, Benutzer-, Zugriffs-, Übermittlungs- und Eingabekontrolle),

❑ Regelung der Zugriffsrechte (datenorientiert auf Datei-, Satz- oder Feldebene und/oder verarbeitungsorientiert),

❑ Protokollierung aller Transaktionen nach Benutzer und Ort,

❑ Möglichkeit und ggf. Häufigkeit des Ausdrucks der personenbezogenen Daten für den Betroffenen gemäß §§ 13 und 26 BDSG sowie

❑ Möglichkeit und ggf. Regelung (datenorientiert und/oder verarbeitungsorientiert) der Sperrung einzelner Daten bei Gegenrede des Betroffenen gemäß § 27 BDSG.

4.3.1.3.2 Allgemeine Leistungsmerkmale

Von den vier allgemeinen Leistungsmerkmalen kommt in den folgenden Analysen allein den Flexibilitätsaspekten – Adaptabilität und Integrabilität – besondere Bedeutung zu. Deshalb erfolgt auch schon bei der Darstellung der allgemeinen Merkmale eine weitgehende Beschränkung auf die Dimensionen der Flexibilität. Die Kriterien Effizienz, Zuverlässigkeit und Benutzerfreundlichkeit werden nur der Vollständigkeit halber kurz charakterisiert. Auch wenn die ein-

---

70) Vgl. Frese, E. (1990), S. 323.
71) Vgl. Bischoff, R. (1991), S. 584; Drumm, H.J. (1992a), Sp. 1761.
72) Die Paragraphenangaben beziehen sich hier wie auch im folgenden auf das BDSG in der Fassung vom 21.1.1977, die zu Beginn der empirischen Untersuchungen geltendes Recht darstellte. In der Neufassung des BDSG von 20.10.1990 finden sich die Kontrollmaßnahmen in § 9 und Anlage zu § 9, die Auskunftsrechte in §§ 13 und 26 sowie die Rechte zur Sperrung der Daten in den §§ 20 und 35 (vgl. Dörr, E./Schmidt, D. (1991), S. III ff.).

zelnen Merkmale im allgemeinen isoliert betrachtet werden, darf das nicht darüber hinwegtäuschen, daß zwischen ihnen zahlreiche Interdependenzen bestehen[73].

Als Kennzeichen *effizienter* Standard-Software gelten vor allem geringer Speicherplatzbedarf und hohe Ausführungsgeschwindigkeit. Fehlerfreiheit und Ausfallsicherheit sind die beiden Dimensionen der *Zuverlässigkeit* eines Programmes. Fehlerfreie Software liefert bei allen zulässigen Eingabekombinationen die richtigen Ergebnisse. Ausfallsicherheit ist gegeben, wenn bei Störungen, die programmexterne – vor allem im Hardware-Bereich liegende – Ursachen haben, keine falschen Ergebnisse erzeugt und die Daten regelmäßig (zwischen-)gespeichert werden. Benutzerfreundliche Software zeichnet sich dadurch aus, daß sie den individuellen Fähigkeiten und Bedürfnissen der Anwender in hohem Maße Rechnung trägt. Die *Benutzerfreundlichkeit* ist somit eine sehr subjektive Merkmalsgruppe. Robustheit und leichte Handhabbarkeit stellen wohl ihre beiden wichtigsten Teilaspekte dar.

Die *Flexibilität* zeigt sich bei Standard-Software in ihrer Anpassungsfähigkeit an unterschiedliche Anwendungsbedingungen und -situationen. Sie läßt sich durch drei Teildimensionen charakterisieren:

- Die *Kompatibilität* und die *Portabilität* bringen die Anpassungsfähigkeit an unterschiedliche Hardware-Konfigurationen bzw. Betriebssysteme zum Ausdruck.

- In der *Adaptabilität* zeigt sich die Fähigkeit der Standard-Software, wechselnden Aufgabenkonstellationen im jeweiligen Einsatzgebiet, d.h. hier bezüglich der Aufgaben der Personalplanung, gerecht werden zu können. Dabei kann analog zur funktionalen Leistungsfähigkeit zwischen *quantitativer* und *qualitativer* Adaptabilität unterschieden werden.

- Die *Integrabilität* beschreibt die Fähigkeit der Standard-Software, mit anderen Programmen zusammenwirken zu können, die Aufgaben in angrenzenden Bereichen unterstützen. Bezüglich der Personalplanung kann zwischen Programmen inner- und außerhalb des Personalbereiches unterschieden werden, wobei die engen Beziehungen zur Lohn- und Gehaltsabrechnung und zur Arbeitszeiterfassung als Elemente des Personalverwaltungsbereiches offensichtlich sind.

---

73) Vgl. Gewald, K./Haake, G./Pfadler, W. (1985), S. 49 ff.

Darüber hinaus bestehen – z. T. wechselseitige – Verbindungen gerade auch mit dem Produktionsbereich (Produktionsplanung und -steuerung sowie Betriebsdatenerfassung), mit dem Vertriebsbereich (Auftragsabwicklung und Absatzplanung), mit dem Finanzbereich (Kostenrechnung und Finanzbuchhaltung) und mit dem Verwaltungsbereich (Textverarbeitung, Business Graphik und Bürokommunikation).

4.3.2 Kennzeichnung von BDE-Systemen für die computergestützte Erfassung flexibler Arbeitszeiten

4.3.2.1 Definition von BDE-Systemen

Aufgabe eines BDE-Systems ist die Erfassung von Daten, die im Laufe eines Produktionsprozesses entstehen oder verwendet werden, wie z. B. produzierte Mengen, benötigte Zeiten, Lagerbewegungen. Werden bei der Erfassung und Ausgabe der Betriebsdaten Hilfsmittel in Form von automatisch arbeitenden Datengebern, z. B. an den Produktionsmaschinen, sogenannte Maschinenterminals, und/oder personell bediente Datenstationen, sogenannte Bereichsterminals, eingesetzt, so wird von einem Betriebsdatenerfassungssystem gesprochen[74]. Außer für ihren ursprünglichen Einsatzzweck, als auftragsorientierte BDE-Systeme allein Produktionsdaten in Form von Maschinen-, Material- oder Qualitätsdaten zu erfassen, eignen sie sich durch die Berücksichtigung von Anwesenheitszeiten zunehmend auch als DV-technische Basis für die Aufgaben der Personalzeiterfassung. Der Hardware-bezogene Konfigurationsspielraum einer BDE-Lösung reicht vom Personal-Computer bis hin zum Host und ist in Abhängigkeit der unternehmensspezifischen Gegebenheiten zu wählen.

Bezüglich der Hardware unterscheiden sich BDE-Systeme, wenn von den üblichen Peripheriegeräten wie Druckern oder externen Speichermedien einmal abgesehen wird, hauptsächlich im Hinblick auf die benutzten Erfassungsstationen. Dabei ist zwischen stationären und mobilen Terminals zu differenzieren, deren Ausstattungsmerkmale zudem stark variieren können. Sie unterscheiden sich z. B. in ihren Leseeinrichtungen, die auf den angewandten Codierungsprinzipien beruhen, durch Art und Zahl der einsetzbaren Funktionstasten, nach Art und Größe des Datendisplays sowie hinsichtlich der zeitlichen und mengenmäßigen Dimensionierung des Datenpuffers.

---

74) Vgl. Roschmann, K. (1991), S. 95.

4.3.2.2 Formen flexibler Arbeitszeiten

Im Gegensatz zur wohlbekannten starren Arbeitszeit verbirgt sich hinter dem recht schillernden Begriff der flexiblen Arbeitszeit eine Vielzahl von Phänomenen, die als *Gleitende, Variable, Freie* oder *Dynamische Arbeitszeit* bezeichnet werden[75]. Gemeinsam ist all diesen Arbeitszeitregelungen, daß der Arbeitnehmer einen individuellen Einfluß auf die Gestaltung seiner Arbeitszeit nimmt, indem er seine Arbeitsbeginn- und Arbeitsendezeitpunkte relativ frei wählen kann[76]. Diese Möglichkeiten, durch die Veränderungen der Länge und/oder der Verteilung der Arbeitszeit bezogen auf einen Tag, einen Monat, ein Jahr oder ein Arbeitsleben, Einfluß auf die Zeitgestaltung zu nehmen, werden als Arbeitszeitflexibilisierung bezeichnet[77]. Die daraus resultierenden Formen der Arbeitszeitgestaltung heißen flexible Arbeitszeiten[78]. Zur Einteilung der verschiedenen Arbeitszeitmodelle, die im Laufe der Zeit entwickelt wurden, kann demnach, wie auch in Abbildung 21 dargestellt, zwischen drei Kategorien unterschieden werden[79]:

① die chronometrisch flexibilisierten Arbeitszeiten,

② die chronologisch flexibilisierten Arbeitszeiten sowie

③ die chronometrisch und chronologisch flexibilisierten Arbeitszeiten

Bei der chronometrischen Flexibilisierung werden Veränderungen hinsichtlich der Dauer oder Länge der Arbeitszeit vorgenommen. Die *Teilzeitarbeit* ist die bekannteste Form unter den chronometrischen Modellen. Bei ihr wird pro Tag, Woche, Monat oder Jahr dauerhaft weniger als im Falle der allgemein üblichen Vollzeitarbeit (z.B. acht Stunden pro Tag bei 40 Stunden pro Woche) gearbeitet[80]. Da bei den chronometrischen Modellen eine Flexibilität nur in bezug auf die Dauer der Arbeitszeit erreicht wird, können sie nur eingeschränkt als flexible Arbeitszeitregelungen betrachtet werden.

---

75) Vgl. Böckle, F. (1979), S. 31; Utsch, J. (1981), S. 63.
76) Vgl. Utsch, J. (1981), S. 21.
77) Vgl. Heymann, H.-H./Seiwert, L.J. (1984), S. 20.
78) Vgl. Wuppertaler Kreis e.V. (1989), S. 13.
79) Vgl. Bellgardt, P. (1990), S. 99 ff.
80) Vgl. Beyer, H.-T. (1986), S. 4; Schuh, S./Schultes-Jaskolla, G./Stitzel, M. (1987), S. 92.

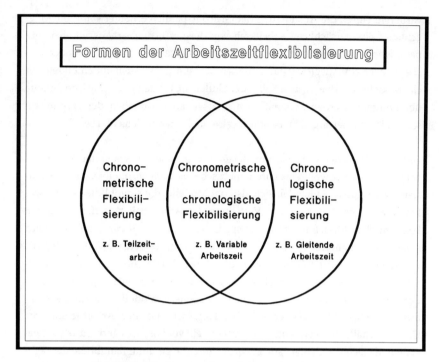

Abbildung 21: Formen der Arbeitszeitflexibilisierung

Veränderungsmöglichkeiten in bezug auf die Lage oder Verteilung der Arbeitszeit kennzeichnen die chronologisch flexibilisierten Formen der Arbeitszeit[81]. Die bekannteste Variante der chronologischen Modelle ist die Form der *Gleitenden Arbeitszeit*. Hierbei kann der Arbeitnehmer Beginn und Ende seines täglichen Arbeitseinsatzes außerhalb einer Kernzeit, während der Anwesenheitspflicht besteht, frei wählen[82]. Als Kernzeit wird die Zeit zwischen dem spätesten Arbeitsbeginn und dem frühesten Arbeitsende bezeichnet[83]. Diesen beiden Zeitpunkten sind Gleitzeitspannen vor- und nachgelagert. In ihrem Rahmen kann der Mitarbeiter seine Arbeit aufnehmen oder beenden. Die einfache gleitende Arbeitszeit ist von der Gleitzeit mit Zeitausgleich zu unterscheiden[84]. Bei der einfachen Gleitzeit ist die Anzahl der täglichen Arbeitsstunden fest. So kann der Arbeitnehmer lediglich die Lage der Arbeitszeit beeinflussen, denn das Arbeitsende wird durch den Arbeitsbeginn determiniert. Bei der gleitenden Arbeitszeit mit Zeitausgleich kann der Arbeitnehmer zusätzlich auch die Dauer

---

81) Vgl. Bullinger, H.-J./Klein, A. (1989), S. 17.
82) Vgl. Bellgardt, P. (1987), S. 19.
83) Vgl. Beyer, H.-T./Henningsen, J. (1990), S. 137
84) Vgl. Röhsler, W. (1973), S. 38.

variieren. Durch die Ausnutzung der Gleitzeitspannen erhält er somit die Möglichkeit, seine tatsächliche Arbeitszeit von der tariflichen Arbeitszeit abzukoppeln, wobei bis zum Ende eines Abrechnungszeitraumes, z. B. Monat oder Woche, wieder ein Ausgleich stattgefunden haben muß[85]. Ausnahmen bilden solche Modelle, bei denen auch Soll- oder Guthabenstunden in die nächste Periode übernommen werden können[86]. Zu den weiteren Modellen der chronologischen Flexibilisierung zählt beispielsweise die gleitende Schichtarbeit[87].

Unter kombinierten Arbeitszeitmodellen werden solche Formen der Arbeitszeit verstanden, die sowohl eine chronometrische als auch chronologische Flexibilisierung gestatten. Es handelt sich also um Modelle, die sowohl die Dauer bzw. Länge als auch die Lage bzw. Verteilung der Arbeitszeit betreffen[88]. Zu den kombinierten Modellen zählen beispielsweise das *Job-Sharing*, bei dem sich zwei oder mehrere Arbeitnehmer einen Vollzeitarbeitsplatz teilen[89], die *KAPOVAZ (KAPazitätsOrientierte Variable ArbeitsZeit)*[90] und die *Variable Arbeitszeit*. Unter der Variablen Arbeitszeit wird eine Weiterentwicklung der Gleitenden Arbeitszeit verstanden[91]. Bei diesem Arbeitszeitmodell wird auf die Kernarbeitszeit(en) völlig verzichtet[92]. Die Folge ist, daß der Arbeitnehmer die Chance erhält, die Verteilung der Arbeitszeit vollkommen individuell zu gestalten, da sich die Gleitzeitspanne quasi über die gesamte Bandbreite der täglichen Arbeitszeit erstreckt. Begrenzt wird diese Arbeitszeitform nur durch einen im voraus fixierten Gesamtrahmen, der sich auf einen Tag, eine Woche oder auf ein Jahr beziehen kann. Bei letzterem wird in diesem Zusammenhang von einer – die Sollstunden definierenden – Jahresarbeitszeit gesprochen[93].

4.3.2.3 Leistungsmerkmale von BDE-Systemen für die computergestützte Erfassung flexibler Arbeitszeiten

Als Leistungsmerkmale können auch für BDE-Systeme zur computergestützte Erfassung flexibler Arbeitszeiten die zuvor in Abbildung 20 gezeigten allgemeinen und speziellen Merkmale herangezogen werden. Nicht nur die allge-

---

85) Vgl. Bittelmeyer, G./Hegner, F./Kramer, U. (1987), S. 33.
86) Vgl. Schildknecht, M. (1986), S. 11.
87) Vgl. Hoff, A. (1992), S. 51 f.; Knauth, P./Schönfelder E. (1988), S. 410 f.
88) Vgl. Wildemann, H. (1989), S. 85.
89) Vgl. Marr, R. (1982), S. 305.
90) Vgl. Frese, E. (1990), S, 245; Pulte, P. (1987), S. 2.
91) Vgl. Glaubrecht, H./Wagner, D./Zander, E. (1988), S. 198.
92) Vgl. Gaugler, E. (1983), S. 863.
93) Vgl. Haller, W./Neher, H. (1986), S. 137.

meinen Leistungsmerkmale der Effizienz, Zuverlässigkeit und Benutzerfreundlichkeit, sondern auch die Datenschutzanforderungen können als unabhängig vom spezifischen Einsatzgebiet personalwirtschaftlicher Standard-Software gelten. Da sich hinsichtlich dieser Merkmale im Vergleich zu den oben genannten Anforderungen keine Änderungen ergeben, wird auf deren erneute Darstellung verzichtet. Vielmehr werden im folgenden die funktionalen Leistungsmerkmale, in denen die materiellen Eigenschaften des jeweiligen Einsatzgebietes – hier der Arbeitszeiterfassung – zum Ausdruck kommen, sowie die Flexibilitätsaspekte der Adaptabilität und Integrabilität näher spezifiziert.

4.3.2.3.1 Funktionale Leistungsmerkmale

Bei den funktionalen Leistungsmerkmalen lassen sich Funktionsumfang und Funktionsqualität unterscheiden. Der Funktionsumfang personalwirtschaftlicher Standard-Software ergibt sich vor allem aus der Anzahl und der Art der vom einzelnen Programm abgedeckten Aufgaben. Während diese für die PersPS recht zahlreich und unterschiedlich ausfallen, ergibt sich bei BDE-Systemen zur Arbeitszeiterfassung das Problem, daß der Funktionsumfang sich eigentlich auf die Aufgabe der Erfassung und Auswertung der Arbeitszeitdaten beschränkt. Zwar lassen sich noch Zusatzfunktionen wie die Bestimmung zeitabhängiger Lohn- und Gehaltszuschläge anführen, die jedoch im Hinblick auf das Ziel der Unterstützung von PPS und PersPS keinen Beitrag erkennen lassen. Auf eine weitergehende Darstellung und Analyse des Funktionsumfangs wird deshalb verzichtet.

Die Funktionsqualität ist Ausdruck dafür, wie gut die personalplanerischen Aufgaben realisiert werden können. Sie zeigt sich insbesondere in der Datenverwaltung und der methodischen Unterstützung.

4.3.2.3.1.1 Datenbezogene Funktionsqualität

Die datenbezogene Funktionsqualität läßt sich zum einen aus Art und Anzahl der jeweils vorhandenen Dateien für Stamm- und insbesondere Bewegungsdaten ablesen. Zum anderen hat gerade bei Arbeitszeiterfassungssystemen die Aktualität der in ihnen gespeicherten Daten eminente Bedeutung für die Qualität der Funktionserfüllung. Positiv auf die Datenaktualität wirken die Möglichkeiten, die Arbeitszeitdaten im BDE-System real-time, d. h. in Echtzeit sofort bei ihrer Erfassung, zu verarbeiten sowie anschließend in einer Datenbank zu speichern. Durch den Einsatz einer Datenbank lassen sich sowohl die Redundanzen in der Datenhaltung als auch die Zeiten für Datenerfassung und -pflege und die damit jeweils verbundenen Kosten minimieren.

Als Stammdaten sind auch bei BDE-Systemen zur Erfassung flexibler Arbeitszeiten die Personalstammdaten der Mitarbeiter zu berücksichtigen. Die zeitbezogenen Bewegungsdaten werden bei Arbeitszeiterfassungssystemen regelmäßig in sog. Zeitkonten erfaßt. Auf ihnen werden pro Mitarbeiter jeweils die Arbeits- und Ausfallzeiten verbucht. In verschiedenen Zeitkonten können die einzelnen Zeiten differenziert nach Zeitarten wie Normalarbeitszeiten und Überstunden bzw. Urlaub oder Krankheit erfaßt werden. Eine große Anzahl entsprechender Zeitkonten je Mitarbeiter bietet deshalb gute Voraussetzungen für eine hohe datenbezogene Funktionsqualität.

4.3.2.3.1.2 Methodenbezogene Funktionsqualität

Aus methodischer Sicht ist bei AZE-Systemen zum einen bei der Erfassung der Zeitdaten die Unterstützung hinsichtlich deren Zuordnung zu den unterschiedlichen Zeitkonten relevant. Zum anderen sind die Möglichkeiten der Auswertung der Daten im Rahmen dieser Arbeit von besonderer Bedeutung. Deshalb sollten die Systeme einerseits in periodischen Abständen Listen und Statistiken – wie z. B. An- oder Abwesenheitslisten bzw. Fehlzeiten- und Überstundenstatistiken – zur Verfügung stellen können und andererseits auch ad-hoc-Abfragen ermöglichen. Hierdurch lassen sich dann, wie oben gezeigt, die Funktionen der Personaleinsatzplanung und -steuerung im Hinblick auf die ggf. sehr kurzfristig erforderlichen Maßnahmen zur personalbezogenen Kapazitätsanpassung gezielt unterstützen.

Die Verbuchung der anfallenden Arbeitszeitdaten auf die einzelne Zeitkonten erfolgt regelmäßig unter Zuhilfenahme von Zeitmodellen und Tagesprogrammen. Durch die Zeitmodelle werden die verschiedenen in einem Unternehmen vorkommenden Arbeitszeitformen – wie z.B. *Starre Arbeitszeit*, *Gleitzeit* mit unterschiedlichen Freiheitsgraden hinsichtlich der Verrechnung der Zeiten oder verschiedene Rhythmen bei *Schichtbetrieb* – abgebildet. Ein Zeitmodell setzt sich dabei aus einzelnen Tagesprogrammen zusammen[94], in denen dann letztlich die konkreten Zuordnungen der Arbeitszeiten vorgenommen werden. In einer

---

94) Vgl. Mülder, W. (1991b), S. 45 f.

Art Zwischenstufe lassen sich die Tagesprogramme zu individuellen oder gruppenbezogenen Dienst- oder Wochenplänen kombinieren. Die Eigenarten flexibler Arbeitszeiten können dabei um so besser abgebildet werden, je höher die Anzahl der möglichen Zeitmodelle ist.

Durch das einzelne Tagesprogramm werden pro Mitarbeiter die individuellen Sollstunden, Rahmen- und Kernzeiten pro Tag – bei Schichtarbeitern pro Schicht – definiert[95]. Außerdem lassen sich im Tagesprogramm auch die Pausenregeln festgelegen. Die Tagesprogramme werden dem Mitarbeiter entweder direkt oder indirekt über Wochen- und Dienstpläne zugeordnet, wobei letztere regelmäßig einen längeren Zeitraum als eine Woche umfassen. Die Vorteile von Dienst- und Wochenplänen liegt darin, daß sie zum einen eine bessere Übersicht über die Tagesprogramme eines Mitarbeiters ermöglichen und zum anderen eine vereinfachte Zuordnung der Tagesprogramme zum Arbeitnehmer erfolgen kann. Durch die Kombination der verschiedenen Tagesprogramme können unterschiedliche Zeitmodelle realisiert werden. Als ein Beispiel für das Zeitmodell *Gleitende Arbeitszeit* möge die folgende Kombination dienen:

Montag – Donnerstag: Tagesprogramm A mit Kernzeit von 9.00 Uhr bis 15.00 Uhr und

Freitag: Tagesprogramm B mit Kernzeit von 9.00 Uhr bis 12.00 Uhr.

Die methodenbezogene Funktionsqualität hängt somit insbesondere auch von der Anzahl möglicher Tagesprogramme ab. Hinsichtlich der Aufgaben der PersPS ist bei der Verwendung von Dienst- und Wochenplänen deren maximaler Planungszeitraum von Bedeutung. So ist schon im Vorfeld festzustellen, welche Mitarbeiter zu bestimmten Zeiten zur Verfügung stehen werden oder auch nicht. Zusätzlich kann die Existenz eines Betriebskalenders die Funktionsqualität erhöhen. Mit seiner Hilfe lassen sich automatisch Betriebsferien, gesetzliche Feiertage und sonstige für alle Mitarbeiter geltende (Frei-)Zeitregelungen – wie z. B. Betriebsausflug – hinterlegen.

4.3.2.3.2 Flexibilitätsmerkmale

Im Hinblick auf das Ziel dieser Arbeit sind wiederum die Flexibilitätsaspekte der Adaptabilität und speziell der Integrabilität von Bedeutung. Die Adaptabi-

---

[95] Vgl. Mülder, W. (1992b), S. 145.

lität, als Fähigkeit der Standard-Software, sich auch wandelnden Aufgabenkonstellationen anpassen zu können, wird primär, wie zuvor schon gezeigt, durch eine hohe Anzahl von Tagesprogrammen und den Möglichkeiten bestimmt, diese zu Zeitmodellen zu kombinieren. Außerdem erhöht ein modularer Programmaufbau, der eine Unterteilung des Software-Paketes in einzelne selbständige Einheiten, sog. Module, ermöglicht, tendenziell den Grad der Adaptabilität.

Die Integrabilität wird determiniert durch Art und Anzahl der verfügbaren Schnittstellen zu anderen Programmen, die Aufgaben in angrenzenden Bereichen unterstützen können. Bezüglich der BDE-Systeme zur Arbeitszeiterfassung läßt sich zwischen produktions- und personalwirtschaftlichen Programmen unterscheiden. Während im Produktionsbereich die Anbindung an ein PPS-System eigentlich eine Selbstverständlichkeit ist, dominieren im Personalsektor die engen Beziehungen zur Lohn- und Gehaltsabrechnung sowie zur Personalplanung und Zugangskontrolle. Darüber hinaus bestehen – z. T. wechselseitige – Verbindungen mit dem Finanz- (Kostenrechnung) und dem Vertriebsbereich (Auftragsabwicklung).

5. Empirische Untersuchungen zur derzeit verfügbaren Standard-Software für die computergestützte Personalplanung sowie für die Erfassung flexibler Arbeitszeiten mit BDE-Systemen

Im vorhergehenden Kapitel wurden generell die Möglichkeiten sowie speziell zwei Integrationspfade zur Berücksichtigung des Personals in PPS-Systemen aufgezeigt, die letztlich in eine integrative Ideal-Konzeption einmündeten. Im weiteren soll nunmehr überprüft werden, inwieweit die aufgezeigten Lösungsansätze und vor allem die angestrebte Vollintegration der Teil-Systeme PPS, CPIS und BDE mit AZE durch derzeit am Markt verfügbare Standard-Software zu erreichen ist.

Dazu greift der Verfasser auf die Ergebnisse zweier zuvor schon erwähnter Forschungsprojekte zum Leistungsvermögen von CPIS für Zwecke der Personalplanung (Projekt A) sowie von BDE-Systemen zur Erfassung flexibler Arbeitszeiten (Projekt B) zurück, die von Mitte 1990 bis Anfang 1992 am Seminar für Allgemeine Betriebswirtschaftslehre, Industriebetriebslehre und Produktionswirtschaft der Universität zu Köln durchgeführt worden waren[1]. Während im Rahmen der beiden Projekte die generelle Leistungsfähigkeit der Software jeweils ohne Berücksichtigung spezieller Anwendungssituationen analysiert wurde[2], erfolgt im Rahmen dieser Arbeit nur eine – allerdings vertiefte – Darstellung der thematisch relevanten Resultate.

Zunächst sind noch die den beiden Untersuchungen gemeinsame Konzeption und Erhebungsmethode vorzustellen. Anschließend werden für die einzelnen Projekte getrennt von einander – in den Abschnitten 5.2 und 5.3 – jeweils die Datenbasis sowie die Ergebnisse der Erhebung präsentiert.

5.1 Konzeption und Erhebungsmethode beider Untersuchungen

5.1.1 Konzeption der Untersuchungen

Die Erfahrungen des Verfassers mit einer vergleichbaren Marktuntersuchung in den Jahren 1984/85[3] führten dazu, daß für die beiden nachfolgend präsentierten empirischen Erhebungen in den Jahren 1990/91 ebenfalls ein zweistufiges

---
1) Vgl. S. 96 dieser Arbeit.
2) Eine ausführliche Darstellung der generellen Resultate der Projekte geben Vatteroth, H.-Ch. (1991a) und Vatteroth, H.-Ch. (1992a) bzw. Förster, F./Vatteroth, H.-Ch. (1991).
3) Vgl. Schröder, H.-H./Vatteroth, H.-Ch. (1985b), S. 491.

Vorgehen gewählt wurde. In einem ersten Schritt, der **Vor**untersuchung, wurden zunächst die potentiellen Anbieter von Standard-Software für Zwecke der Personalplanung sowie von BDE-Systemen für die Erfassung flexibler Arbeitszeiten ermittelt. In den anschließenden **Haupt**untersuchungen erfolgte in beiden Projekten eine detaillierte Analyse der angebotenen Standard-Software-Lösungen auf der Basis der für einzelnen Projekte jeweils entwickelten Pflichtenhefte[4]. Die Grundstruktur der Untersuchungskonzeption zeigt Abbildung 22.

Abbildung 22: Strukturschema der empirischen Untersuchungen

5.1.1.1 Die Voruntersuchungen

In beiden Projekten bildete eine umfangreiche Quellenrecherche die Basis der Voruntersuchung. Sie beinhaltete eine intensive Überprüfung von Software-Katalogen und Fachzeitschriften. Auf diese Weise wurden zunächst alle Firmen

---

4) Beide Pflichtenhefte wurden im Hinblick auf die jeweils angestrebten Markterhebungen von Beginn an als Fragebögen (vgl. Anhang D bzw. Anhang I dieser Arbeit) konzipiert.
Eine detaillierte Wiedergabe erfolgt bei Vatteroth, H.-Ch. (1990c), S. 55 ff. bzw. Förster, F./Vatteroth, H.-Ch. (1991), S. 55 ff. und S. 111 ff.

im deutschsprachigen Raum bestimmt, von denen erwartet werden konnte, daß sie die für das einzelne Projekt jeweils relevante Standard-Software anbieten würden.

Eine erste Anfrage bei den durch diese Recherchen ermittelten Firmen sollte Aufschluß darüber geben, inwieweit die Erwartungen jeweils zutrafen. Gleichzeitig wurden die Firmen gebeten, entsprechendes Informationsmaterial über ihre Software-Lösungen zur Verfügung zu stellen.

Zum Abschluß der Voruntersuchung erfolgte in beiden Projekten eine Analyse der eingegangenen Antwortbögen und des eingesandten Informationsmaterials. Die Firmen, die glaubhaft angaben, über einschlägige Software zu verfügen, wurden anschließend als potentielle Anbieter jeweils in die entsprechende Hauptuntersuchung einbezogen. Es wird hier bewußt weiterhin von *potentiellen* Anbietern gesprochen, da weder allen Antwortschreiben das gewünschte Informationsmaterial beilag, noch allein auf Grund des vorliegenden Materials zu klären war, ob es sich bei den jeweils angebotenen Produkten auch um Standard-Software für die Personalplanung oder um BDE-Systeme zur Erfassung flexibler Arbeitszeiten handelte.

5.1.1.2 Die Hauptuntersuchungen

Die inhaltliche Basis für die Analyse der Software-Lösungen bildete in jedem Projekt ein detailliertes Pflichtenheft. Die beiden Pflichtenhefte waren zuvor im Rahmen der Forschungsprojekte PERSONALINFORMATIONSSYSTEME FÜR ZWECKE DER PERSONALPLANUNG (Projekt A) und FLEXIBLE ARBEITSZEITERFASSUNG DURCH BDE-SYSTEME (Projekt B) entwickelt worden. Im Hinblick auf die in beiden Projekten jeweils zunächst geplanten Marktübersichten wurden sie von Anfang an als Fragebögen[4a)] konzipiert, die an alle jeweils relevanten potentiellen Anbieter versandt wurden.

Im nächsten Schritt der Hauptuntersuchung wurde überprüft, ob die zurückerhaltenen Fragebögen vollständig ausgefüllt waren und ob die angebotenen Produkte bestimmte Minimal-Voraussetzungen (K.o.-Kriterien) erfüllten. Anschließend wurden die Programme im Hinblick auf die gewünschten Eignungsmerkmale detailliert untersucht und deren Ausprägungen bei den untersuchten Software-Lösungen spezifiziert.

Ein potentieller Nutzer kann unter Berücksichtigung der eigenen Anwendungssituation und seiner individuellen Anforderungen auf der Grundlage einer solchen Analyse dann eine erste Auswahl zwischen den für die Unter-

---

[4a)] Vgl. Vatteroth, H.-Ch. (1990c), S. 56 bzw. Förster, F./Vatteroth, H.-Ch. (1991), S. 55.

stützung seiner Aufgaben relevanten Software-Lösungen treffen[4b]. Die zentrale Stellung der auf der Basis eines Pflichtenheftes durchgeführten Selektion von Standard-Software im Kontext des gesamten Auswahlprozesses verdeutlicht Abbildung 23.

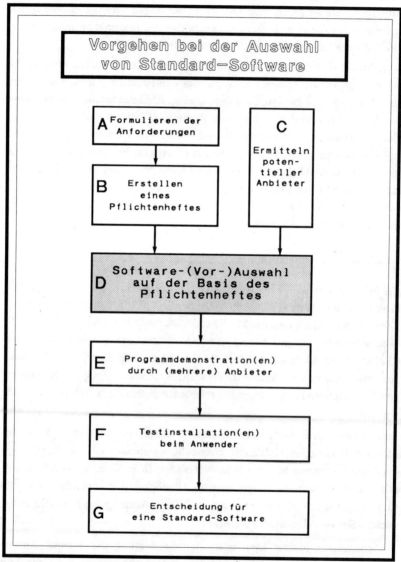

Abbildung 23: Vorselektion auf der Basis eines Pflichtenheftes im Rahmen des Auswahlprozesses von Standard-Software

---

[4b] Vgl. Schröder, H.-H./Vatteroth, H.-Ch. (1985a), S. 451.

5.1.2 Erhebungsmethode der Untersuchungen

In beiden Projekten wurden die Daten in Vor- und Hauptuntersuchung jeweils durch schriftliche Befragungen ermittelt. Diese Form der Datenerhebung wurde primär deshalb gewählt, weil es sich – speziell im Vergleich mit mündlichen Interviews – um eine kostengünstige und einfach durchzuführende Erhebungsmethode handelt[5]. Nur so konnten insgesamt knapp 300 Firmen – über 150 in Projekt A sowie 125 in Projekt B – im gesamten deutschsprachigen Raum, d. h. in der Bundesrepublik Deutschland, Österreich und der Schweiz sowie in Liechtenstein und Luxemburg (Projekt A) bzw. in Belgien (Projekt B), angesprochen werden. Dies korrespondierte zudem mit dem jeweils gesetzten Projektziel einer umfassenden Marktübersicht[6]. Außerdem sollte auch – zumindest in Ansätzen – die Situation eines Interessenten für eine entsprechende Software simuliert werden, der aus Kostengründen[7] vermutlich ebenfalls eine schriftliche Befragung vornehmen würde. Bei der Simulation ist jedoch zu berücksichtigen, daß eine Universität in den Augen des Befragten eventuell ein höheres *standing* haben dürfte als ein ihn anschreibendes Unternehmen[8]. Da hinter der entsprechenden Anfrage einer Firma aber ein möglicher Auftrag zu vermuten ist, dürfte die Antwortbereitschaft in beiden Fällen wohl ähnlich hoch sein.

Die Erhebungen erfolgten als postalische Befragungen unter Verwendung von Fragebögen. Die grundsätzlichen Anwendungsbedingungen, unter denen Fragebogenaktionen sich besonders eignen[9], wie:

- Kenntnis, zu welchen Sachverhalten Informationen zu erheben sind,

- überwiegend quantitative Sachverhalte, die auf der rationalen Ebene liegen,

- Fragen, die sich weitgehend systematisieren lassen (geschlossene Fragen, einfache Antwortmöglichkeiten) und wenig erklärungsbedürftig sind, sowie

- relativ homogene Zielgruppe

konnten als gegeben angenommen werden.

---

[5] Vgl. Hafermalz, O. (1976), S. 23; Schnell, R./Hill, P.B./Esser, E. (1992), S. 367.
[6] Vgl. Vatteroth, H.-Ch. (1991b), S. 5 bzw. Förster, F./Vatteroth, H.-Ch. (1991), S. 2.
[7] Aus Zeitgründen kann es für eine Firma – im Rahmen der Voruntersuchung – interessant sein, die Befragung per Telefon oder Telefax durchzuführen (vgl. Berekoven, L./Eckert, W./Ellenrieder, P. (1991), S. 110), da für fast alle Firmen die entsprechenden Anschlußnummern zur Verfügung standen.
[8] Vgl. Heinzl, A. (1991), S. 89.
[9] Vgl. Berekoven, L./Eckert, W./Ellenrieder, P. (1991), S. 107; Schmidt, G. (1989), S. 131.

Die bekannten Nachteile schriftlicher Befragungen[10], vor allem

- geringe Rücklaufquoten[11],
- unkontrollierte Erhebungssituationen[12] und
- mangelnde Motivation der Befragten[13]

wurden durch verschiedene, im folgenden kurz skizzierte Maßnahmen reduziert. Dabei ist zu beachten, daß diese drei Probleme interdependent sind, insbesondere beeinflußt die Motivation der Befragten die Rücklaufquote in erheblichem Umfang[14].

Um die potentiellen Anbieter für eine Teilnahme an der Untersuchung zu motivieren, wurde den Fragebögen jeweils ein Begleitschreiben[15] über Bedeutung und Zweck des betreffenden Forschungsprojektes vorangestellt. Um den Kontakt nicht abreißen zu lassen, wurde in Projekt A am Ende der Voruntersuchung zusätzlich den Anbietern, die positiv[16] reagiert hatten, in einem weiteren Brief für die geleistete Unterstützung gedankt und der Fragebogen avisiert[17]. Dieses Dankschreiben wie auch die Anschreiben im Rahmen der Hauptuntersuchungen wurden dabei jeweils **persönlich** an die in den Voruntersuchungen ermittelten Ansprechpartner gerichtet.

Damit unkontrollierte Erhebungssituationen, die durch mißverständliche Fragen oder dem Befragten nicht eindeutig bekannte Ausdrücke entstehen können, weitgehend auszuschließen waren, wurden die beiden Fragebögen für die Hauptuntersuchung jeweils in einer vorläufigen Version durch persönliche Gespräche mit einem potentiellen Anwender bzw. Anbieter getestet[18]. Außerdem enthielten das Begleitschreiben bei Projekt A ein Angebot für telefonische Hilfe[19] bei Antwortschwierigkeiten[20]. Zusätzlich wurden den in den Hauptuntersuchungen eingesetzten Fragebögen noch jeweils eine Ausfüllanleitung

---

10) Vgl. hierzu insbesondere Hafermalz, O. (1976), S. 22 ff.
11) Vgl. Atteslander, P./Kopp, M. (1984), S. 168 f.
12) Vgl. Schnell, R./Hill, P.B./Esser, E. (1992), S. 368.
13) Vgl. Berekoven, L./Eckert, W./Ellenrieder, P. (1991), S. 104.
14) Vgl. Berekoven, L./Eckert, W./Ellenrieder, P. (1991), S. 105 f.
15) Vgl. Anhang A und Anhang D dieser Arbeit bzw. Anhang G und Anhang I dieser Arbeit.
16) Als im Sinne der Forschungsprojekte *negative* Reaktionen seien die Antworten bezeichnet, daß keine entsprechende Standard-Software angeboten werde oder diese z.Zt. noch in Planung sei.
    Vgl. Anhang F bzw. Anhang K dieser Arbeit.
17) Vgl. Anhang C dieser Arbeit.
18) Vgl. Schmidt, G. (1989), S. 132.
19) Vgl. Anhang D dieser Arbeit. Da dieses Hilfsangebot im Rahmen des Forschungsprojektes A praktisch ungenutzt blieb, wurde es in Projekt B nicht offeriert.
20) Vgl. Atteslander, P./Kopp, M. (1984), S. 169 f.

PERSONALINFORMATION,
PERSONALPLANUNG,
PERSONAL(...)PLANUNG (z. B. PERSONALEINSATZPLANUNG)

oder eine sonstige Planungsaktivität im Rahmen der Personalplanung (z. B. URLAUBSPLANUNG) erwähnt wurde.

Wie an Hand der für die Untersuchung gewählten Suchbegriffe leicht zu sehen ist, ging der Verfasser zu Beginn des Projektes A davon aus, daß als Standard-Software-Lösungen zur Unterstützung der Personalplanung, wie auch im letzten Kapitel dargelegt, einzig CPIS am Markt zur Verfügung stehen würden. Auch auf Grund der für das Forschungsprojekt gewählten Definition eines CPIS, konnten die Begriffe *Standard-Software für Zwecke der Personalplanung* und *Computergestützte Personalinformationssysteme* deshalb zunächst als synonym angesehen werden. Im weiteren Verlauf des Projektes A stellte sich heraus, daß diese Annahme, wie noch gezeigt werden wird, so nicht zu halten war.

Zusätzlich zu den durch die Literaturanalyse ermittelten Anbietern wurden noch weitere Firmen in die Voruntersuchung mit einbezogen. Dabei handelte es sich um die Anbieter, die bei der entsprechenden Untersuchung in den Jahren 1984/85 angegeben hatten, daß sie über Standard-Software für Zwecke der Personalplanung verfügten oder diese bei ihnen in Planung sei[28].

Somit konnten in der Voruntersuchung, die von Herbst 1990 bis Frühjahr 1991 durchgeführt wurde, insgesamt 153 Institutionen berücksichtigt werden. Davon befanden sich 124 Adressaten in der Bundesrepublik Deutschland[29], 16 in der Schweiz, 11 in Österreich und jeweils einer in Liechtenstein und Luxemburg. Dies entspricht einer versuchten Vollerhebung[30] im gesamten deutschsprachigen Raum. Die geographische Verteilung der potentiellen Anbieter in Projekt A verdeutlicht Abbildung 24.

Insgesamt beteiligten sich 123 Institutionen an der Befragung. Damit wurde eine Rücklaufquote von 80,4 % erzielt. Bezogen auf die einzelnen Erhebungsgebiete belaufen sich die Rücklaufquoten in der Bundesrepublik Deutschland auf 80,7 %, in der Schweiz auf 75 %, in Österreich auf 81,8 % sowie in Liechtenstein und Luxemburg auf jeweils 100 %. Die Unterschiede sind nicht als signifikant anzusehen. Sie lassen sich insgesamt auf den geringen Stichprobenumfang zu-

---

[28] Vgl. Vatteroth, H.-Ch. (1988), S. 156 ff.
[29] Bundesgebiet **vor** dem 3. Oktober 1990.
[30] Vgl. Berekoven, L./Eckert, W./Ellenrieder, P. (1991), S. 47.

und ein Glossar[21] beigefügt. Darüber hinaus erfolgte die Auswertung der Fragebögen, falls sie Lücken oder Unstimmigkeiten aufwiesen, unter Zuhilfenahme des zur Verfügung gestellten Informationsmaterials.

Zur Erhöhung der Rücklaufquoten wurde bei beiden Teiluntersuchungen in jedem Projekt sowohl schriftlich – mit je zwei Erinnerungsschreiben[22] – als auch telefonisch nachgefaßt. Die Begleitschreiben zu den Fragebögen sowie das in Projekt A zusätzlich versandte Dankschreiben sollte nicht nur die Motivation der Befragten, sondern auch die Rücklaufquoten positiv beeinflussen[23].

5.2 Empirische Untersuchung zur derzeit verfügbaren Standard-Software für die computergestützte Personalplanung (Projekt A)

5.2.1 Beschreibung der Datenbasis von Projekt A

5.2.1.1 Beschreibung der Datenbasis in der Voruntersuchung von Projekt A

Zur Ermittlung der potentiellen Anbieter von Standard-Software zur Personalplanung wurde im Forschungsprojekt PERSONALINFORMATIONSSYSTEME FÜR ZWECKE DER PERSONALPLANUNG (Projekt A) zunächst eine intensive Literaturanalyse durchgeführt. Sie beinhaltete die Überprüfung von Software-Katalogen[24] und -Übersichten[25] sowie von Produkthinweisen[26] und Anzeigen in Fachzeitschriften[27]. Die in diesen Quellen gemachten Angaben wurden dahingehend analysiert, ob sie mindestens einen der folgenden Begriffe enthielten:

PERSONALINFORMATIONSSYSTEM,

PERSONALINFORMATIONS- UND -ABRECHNUNGSSYSTEM,

PERSONALABRECHNUNGS- UND -INFORMATIONSSYSTEM,

INFORMATIVES PERSONALABRECHNUNGSSYSTEM,

---

21) Vgl. Anhang D bzw. Anhang I dieser Arbeit.
22) Vgl. Anhang B und Anhang E dieser Arbeit bzw. Anhang H und Anhang J dieser Arbeit.
23) Vgl. Berekoven, L./Eckert, W./Ellenrieder, P. (1991), S. 107.
24) Benutzt wurden: 1 & 1 EDV Marketing GmbH (1990); Dr. L. Rossipaul Verlagsgesellschaft mbH (1989); Dr. L. Rossipaul Verlagsgesellschaft mbH (1990); Markt & Technik Verlag AG (1990); Nomina GmbH (1989); Nomina GmbH (1990b); Nomina GmbH (1990c); Nomina GmbH (1990d).
25) Zurückgegriffen wurde auf: Fröhlich, W./Maier, W. (1990); Hentze, J./Heinecke, A. (1989a); Maier, W./Fröhlich, W. (1990); o. V. (1990a).
26) Dies waren: Böttger, U./Kieser, D./Stotz, H. (1991); Streicher, H./Horschler, R. (1990); o. V. (1990b); o. V. (1990c).
27) Analysiert wurden insbesondere COMPUTERWOCHE, LOHN + GEHALT, OFFICE MANAGEMENT, PERSONAL, PERSONALFÜHRUNG und PERSONALWIRTSCHAFT.

rückführen und beruhen bezüglich der beiden zuletzt genannten Länder auf der Tatsache, daß dort nur jeweils ein Anbieter seinen Sitz hat.

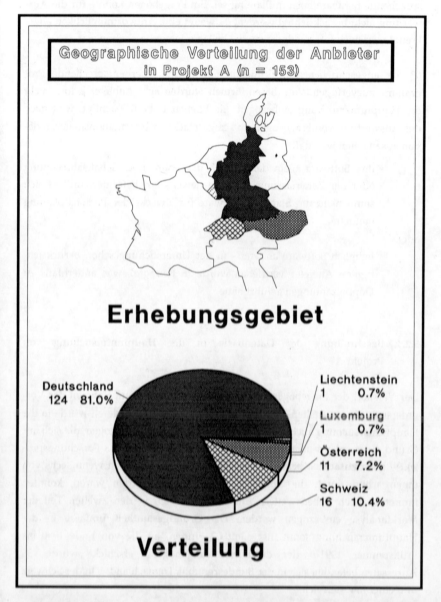

Abbildung 24: Geographische Verteilung der Anbieter in der Voruntersuchung von Projekt A (n = 153)

37 Teilnehmer gaben an, keine Standard-Software für die computergestützte Personalplanung anzubieten. 22 der Befragten antworteten, daß bei ihnen entsprechende Software noch in Planung sei. Ein Fragebogen konnte für die Auswertung nicht berücksichtigt werden, da weder eine Antwortmöglichkeit angekreuzt war, noch Informationsmaterial beilag oder zu beschaffen war.

63 der angeschriebenen Institutionen teilten mit, über entsprechende Programme zu verfügen. Von diesen Firmen wurden acht Anbieter jedoch nicht die Hauptuntersuchung einbezogen. Sie blieben unberücksichtigt, weil nach der Auswertung von Fragebogen und zugeschicktem Informationsmaterial davon auszugehen war, daß

> ☞ ihre Software allein den Bereich der Lohn- und Gehaltsabrechnung oder der Zeiterfassung abdeckte (jeweils ein Befragter) und es sich somit nicht um Standard-Software für Zwecke der Personalplanung handelte

oder

> ☞ lediglich Software anderer – in der Untersuchung schon berücksichtigter – Anbieter vertrieben wurde (6 Befragte), was andernfalls zu Doppelzählungen geführt hätte.

5.2.1.2 Beschreibung der Datenbasis in der Hauptuntersuchung von Projekt A

Der Versand der Fragebögen erfolgte zum einen an alle im Rahmen der Voruntersuchung ermittelten 55 potentiellen Anbieter. Zum anderen wurde in die Hauptuntersuchung auch die Mehrzahl der 13 Firmen einbezogen, die sich auf Grund einer entsprechenden Bitte in zwei Berichten über das Forschungsprojekt[31] noch zusätzlich beim Verfasser gemeldet hatten. Auch wenn sechs von ihnen schon durch die Voruntersuchung erfaßt worden waren, konnten immerhin noch sieben weitere Anbieter zusätzlich in den zweiten Teil der Marktanalyse einbezogen werden. Die Grundgesamtheit umfaßte in der Hauptuntersuchung somit insgesamt 62 Firmen, an die von Ende 1990 bis Frühsommer 1991[32] der detaillierte Fragebogen verschickt wurde. 56 Adressaten befanden sich in der Bundesrepublik Deutschland, 5 in der Schweiz und einer in Österreich.

---

31) Vgl. Vatteroth, H.-Ch. (1990b), S. 14; Vatteroth, H.-Ch. (1991c), S. 54.
32) Die Grundgesamtheit wird in den folgenden Abbildungen jeweils mit *Vatteroth (1991)* gekennzeichnet.

Auch wenn die Intention der Untersuchung in einer Vollerhebung bezüglich der computergestützten Personalplanung – speziell auf der Basis von CPIS – im gesamten deutschsprachigen Raum bestand, reklamiert die vorliegende Analyse deshalb trotz aller Bemühungen nicht, eine **komplette** Übersicht zu geben. Doch kann angesichts des Umfangs und der Intensität der Untersuchung davon ausgegangen werden, daß wohl die meisten und die wichtigsten Standard-Software-Lösungen für die Personalplanung auf der Basis von CPIS berücksichtigt wurden.

Wird die Grundgesamtheit der Hauptuntersuchung als Vergleichsmaßstab gewählt, so zeigt ein Vergleich mit ähnlichen aktuellen Analysen, daß die entsprechenden Zahlen für CPIS zu Zwecken der Personalplanung dort zum Teil erheblich niedriger liegen. Nach einem Messerundgang auf der CeBIT'89 bezeichnete Finzer sechs Firmen, die allesamt in der Voruntersuchung angeschrieben wurden, als die "namhaftesten Softwarehersteller von Personalinfor-

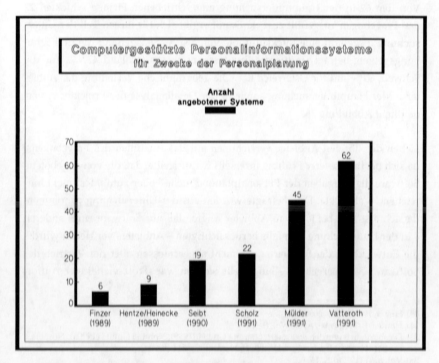

Abbildung 25: Vergleich aktueller Untersuchungen zum Marktvolumen von CPIS zu Zwecken der Personalplanung

mationssystemen"[33]. Hentze/Heinecke listen, ohne jedoch einen Bezugszeitraum anzugeben, neun Standard-Software-Pakete als die "gängigsten"[34] CPIS auf. Deren Anbieter wurden alle im Forschungsprojekt A berücksichtigt, soweit sie im ISIS Software Report enthalten waren[35] und die Angaben dort den oben angegebenen Filterbedingungen entsprachen und sie nicht – wie die AFS Düsseldorf GmbH[36] – in Konkurs gegangen waren.

Aus der Studie von Seibt[37] ergibt sich auf Basis der ISIS Software Reporte[38] von 1988 ein relevantes Angebot von 19 Systemen. Die auf der Grundlage der ISIS Software Reporte 1987 von Scholz durchgeführten Untersuchungen[39] lassen auf ein Marktvolumen von 22 CPIS zu Zwecken der Personalplanung schließen. Die Übersicht bei Mülder[40] weist – unter Verwendung von Daten aus 1987 bis 1991 – schließlich sogar 45 Systeme im deutschsprachigen Raum auf. Abbildung 25 illustriert diesen Sachverhalt.

Von den 62 in der Hauptuntersuchung angeschriebenen Firmen schickten 27 den Fragebogen ausgefüllt zurück. Damit ergibt sich für diesen Teil der Untersuchung insgesamt eine Rücklaufquote von 43,6 %. Bezogen auf die drei Erhebungsgebiete beträgt sie für die Bundesrepublik Deutschland 42,9 %, für die Schweiz 60 % und für Österreich 0 %. Die geographische Verteilung der Anbieter in der Hauptuntersuchung sowie in der Detailanalyse des Projektes A verdeutlicht Abbildung 26.

Sieben der übrigen Anbieter verzichteten auf das Ausfüllen des Fragebogens, da sich bei intensiverer Prüfung ihrerseits herausstellte, daß die von angebotene Software die Aufgaben der Personalplanung nicht – oder zumindest nicht hinreichend – abdeckte. Drei Befragte wurden aus der Untersuchung genommen, da sich erst jetzt bei je einem Anbieter zeigte, daß nur Software eines anderen – in der Untersuchung ebenfalls berücksichtigten – Anbieters vertrieben wurde, die Entwicklung der Software noch nicht abgeschlossen oder der Vertrieb der Software – vorübergehend – eingestellt worden war. Trotz vielfältiger Auffor-

---

33) Finzer, P. (1989), S. 209.
34) Hentze, J./Heinecke, A. (1989b), S. 63.
35) Diesbezüglich wurden analysiert: Nomina GmbH (1989); Nomina GmbH (1990a); Nomina GmbH (1990b); Nomina GmbH (1990c); Nomina GmbH (1990d).
36) Vgl. o. V. (1987a), S. 16.
37) Vgl. Seibt, D. (1990), S. 129 f.
38) Das Angebot in den ISIS Software Reporten bezieht sich auf den gesamten deutschsprachigen Raum.
39) Vgl. Scholz, Ch. (1991b), S. 576 f.
40) Vgl. Mülder, W. (1991a), S. 66 ff.

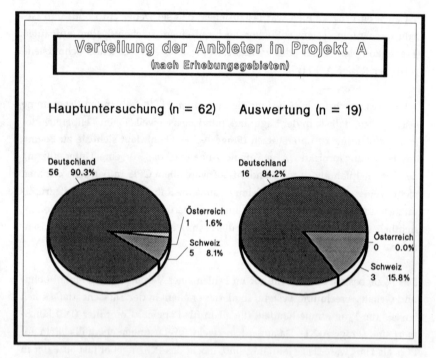

Abbildung 26: Geographische Verteilung der Anbieter in Hauptuntersuchung (n = 62) und Detailanalyse (n = 19) von Projekt A

derungen – und z. T. anderslautender Zwischenbescheide – sandten 25 Firmen den Fragebogen nicht zurück.

Von den 27 eingegangenen Fragebögen wurden fünf nicht ausgewertet. In drei Fällen waren die Fragebögen unvollständig ausgefüllt worden; in je einem Fall wurde nur Software eines anderen Anbieters, der den Fragebogen ebenfalls zurückgeschickt hatte, vertrieben oder war der Verkauf des Programmes während der Laufzeit des Forschungsprojektes eingestellt worden.

Die Überprüfung der restlichen 22 Fragebögen ergab, daß es sich bei der Hälfte der angebotenen Software eindeutig nicht um ein CPIS im Sinne der für das Forschungsprojekt A entwickelten Definition handelte. In zwei Fällen fehlte die nach der zugrunde gelegten Definition essentielle Datenbank (Frage A-4.7)[41].

---

[41] Die Nummern der Fragen(komplexe) entsprechen unter Voranstellung der Präfixe A- und B- der Numerierung der in den Projekten A und B jeweils benutzen Fragebögen. (vgl. Anhänge D und I dieser Arbeit.).

Bei allen elf Programmen war festzustellen, daß sie weder ein Lohn- und Gehaltsabrechnungssystem enthielten noch auf einem solchen System aufbauten (Fragenkomplex A-3.2) oder zumindest über eine entsprechende Schnittstelle verfügten (Frage A-3.11)[42].

Allerdings war bei sämtlichen zu dieser zweiten Hälfte zählenden Programme festzustellen, daß sie in der Lage sind, mindestens jeweils einen Teilbereich der Personalplanung zu unterstützen (Frage A-5.1). Damit läßt sich die zu Beginn des Forschungsprojektes A getroffene Annahme, daß für eine Unterstützung der Personalplanung durch Standard-Software allein CPIS in Betracht kommen nicht weiter aufrecht halten. Vielmehr sind im Rahmen dieser Arbeit grundsätzlich auch die zweiten elf Programme zu berücksichtigen, zumal sie offensichtlich eine neue Form der computergestützten Personalplanung repräsentieren.

Das Neue besteht dabei nicht nur im Fehlen einer Verbindung zu einem Lohn- und Gehaltsabrechnungssystem, sondern vor allem in der Tatsache, daß es sich jeweils um Programme handelt, die allein für Personal Computer (PC) konzipiert sind (Frage A-2.1). Da außerdem zwei CPIS-Lösungen ebenfalls allein auf PC's als Hardware-Basis lauffähig sind, macht das PC-Angebot fast 60 % der in der Detailanalyse untersuchten Programme aus. Zusätzlich stellte sich heraus, daß PC-Lösungen auch, wie Abbildung 27 zeigt, circa 50 % des in den beiden ersten Untersuchungsphasen des Forschungsprojektes A ermittelten Software-Angebotes ausmachten[43]. Das Charakteristikum der PC-Unterstützung wird hier deshalb aus dem Grund hervorgehoben, daß nämlich – zumindest bisher – für die Personalplanung auf der Basis von CPIS regelmäßig der Einsatz von Großrechnern (Mainframe/Host) als Hardware vorgesehen ist[44]. Aus dieser Perspektive kann somit die PC-gestützte als Alternative zur CPIS-basierten Personalplanung angesehen werden[45].

Wie zudem aus Abbildung 27 ersichtlich wird, läßt sich der Anstieg des quantitativen Angebotes an Standard-Software für die computergestützte Personalplanung – im Vergleich zu der vom Verfasser sechs Jahre zuvor durchgeführten

---

42) Deshalb wurden in einer ersten im Rahmen des Forschungsprojektes A erstellten Marktübersicht zur computergestützten Personalplanung aus der Basis von CPIS auch nur diese elf Systeme einer detaillierten Analyse unterzogen (vgl. Vatteroth, H.-Ch. (1991b), S. 40 ff.).
43) Vgl. Vatteroth, H.-Ch. (1991a), S. 3.
44) Vgl. Dworatschek, S./Büllesbach, A./Koch, H.-D. u. a. (1990), S. 34; Scholz, Ch. (1992), Sp. 739; Steitz, F.K.H. (1990), S. 26.
45) Vgl. Witte, W. (1991), S. 37.

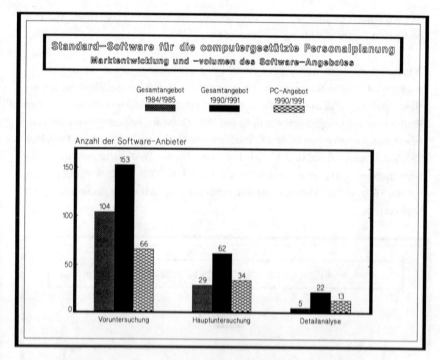

Abbildung 27: Entwicklung des Standard-Software-Angebotes für die computergestützte Personalplanung

Untersuchung[46] – in besonderem Maße auf das Aufkommen von PC-Lösungen zurückführen. In 1984/85 betrug die Anzahl der PC-Software für die Detailanalyse noch ein bzw. für die Hauptuntersuchung zwei Programme, wenn der Anbieter mitgezählt wird, dessen Unterlagen damals erst nach Abschluß der Untersuchungen vorlagen[47]. Da hinsichtlich der damaligen Voruntersuchung keine verläßlichen Angaben über das weitere, vermutlich sehr geringe PC-Angebot mehr zu ermitteln sind, wird auf eine entsprechende Darstellung in Abbildung 27 verzichtet.

Da eine spezielle Berücksichtigung von PC-Programmen in der ursprünglichen Ausrichtung des Projektes A gar nicht vorgesehen war, erhebt die vorliegende Analyse selbstverständlich nicht den Anspruch, eine **komplette** Übersicht über die PC-Software für die Personalplanung zu geben. Jedoch kann angesichts des Umfangs und der Intensität der Untersuchung davon ausgegangen werden,

---
46) Vgl. Schröder, H.-H./Vatteroth, H.-Ch. (1985b), S. 491.
47) Vgl. Schröder, H.-H./Vatteroth, H.-Ch. (1986), S. 181.

daß wohl auch die meisten und vor allem die wichtigsten Programme zur PC-gestützten Personalplanung erfaßt wurden.

Wird als Vergleichsmaßstab die Anzahl der in die Hauptuntersuchung einbezogenen 34 PC-Programme gewählt, so zeigt ein Vergleich mit ähnlichen aktuellen Analysen, daß deren Mengen zum Teil erheblich niedriger liegen. Aus der Studie von Seibt ergibt sich auf Basis der ISIS Software Reporte[48] von 1988 ein relevantes Angebot von zwölf PC-Programmen[49]. Die im Rahmen des Projektes PSEARCH von Scholz und Mitarbeitern seit Beginn 1990 durchgeführten Untersuchungen[50] lassen auf ein Marktvolumen von 22[51] bis 28[52] Programmen für die PC-gestützte Personalplanung schließen. Abbildung 28 illustriert diesen Sachverhalt.

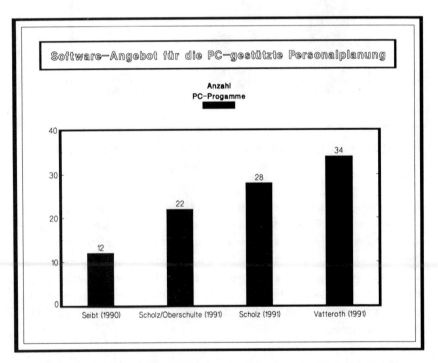

Abbildung 28: Vergleich aktueller Untersuchungen zum Marktvolumen von PC-Software zu Zwecken der Personalplanung

---

48) Das Angebot in den ISIS Software Reporten bezieht sich auf den gesamten deutschsprachigen Raum.
49) Vgl. Seibt, D. (1990), S. 130.
50) Vgl. Scholz, Ch./Oberschulte, H. (1991), S. 14.
51) Vgl. Scholz, Ch./Oberschulte, H. (1991), S. 16.
52) Vgl. Scholz, Ch. (1991b), S. 103.

Hinsichtlich des Themas dieser Arbeit kommt es allein darauf an, welche Unterstützungspotentiale die angebotene Standard-Software für die Personalplanung allgemein und speziell in Verbindung mit Programmpaketen der PPS

Kurzform	Name des Programmes	Hersteller/Anbieter
GELO	LOhn- und GEhaltsabrechnung	SPS GmbH, Mainhausen
INEL-PERS	Lohn/Gehalt & PERSonalinformationssystem	INEL-DATA AG, Waengi (CH)
INTERFLEX 5000	INTERFLEX 5000	Interflex Datensysteme GmbH, VS-Weigheim
PAISY	Personal-Abrechnungs- und -InformationsSYstem	LAMMERT-Unternehmensberatung GmbH, Bremen
PEPC	PErsonalPlanung und -Controlling*)	DOS Software GmbH, Wiesbaden
PERSONAL/R	Integrierte PERSONALwirtschaft auf Relationaler Basis	blue chips ag, Zürich (CH)
PERSIS	PERSonalInformationsSystem	UPH GmbH, Fürstenfeldbruck
PMS/PIS400	Personal-Management + LohnSystem/ Personal-Informations-System 400	presida treuhand ag, Aarau (CH)
RP	Realtime Personalwirtschaft	SAP AG, Walldorf
HR/2000	Human Resource/2000	H.R. Management Software GmbH, Düsseldorf
IPEV	Integrierte Personaldaten-Erfassung und -Verwaltung	DIGITAL-ZEIT GmbH, Neu-Ulm
EDP	EDP	LIS GmbH, Berlin
MENTOR	MENTOR	MENTOR Management Systeme, Rodgau
PC	Der PC im Personalwesen	PROBLEM & LÖSUNG, Karlsruhe
PEPP/UPLAN	Personal-Einsatz-Planung-Pflegedienst/UrlaubsPLANung	eswe Software Verlag, Königswinter
PERSONAL-PLANER	PERSONAL-PLANER**)	ORGAPLAN SOFTWARE GmbH, Köln
PERSPLA	PERSonalPLAnungssystem	Loos EDV-Beratung, Traunreut***)
Piss	Personalinformationssystem	EDV-Lösungen Jürgen Tilly, Witten
PRAWO	PRogramm für ArbeitsWirtschaft und Organisationsmethoden	MENTAL Software GmbH, München

*) PEPC ist das in diesem Zusammenhang wichtigste Programm des Software-Paketes DOSLIB.IPW (Integrierte PersonalWirtschaft), zu dem noch LOGA (LOhn- und GehaltsAbrechnung), AZEA (ArbeitsZeitErfassung und -Analyse) und RESY (REiseabrechnungsSYstem) gehören. Der Vertrieb wurde inzwischen von der Firma PEDAS Software GmbH, Wiesbaden übernommen (Vgl. Hentschel, B. (1991), S. 26 f.).
**) PERSONAL-PLANER ist das wichtigste Programm eines Software-Paketes, zu dem noch ORGA-Master und PERSONAL-MANAGER gehören.
***) Nach Informationen des Verfassers firmiert dieses Unternehmen jetzt als LIAS GmbH, Traunreut.

Tabelle 1: In der Analyse berücksichtigte Personalplanungssoftware

bieten kann. Deshalb werden im Rahmen dieser Arbeit nur die Software-Lösungen ausgegrenzt, die als offensichtlich primär für die Bewerberabwicklung (ein PC-Programm) und zur Seminarverwaltung (zwei PC-Programme) entwickelt, auch keine Unterstützung im Hinblick auf die Funktionen der PPS erwarten lassen. Die 19 Programme, auf denen die folgenden Analysen beruhen, sind in Tabelle 1 aufgeführt. Die geographische Verteilung der Anbieter wurde schon zuvor in Abbildung 26 aufgezeigt.

5.2.1.3 Typisierung der analysierten computergestützten Personalinformationssysteme für die Personalplanung

Eine Unterstützung der Personalplanung muß heutzutage nicht mehr, wie im letzten Abschnitt schon gezeigt, allein durch CPIS erfolgen. Vielmehr lassen sich hinsichtlich der DV-technischen Basis für die computergestützte Personalplanung zwei alternative Formen erkennen, deren Ausgangspunkte zum einen im Software-Bereich und zum anderen im Hardware-Bereich liegen. Der erste Extremtyp für die DV-technische Unterstützung der Personalplanung wird dabei durch das traditionelle CPIS repräsentiert. Den zweiten extremen Programmtyp stellt das allein PC-gestützte Personalplanungs-Programm (PP-P) dar.

Außer durch CPIS in der traditionellen Form kann die Personalplanung zunehmend auch auf der Basis modernerer System-Typen, wie oben schon angedeutet, unterstützt werden. Ein traditionelles CPIS für Zwecke der Personalplanung entspricht der für dieses Forschungsprojekt entwickelten Definition. Ein solches CPIS muß notwendigerweise die Sub-Systeme *im Dialogbetrieb arbeitende Datenbank, Lohn- und Gehaltsabrechnung* und *Personalplanung* beinhalten. Darüber hinaus kann es noch weitere Sub-Systeme für *Arbeitszeiterfassung, Reiseabrechnung* etc. umfassen. Als grundlegende Anwendung wird beim traditionellen Konzept die Lohn- und Gehaltsabrechnung gesehen, mit deren Hilfe – vor allem durch die Vorprogramme[53] – die in der (Personal-)Datenbank gespeicherten Daten erfaßt und gepflegt werden. Im Rahmen der Personalplanung wird dann auf die in dieser Datenbank vorgehaltenen Daten – insbesondere Personalstammdaten, aber auch z.B. Abrechnungsdaten für die Personalkostenplanung – zurückgegriffen. Dieser traditionelle CPIS-Typ stellt somit die praktische Umsetzung des oben erläuterten *Bottom-Up*-Ansatzes dar.

---

53) Vgl. Vatteroth, H.-Ch. (1990c), S. 13.

Die Realisierung der *Side-In*-Konzeption erfolgt durch die moderneren CPIS-Typen. Bei ihnen wird der Erkenntnis Rechnung getragen, daß der Nucleus eines CPIS die zu Grunde liegende Datenbank ist. Die Erfassung und Pflege der in ihr enthaltenen Daten kann, muß aber nicht mit Hilfe des Lohn- und Gehaltsabrechnungs(-sub-)systemes erfolgen. Vielmehr kann dazu auch – allein oder zusätzlich – das Personalplanungs(-sub-)system eingesetzt werden. Somit müssen die moderneren CPIS-Typen für die Personalplanung zwingend nur die Sub-Systeme *im Dialogbetrieb arbeitende Datenbank* und *Personalplanung* enthalten. Dabei lassen sich grob zwei modernere CPIS-Typen unterscheiden. Das ist zum einen der dominierte CPIS-Typ, der auf **einem** Lohn- und Gehaltsabrechnungssystem aufbaut und dessen Personalstammdatenstruktur komplett übernimmt. Zum anderen handelt es sich um den *freien CPIS*-Typ, der seine eigenen Datenstrukturen besitzt und über normierte Schnittstellen zu – in der Regel – **mehreren** Lohn- und Gehaltsabrechnungsprogrammen verfügt.

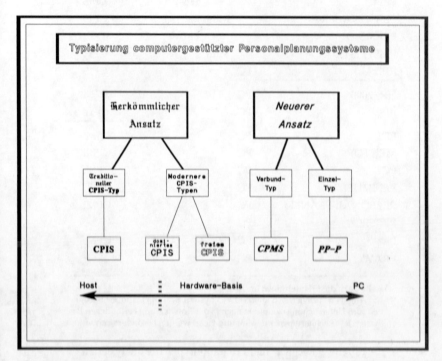

Abbildung 29: Typisierung computergestützter Personalplanungssysteme

Kennzeichen eines *reinen* PC-gestützten Personalplanungs-Programmes (PP-P) ist – außer dem Fehlen jeglicher Verbindungen zu einem Lohn- und Gehaltsabrechnungssystem – insbesondere die Beschränkung auf die Unterstützung nur **eines** Aufgabenbereiches der Personalplanung. Im Gegensatz dazu wird PC-Software, die für die Realisierung **mehrerer** oder sogar **aller** Teilplanungen konzipiert wurde, hier als computergestütztes Personalmanagementsystem (CPMS) bezeichnet. Einen Überblick über die verschiedenen Typen von Standard-Software zur Unterstützung der Personalplanung gibt Abbildung 29.

Programmname	Rechnertyp	Programmtyp*)
GELO	PC Host	CPIS
INEL-PERS	Mini	CPIS
INTERFLEX 5000	PC Mini Host*)	CPIS
PAISY	Mini Host	CPIS
PEPC	Host	CPIS
PERSONAL/R	Mini	CPIS
PERSIS	Host*)	CPIS
PMS/PIS400	Mini	CPIS
RP**)	PC Host	CPIS
HR/2000	PC	CPIS
IPEV	PC	CPIS
EDP	PC	CPMS
MENTOR	PC	CPMS
PC	PC	CPMS
PEPP/UPLAN	PC	PP-P
PERSONAL-PLANER	PC	CPMS
PERSPLA	PC	CPMS
Piss	PC	CPMS
PRAWO	PC	PP-P

*) Siehe dazu die Erläuterungen im Text.
**) Die Angaben beziehen sich auf das Basis-System R2. Informationen bezüglich des zum Untersuchungszeitpunkt noch in der Entwicklung befindlichen Basis-System R3 (Rechnertypen: PC, Mini und Host) werden besonders vermerkt.

Tabelle 2: Rechner- und Programmtypen der analysierten Personalplanungssoftware

Wie aus Tabelle 2 zu ersehen ist, besteht bei den analysierten Programmen einerseits eine starke Korrelation zwischen dem traditionellen CPIS-Typ und den Rechnertypen *Host* oder *Mini* (Frage A-2.1). Andererseits sind die moderneren CPIS- und CPIS-Typen stets für PC's oder Mini-Rechner konzipiert, da zu den letzteren auch die VAX-Rechner von DEC, auf denen INTERFLEX 5000 läuft, und die IBM AS/400 zu zählen sind, die bei PERSIS – wie auch bei INELPERS und PMS/PIS400 – die Hardware-Basis bildet. Hingegen ist für die Programmtypen CPMS und PP-P der Einsatz ausschließlich auf PC's möglich.

5.2.2 Ergebnisse der Detailanalyse von Projekt A

Im Hinblick auf die Themenstellung dieser Arbeit sind bei weitem nicht alle Angaben auszuwerten, die im Rahmen der Hauptuntersuchung des Forschungsprojektes A PERSONALINFORMATIONSSYSTEME FÜR ZWECKE DER PERSONALPLANUNG erhoben wurden. Wie im vorhergehenden Kapitel schon angedeutet, ist für die Unterstützung der Aufgaben der PPS einerseits die funktionale Leistungsfähigkeit der Personalplanungssoftware und andererseits ihre Flexibilität in Form der Adaptabilität und speziell der Integrabilität von besonderer Relevanz. Die entsprechenden Untersuchungsergebnisse werden jeweils zunächst unter Angabe der entsprechenden Nummer – ergänzt um das Präfix *A-* – der Frage oder des Fragenkomplexes im Fragebogen[54] dargestellt und anschließend interpretiert.

5.2.2.1 Funktionale Leistungsfähigkeit der untersuchten Personalplanungssoftware

5.2.2.1.1 Funktionsumfang der untersuchten Personalplanungssoftware

Auch wenn der Funktionsumfang der analysierten Programme generell als voll zufriedenstellend zu bezeichnen ist, erscheint es angebracht, bei der Beurteilung differenziert vorzugehen. Einen ersten Überblick über die Anzahl der unterstützten Teilplanungen der Personalplanung (Frage A-5.1) bietet Abbildung 30. Wie das Diagramm zeigt, decken nur jeweils fünf Programme lediglich einen oder zwei Planungsbereich(e) ab. Hingegen werden alle vier Teilplanungen in neun Programmpaketen, d.h. von knapp 50 % der analysierten Software berücksichtigt. Die Planungsbereiche, für die das einzelne Programm konzipiert wurde, sind in Tabelle 3 mit einem ● versehen.

---

54) Vgl. Anhang D dieser Arbeit.

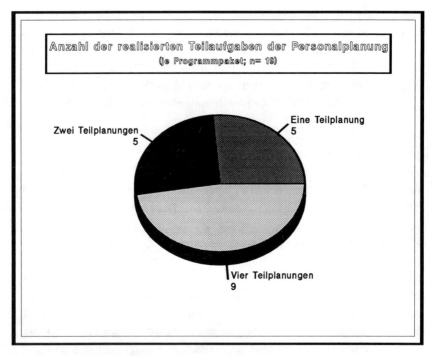

Abbildung 30: Realisierte Teilaufgaben der Personalplanung

Darüberhinaus eignen sich weitere sieben Programmpakete zur Durchführung zusätzlicher Teilplanungen; dem entsprechen in Tabelle 3 die ✽-Markierungen[55]. So wird die bei INEL-PERS und PERSONAL/R nicht explizit genannte Personaleinsatzplanung jedoch durch die in beiden Programmen realisierte Stellenplanmethode (Frage A-6.1) hinreichend unterstützt. Das Erstellen von Stellenbesetzungsplänen (Frage A-6.6) ist auch bei IPEV standardmäßig vorgesehen und in INTERFLEX 5000 zusätzlich möglich. Somit bieten diese beiden Personalinformationssysteme auch für die Personalbedarfsplanung eine ausreichende Unterstützung, zumal bei INTERFLEX 5000 mit der Abgangs-Zugangs-Rechnung zur Prognose der Personalbestandsentwicklung und der Einfachen Differenzrechnung zum Ermitteln des Netto-Personalbedarfes außerdem für die weiteren Schritte im Rahmen dieser Teilplanung je ein Verfahren angeboten wird.

---

55) In die Analyse der einzelnen Teilplanungen werden – soweit entsprechende Antworten vorliegen – auch die mit ✽ markierten Programme einbezogen. Fehlen diese Angaben, wird dies in den entsprechenden Tabellen **nicht** mit k. A. vermerkt.

Die Aufgaben der Personaleinsatzplanung können beim PERSONAL-PLANER durch das Zusatzmodul PERSONAL-MANAGER realisiert werden. Zusätzlich ist beim PERSONAL-PLANER sowie bei INEL-PERS und PC mit dem Profil-

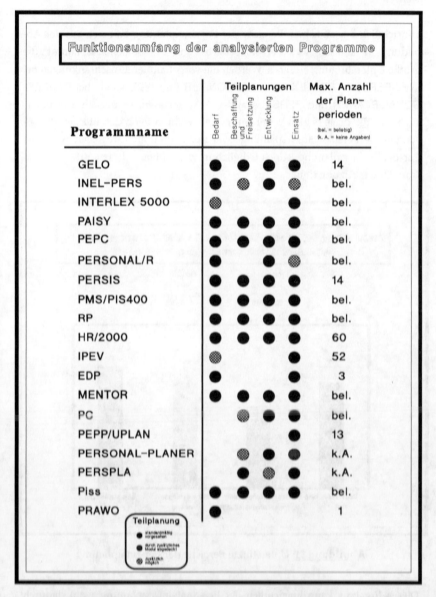

Programmname	Teilplanungen				Max. Anzahl der Planperioden (bel. = beliebig) (k. A. = keine Angaben)
	Bedarf	Beschaffung und Freisetzung	Entwicklung	Einsatz	
GELO	●	●	●	●	14
INEL-PERS	●	◉	●	◉	bel.
INTERLEX 5000	◉			●	bel.
PAISY	●	●	●	●	bel.
PEPC	●	●	●	●	bel.
PERSONAL/R	●	●	●	◉	bel.
PERSIS	●	●	●	●	14
PMS/PIS400	●	●	●	●	bel.
RP	●	●	●	●	bel.
HR/2000	●	●	●	●	60
IPEV	◉			●	52
EDP	●			●	3
MENTOR	●	●	●	●	bel.
PC		◉	●	●	bel.
PEPP/UPLAN				●	13
PERSONAL-PLANER		◉	●	●	k.A.
PERSPLA		●	◉	●	k.A.
Piss	●	●	●	●	bel.
PRAWO	●				1

Tabelle 3: Funktionsumfang der analysierten Personalplanungssoftware

vergleich eine wichtige Methode sowohl für die Einsatz- als auch für die Beschaffungs- und Freisetzungsplanung implementiert. Bei PERSPLA kann auf der Basis dieser Methode auch die Personalentwicklungsplanung durchgeführt werden.

Hinsichtlich der einzelnen Bereiche der Personalplanung läßt sich aus der Abbildung 31 ablesen, daß Personalbedarfs- und Personaleinsatzplanung die größte Unterstützung erfahren. Werden die vorgenannten Einschränkungen bei INEL-PERS, INTERFLEX 5000, PERSONAL/R und IPEV sowie bei PC, PERSONAL-PLANER und PERSPLA außer Acht gelassen, so decken **alle** untersuchten CPIS diese beiden Teilplanungen ab, während von den übrigen PC-Lösungen die Personaleinsatzplanung zwar nur einmal nicht realisiert wird, die Personalbedarfsplanung jedoch lediglich in vier Fällen, d.h. bei 50% der Software Unterstützung findet.

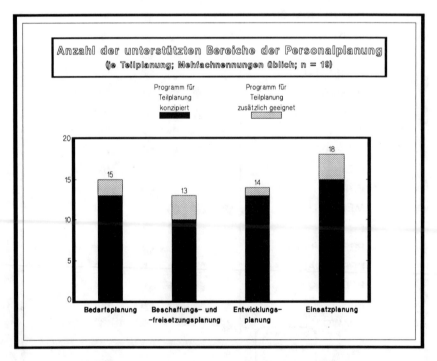

Abbildung 31: Unterstützte Bereiche der Personalplanung

Dieses Ergebnis kann hinsichtlich der Personaleinsatzplanung wohl dadurch erklärt werden, daß der wirtschaftliche – weil planvolle – Einsatz des Personals die zentrale Aufgabe der Personalwirtschaft darstellt[56]. Bezüglich der Personalbedarfsplanung kann das Ergebnis – trotz der Abstriche hinsichtlich der PC-Programme – damit begründet werden, daß sie der Ausgangspunkt für jede in sukzessiver Weise durchgeführte Personalplanung ist[57] und somit die Basis für alle übrigen Teilplanungen bildet[58]. Doch auch die Beschaffungs- und Freisetzungsplanung wird – trotz der vergleichsweise geringen Methodenunterstützung in diesem Bereich[59] – noch von rund 70 % der Programmpakete abgedeckt.

Ein grundsätzlich positives Bild ergibt sich auch hinsichtlich der möglichen zeitlichen Reichweite der Personalplanung (Fragen A-5.2 und A-5.3). Zehn Programme sehen keine Beschränkungen in der Anzahl der Planperioden vor. Sie können ebenso wie die weiteren vier Personalinformationssysteme, bei denen zwischen 14 und 60 Planperioden möglich sind, sowohl für kurz- als auch für mittel- und langfristige Planungen eingesetzt werden. Mit leichten Einschränkungen gilt dies wohl auch für PEPP/UPLAN. EDP eignet sich hingegen bei einer vorgesehenen Anzahl von nur drei Planperioden primär für kürzerfristige Planungsaufgaben; ein Blick auf die unterstützten Teilplanungen verstärkt diesen Eindruck. Ob unter Zugrundelegung lediglich **einer** einzigen Planperiode mit PRAWO wirklich Personal**planung** betrieben werden kann, erscheint jedoch sehr fragwürdig.

5.2.2.1.2 Datenbezogene Funktionsqualität der untersuchten Personalplanungssoftware

Wie aus Tabelle 4 hervor geht, sind die für die Personalplanung benötigten Dateien in der weit überwiegenden Zahl der Fälle als Standard-Dateien in der zugrunde liegenden Datenbank (Fragen A-4.1 sowie A-4.7 und A-4.8) vorhanden. Eine Personalstammdatei fehlt in **keinem** Personalinformationssystem. Lediglich PRAWO verfügt hierüber ebensowenig wie über eine Arbeitsplatzstammdatei, die allerdings auch bei INTERFLEX 5000, IPEV und PC nicht enthalten ist. Diese Resultate lassen sich für PC und PRAWO weitgehend durch deren spezifische Einsatzzwecke erklären. Bei INTERFLEX 5000 und IPEV ist das Ergebnis jedoch etwas verwunderlich, da beide Programme für die Personaleinsatzplanung konzipiert wurden und zudem der Aufbau von Stellenbe-

---

56) Vgl. u. a. Drumm, H.J. (1992b), S. 7 und 9; Hentze, J. (1991a), S. 390.
57) Vgl. Vatteroth, H.-Ch. (1990c), S. 20.
58) Vgl. RKW (1990), S. 57.
59) Vgl. Drumm, H.J./Scholz, Ch. (1988), S. 126.

setzungsplänen (Frage A-6.6) standardmäßig vorgesehen ist bzw. möglich sein soll.

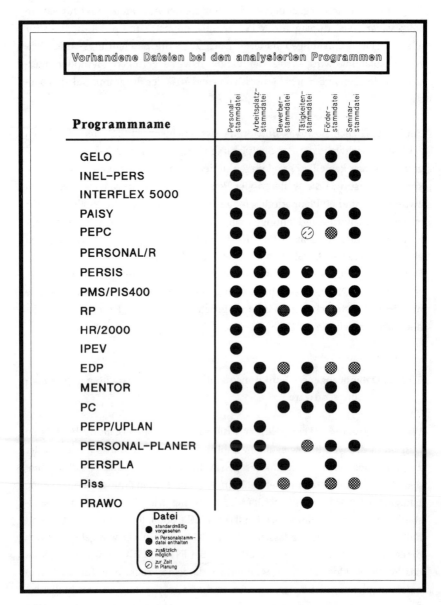

Tabelle 4: Vorhandene Dateien bei der analysierten Personalplanungssoftware

Bei den übrigen Personalinformationssystemen – mit Ausnahme von PERSONAL/R – sind ebenso wie bei MENTOR und Piss als den beiden PC-Program-

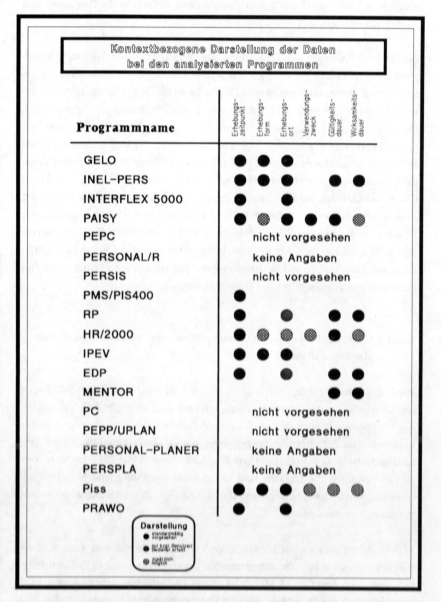

Tabelle 5: Kontextbezogene Darstellung der Daten bei der analysierten Personalplanungssoftware

men, die auch alle Planungsbereiche abdecken, sämtliche Stammdateien entweder standardmäßig vorgesehen oder – wie zudem bei EDP – zusätzlich möglich. Bei RP enthält die Personalstammdatei außerdem die Bewerber- und Förderstammdaten.

Bis auf PAISY wurden alle Programme von Anfang an als Dialoglösung konzipiert (Frage A-3.8.2). Sie ermöglichen jedoch alle eine hohe Aktualität der gespeicherten Daten, da diese jeweils im Dialog erfaßt und gepflegt werden können (Fragen A-3.8 und A-4.5). Auch wenn eine Befristung der Daten durch Gültigkeits- oder Wirksamkeitsvermerke, wie die in Tabelle 5 zusammengefaßten Ergebnisse zur kontextbezogenen Darstellung der Daten zeigen, nur bei sieben Programmen vorgesehen oder möglich ist (Frage A-4.6.1), unterstützen fünf weitere Software-Pakete eine kontextbezogene Darstellung der Daten (Frage A-4.6), wozu bei EDP und RP bezüglich des Erhebungsortes jeweils der Benutzer/Bediener gespeichert wird. Für vier Programme ist ausdrücklich ein Erfassen weder des sachlichen noch des zeitlichen Kontextes der Daten vorgesehen. Das dürfte auch für die drei Programme zutreffen, bei denen hierzu keine Angaben vorliegen. Die datenbezogene Funktionsqualität kann insgesamt jedoch als voll zufriedenstellend angesehen werden.

5.2.2.1.3 Methodenbezogene Funktionsqualität der untersuchten Personalplanungssoftware

Wird die Unterstützung der allgemeinen betriebswirtschaftlichen Methoden betrachtet, die für die Personalplanung relevant sind, so ergibt sich hinsichtlich der **Prognosemethoden** (Frage A-6.2), wie Tabelle 6 zeigt, ein wenig positiver Eindruck. Von den dreizehn Programmen, die für eine Unterstützung der Personalbedarfsplanung konzipiert wurden, sind allein in HR/2000 mehrere Verfahren – nämlich die einfache und die gleitende arithmetische Mittelwertberechnung sowie die einstufige und die mehrstufige Regressionsanalyse – standardmäßig implementiert.

Während Piss dies – zwar für sämtliche Verfahren – jedoch nur zusätzlich ermöglicht, wird bei RP eine entsprechende Unterstützung erst in Zukunft möglich sein. Von GELO und MENTOR sowie PMS/PIS400, PERSIS und EDP kann lediglich ein Prognoseverfahren unterstützt werden, wobei in den drei letztgenannten Programmen mit der einfachen Mittelwertberechnung allein das anspruchsloseste Verfahren implementiert ist. Während in MENTOR der Personalbedarf durch die Umsetzung von Leistungen in qualifizierte Personalkapazitäten prognostiziert wird, basiert bei GELO die Prognose auf dem Produktionsplan.

Unterstützung allgemeiner Planungsmethoden

Programmname	Einf. arithm. Mittelwertb.	Gleit. arithm. Mittelwertb.	Ein- u. mehrstuf. Regressionsanal.	Spezifisches Verfahren	Profilvergleich
GELO				●	●
INEL-PERS					●
INTERFLEX 5000					○
PAISY					○
PEPC					●
PERSONAL/R					
PERSIS	●				○
PMS/PIS400	●				●
RP	⊘	⊘	⊘		●
HR/2000	●	●	●		●
IPEV					
EDP	●				
MENTOR				●	●
PC					●
PEPP/UPLAN					
PERSONAL-PLANER					●
PERSPLA					●
Piss	◉	◉	◉		◉
PRAWO					

Methode:
● Nachbildung
● Anleihen
⊘ Andeutung
○ Offengelassen

Tabelle 6: Unterstützung allgemeiner Planungsmethoden durch die analysierte Personalplanungssoftware

Die **Profilvergleichsmethode** (Fragenkomplexe A-7.1 und A-7.2) wird standardmäßig von zehn Programmen angeboten, während drei CPIS den Einsatz dieses Verfahrens ausdrücklich **nicht** vorsehen. In GELO, PMS/PIS400, RP,

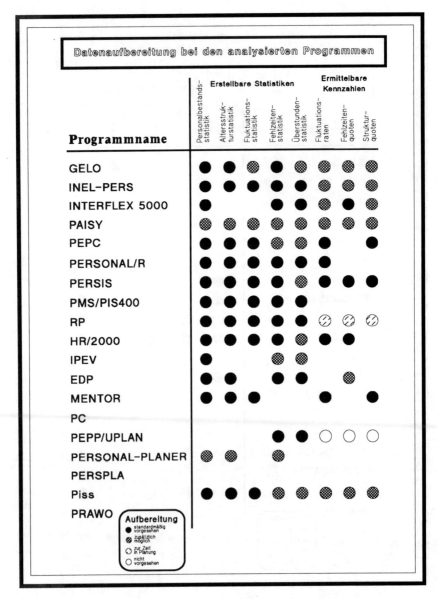

Tabelle 7: Möglichkeiten zur Datenaufbereitung bei der analysierten Personalplanungssoftware

HR/2000, MENTOR, PERSPLA und Piss kann der Profilvergleich mit flexiblen Grenzwerten (Frage A-7.2.1) durchgeführt werden. Dies wird bei PEPC, das wie INEL-PERS, PC und PERSONAL-PLANER starre Grenzwerte benutzt, allerdings in Zukunft möglich sein.

Wie Tabelle 7 zeigt, werden von fast allen Programmen die meisten der als Grundlage der Personalplanung benötigten **Statistiken** (Frage A-5.5) – insbesondere bezüglich Personalbestand und Altersstruktur für die Personalbedarfsplanung – geliefert. Im vollen Umfang werden sie standardmäßig allein von INEL-PERS, PERSONAL/R, PMS/PIS400 und RP erstellt, während PAISY das Erstellen von Statistiken nur unter zusätzlicher Zuhilfenahme der Abfragesprache ermöglicht. Außer PEPP/UPLAN, das zudem keine Personalbestandsstatistik offeriert, bieten lediglich INTERFLEX 5000 und IPEV weder eine Altersstruktur- noch eine Fluktuationsstatistik an. Hingegen ermöglichen INEL-PERS, RP und HR/2000 noch das Erstellen beliebiger weiterer Statistiken.

Kennzahlen (Frage A-5.6) können von gut der Hälfte der analysierten Programme – in RP jedoch erst zukünftig – bereitgestellt werden. Das Erstellen aller im Fragebogen gelisteten Kennzahlen bietet nur PERSIS als Standard an. Bei GELO, PAISY und Piss muß dazu wiederum auf die Abfragesprache zurückgegriffen werden.

5.2.2.1.3.1 Funktionsqualität bezüglich der Personalbedarfsplanung

Wie in Tabelle 3 schon gezeigt, kann die Personalbedarfsplanung von 15 der analysierten Programme unterstützt werden. Von diesen wird für die *Ermittlung des Brutto-Personalbedarfes* **standardmäßig** – mit Ausnahme von INTERFLEX 5000 – wenigstens ein Verfahren bereitgestellt (Frage A-6.1). Bei Piss bestehen, wie aus Tabelle 8 ersichtlich, sogar Möglichkeiten, **alle** Ermittlungsmethoden zu implementieren, was in Zukunft auch bei RP der Fall sein soll.

Lediglich bei INEL-PERS, PERSONAL/R und IPEV wird keine Methode zum *Ermitteln des Netto-Personalbedarfes* (Frage A-6.8) und – wie auch bei PRAWO – zum *Fortschreiben des Personalbestandes* (Frage A-6.7) angeboten, wie Tabelle 9 zeigt. Da im Rahmen der speziellen Differenzrechnung, d.h. unter Berücksichtigung von Einflußfaktoren, regelmäßig auch die Veränderungen im Personalbestand explizit erfaßt werden[60], stört das Fehlen einer entsprechenden Me-

---
[60] Vgl. RKW (1978b), S. 42 f.

thode bei PRAWO nicht. Vielmehr ist positiv zu bewerten, daß mit der Personalbemessung nach dem MTM-Verfahren auch eine komplexere personalplanungsspezifische Methode standardmäßig realisiert ist.

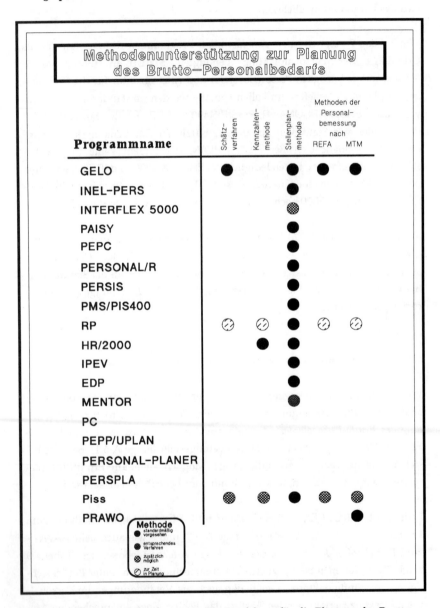

Tabelle 8: Unterstützung spezifischer Verfahren für die Planung des Brutto-Personalbedarfs

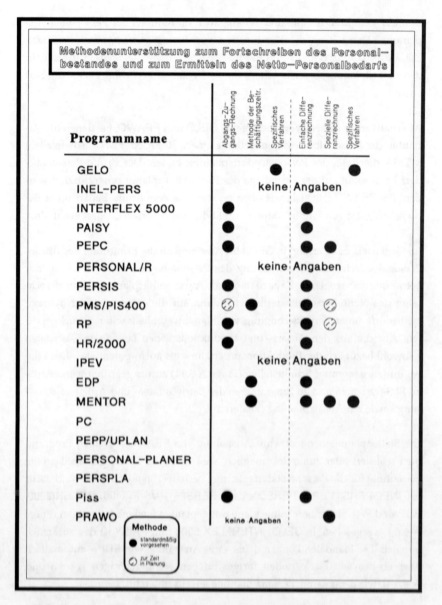

Tabelle 9: Unterstützung spezifischer Verfahren für die Fortschreibung des Personalbestandes und zum Ermitteln des Netto-Personalbedarfs

Wie aus den Tabellen 8 und 9 zu ersehen ist, unterstützen 75 % der für die Personalbedarfsplanung einsetzbaren Programme **standardmäßig** jeweils zumindest ein Verfahren für alle drei Teilaufgaben im Rahmen der Personalbedarfsplanung. Dabei kann die Kombination von STELLENPLANMETHODE, ABGANGS-ZUGANGS-RECHNUNG und EINFACHER DIFFERENZRECHNUNG als *Standard-Lösung* für diesen Teilplanungsbereich gelten, da sie in sieben von zehn Fällen offeriert wird.

Alternativen zu diesem Vorgehen bieten GELO und PRAWO, bei denen die Varianten der Personalbemessungsmethode – nach REFA oder MTM sowie allein MTM – die Basis der Personalbedarfsplanung bilden. Der Brutto-Personalbedarf kann somit auf der Grundlage des Produktionsplanes prognostiziert werden. Bei PRAWO läßt sich, wie oben gezeigt, aus dem Brutto-Bedarf unter Berücksichtigung von Einflußfaktoren direkt der Netto-Personalbedarf ermitteln.

Im Gegensatz dazu erfolgt in GELO im Anschluß an die Ermittlung des Brutto-Personalbedarfes die Fortschreibung des Personalbestandes auf der Basis der betriebsmittelbezogenen Kapazitäts- und Ausstattungsplanung. Zur Berechnung des Netto-Personalbedarfes wird dann auf die entsprechenden Kapazitätsbedarfe unter Berücksichtigung von Plananwesenheitszeiten zurückgegriffen. Auf die aus den Absatz- und Produktionsplänen benötigten Basisdaten – sowohl bezüglich der Produktionsprogramme als auch -potentiale – kann dabei mittels genormter Schnittstellen (Frage A-3.11) zurückgegriffen werden, die zu PPS-Systemen und zu Programmen der Betriebsdaten- und Arbeitszeiterfassung sowie zur Absatzplanung existieren[61].

Die Stellenplanmethode ist – mit Ausnahme von PRAWO – in allen Programmen realisiert oder zumindest möglich, weil sie in der Praxis die wohl größte Bedeutung für die Personalbedarfsplanung besitzt[62]. Standardmäßig sind dafür bei INEL-PERS, PEPC, PERSONAL/R, PERSIS, PMS/PIS400, RP, HR/2000, EDP und Piss Stellenbesetzungspläne mit geplanten Stellenbesetzungen (Frage A-6.6.1) vorgesehen. In GELO, INTERFLEX 5000 und PAISY ist das zusätzlich möglich. Die Plandaten können dabei – mit Ausnahme von EDP – automatisch über ebensoviele Planperioden fortgeschrieben werden (Fragen A-6.6.3 und A-6.6.4), wie die gesamte Personalplanung jeweils unterstützt wird.

Ein der Stellenplanmethode ähnliches Vorgehen bietet MENTOR, bei dem der Brutto- sowie der Netto-Personalbedarf auf der Basis von Leistungsanforderungen ermittelt werden, die sich aus der Unternehmensplanung

---

61) Vgl. Tabelle 14.
62) Vgl. REFA (1978b), S. 51.

– insbesondere aus Projektplanungen – ergeben. Es handelt sich dabei um eine fortgeschriebene *Zero Based Organisation* (ZBO), deren Ergebnis ein qualifizierter, d. h. nach Anzahl und Qualifikation bestimmter Personalbedarf ist[63].

Werden außerdem noch die Angaben der Tabellen 6 und 7 zu den implementierten Prognosemethoden und den standardmäßig vorhandenen Statistiken berücksichtigt, so ist festzustellen, daß die Qualität der methodischen Fundierung der Personalbedarfsplanung in der Regel sehr hoch ist. Mit Einschränkungen gilt dies allerdings für INEL-PERS und PERSONAL/R sowie INTERFLEX 5000 und IPEV, wobei jedoch zu beachten ist, daß die beiden letztgenannten CPIS nicht für eine Unterstützung der Personalbedarfsplanung konzipiert wurden.

Im Hinblick auf PAISY, PEPC und RP gelangen BESEMER/FINZER in ihrer Untersuchung, die auf Daten aus 1988/89 basiert und vor allem in Form einer persönlichen Befragung – nebst Präsentation der Software durch die Anbieter – durchgeführt wurde, zu ähnlichen Resultaten[64]. Erwähnenswert scheint zudem ihr Hinweis, daß die Unterstützung des Anwenders durch die jeweils zur Verfügung gestellte Abfragesprache – dies entspricht in der Regel dem ●-Eintrag in den Tabellen dieser Arbeit – generell als nicht ausreichend anzusehen ist[65]. Einer standardmäßigen Realisierung der einzelnen Funktionen ist deshalb grundsätzlich der Vorzug zu geben. Der zusammenfassenden Beurteilung von BESEMER/FINZER, daß die Unterstützung für die Personal(-bedarfs-)planung auf der Basis von CPIS "insgesamt sehr gering ist"[66], kann auf Grund der vorliegenden Marktanalyse jedoch nicht zugestimmt werden. Diese Diskrepanz ist vermutlich primär auf die unterschiedlichen Auswahlkriterien für die Grundgesamtheit und die verschiedenen Bezugszeiträume zurückzuführen.

5.2.2.1.3.2 Funktionsqualität bezüglich der Personalbeschaffungs- und -freisetzungsplanung

Für die Personalbeschaffungs- und -freisetzungsplanung kann, wie aus Tabelle 10 zu ersehen ist, bei acht der dreizehn Programme, die diese Teilplanung unterstützen, auf die statistische Auswertung von Arbeitsmarkt- und Bevölkerungsdaten sowie von Personalwerbemaßnahmen (Frage A-7.3) zurückgegriffen werden. Während dies bei GELO, PAISY und MENTOR nur zusätzlich so-

---

63) Siehe hierzu auch MENTOR Management Systeme GmbH & CO KG (1990), S. 12 ff.
64) Vgl. Besemer, I./Finzer, P. (1990), S. 47 ff.; Finzer, P. (1991), S. 90 ff.
65) Vgl. Besemer, I./Finzer, P. (1990), S. 49.
66) Besemer, I./Finzer, P. (1990), S. 49.

wie bei RP erst in Zukunft möglich ist, sind bei PMS/PIS400, PERSPLA und Piss alle Auswertungen im Standard enthalten. Bei den beiden erstgenannten

Methodenunterstützung zur Personalbeschaffungs- und -freisetzungsplanung und Personalentwicklungsplanung

Programmname	Auswerten von Arbeitsmarktd./Bevölkerungsd.	Personalwerbemaßnahmen	Profilvergleich	Beurteilungserf. und -auswert.	Seminarplanung und -auswahl
GELO	◍	◍	●	●	●
INEL-PERS			●	●	○
INTERFLEX 5000			○		
PAISY	◍	◍	○	○	○
PEPC			●	◍	◍
PERSONAL/R					
PERSIS		●	○	●	●
PMS/PIS400	●	●	●	◍	●
RP	⊘	⊘	⊘	⊘	●
HR/2000	◍	●	●	●	●
IPEV					
EDP					
MENTOR	◍	◍	●	○	○
PC			●	●	●
PEPP/UPLAN					
PERSONAL-PLANER			●	●	○
PERSPLA	●	●	●		
Piss	●	●	◍	○	
PRAWO					

Methode:
● standardmäßig vorgesehen
◍ zusätzlich möglich
⊘ zur Zeit in Planung
○ nicht vorgesehen

Tabelle 10: Methodenunterstützung für die Personalbeschaffungs- und -freisetzungsplanung sowie zur Personalentwicklungsplanung

Programmpaketen ist das wohl darauf zurückzuführen, daß dort wie auch bei HR/2000 und PERSIS entsprechende Prognoseverfahren (Frage A-6.2) implementiert oder zusätzlich möglich sind.

Die Profilvergleichsmethode (Fragenkomplexe A-7.1 und A-7.2) kann, wie Tabelle 10 nochmals zeigt, in elf der dreizehn relevanten Programme realisiert werden. Der Aufbau von Fähigkeitsprofilen (Frage A-7.1) erfolgt dabei mit Ausnahme von INEL-PERS und PERSONAL-PLANER, bei denen das zusätzlich möglich ist, für Bewerber (Frage A-7.1.1) jeweils standardmäßig. Die Durchführung des Profilvergleichs wird bei GELO, PEPC, PMS/PIS400, RP, HR/2000 und MENTOR dadurch erleichtert, daß die in Profilform gespeicherten Stellenbeschreibungen (Frage A-6.4.2) jeweils als mögliche Anforderungsprofile dienen können.

Bis auf Piss, bei dem das zusätzlich möglich ist, und PERSONAL-PLANER enthalten alle Programme standardmäßig – bei RP im Rahmen der Personalstammdatei – eine Bewerberstammdatei (Frage A-4.1). Da zudem sowohl die Profilvergleichsmethode – jeweils mit flexiblen Grenzwerten (Frage A-7.2.1) – als auch die Auswertung relevanter externer Daten nur von PMS/PIS400 und PERSPLA sowie – mit leichten Einschränkungen – auch von GELO, HR/2000, MENTOR und Piss unterstützt werden, bleiben hinsichtlich der Funktionsqualität in diesem Teilplanungsbereich doch manche Wünsche offen.

5.2.2.1.3.3 Funktionsqualität bezüglich der Personalentwicklungsplanung

Hinsichtlich der Profilvergleichsmethode gelten auch für die Personalentwicklungsplanung weitestgehend die im vorangehenden Absatz gemachten Aussagen. Während PERSONAL/R, als weitere für diese Teilplanung konzipierte Software, den Profilvergleich nicht unterstützt, sieht jetzt auch PERSONAL-PLANER den Aufbau von Fähigkeitsprofilen für Mitarbeiter standardmäßig vor (Fragenkomplex A-7.1), was bei INEL-PERS wiederum zusätzlich möglich ist.

Ein maschinelles Erfassen und Auswerten von Beurteilungen (Frage A-8.1) ermöglichen – bei RP jedoch erst zukünftig – neun Programme. Dabei sind nur in HR/2000 drei Beurteilungskriterien fest vorgegeben und maximal 180 frei vom Anwender zu formulieren (Frage A-8.1.1). Bei GELO, INEL-PERS, PEPC, PERSIS, PMS/PIS400 und PC können nach Anzahl und Art beliebige Kriterien für Beurteilungen eingesetzt werden, die mit Ausnahme von INEL-PERS,

PEPC, HR/2000 und PC dann auch auf Plausibilität hin überprüfbar sind (Frage A-8.1.2).

Für die in sechs Programmpaketen explizit vorgesehene Unterstützung der Seminarplanung und -auswahl (Frage A-8.2) existieren in allen diesen Programmen – mit Ausnahme von PERSONAL/R – die dazu benötigten Förder- und Seminarstammdateien (Frage A-4.1) standardmäßig. Bei PEPC wird dies durch eine optional aufzubauende Förderstammdatei ermöglicht, die auch in PERSPLA enthalten ist. Zudem sind beide Dateien bei MENTOR und PERSONALPLANER sowie bei Piss im Standardumfang enthalten bzw. zusätzlich möglich.

Während PC und GELO sowie – mit leichten Abstrichen – PMS/PIS400 und HR/2000 für die Personalentwicklungsplanung eine sehr weitreichende Unterstützung anbieten, sind bei PAISY, MENTOR und Piss hierfür in Form von Förder- und Seminarstammdateien und/oder des Profilvergleichs nur erste Ansätze zu erkennen. Diese fehlen bei PERSONAL/R ebenso wie die Angaben zu den weiteren Aspekten, so daß unklar bleibt, wie diese Software die Personalentwicklungsplanung unterstützt will. Insgesamt kann die methodische Fundierung für diesen Teilbereich der Personalplanung jedoch als voll zufriedenstellend charakterisiert werden.

5.2.2.1.3.4 Funktionsqualität bezüglich der Personaleinsatzplanung

Hinsichtlich der Realisierung des Profilvergleichs, der auch zur Unterstützung der qualitativen Personaleinsatzplanung dient, gilt das in den beiden vorangehenden Abschnitten Gesagte. Denn in den zusätzlich für diese Teilplanung konzipierten Programmen ist entweder diese Methode wie bei INTERFLEX 5000 explizit nicht vorgesehen, oder es liegen zu den Fragenkomplexen A-7.1 und A-7.2 keine Angaben vor. Die Einsatzhäufigkeit der Profilvergleichsmethode wird ergänzend nochmals in Tabelle 11 ausgewiesen.

Allgemeine Einsatzpläne auf Basis der Stellenplanmethode können bei allen CPIS sowie bei den PC-Programmen – mit Ausnahme allein von PC und PEPP/UPLAN – in Form von Stellenbesetzungsplänen mit aktuellen Stellenbesetzungen (Frage A-6.6) realisiert werden. Dieses bezüglich der kurzfristigen Personaleinsatzplanung recht positive Ergebnis wird noch dadurch abgerundet, daß in allen CPIS sowie bei den PC-Programmen – mit Ausnahme von MENTOR, PC, PEPP/UPLAN und PERSPLA – normierte Schnittstellen zu Arbeitszeit- und Betriebsdatenerfassungssystemen (Frage A-3.11), soweit sie nicht schon existieren, zumindest zusätzlich möglich sind[67].

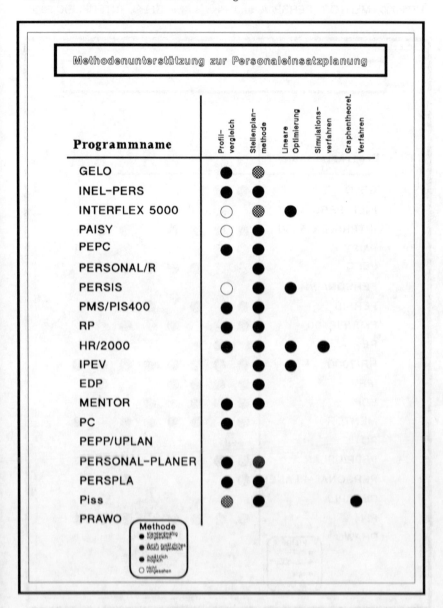

Tabelle 11: Generelle Methodenunterstützung für die Personaleinsatzplanung

---

67) Vgl. Tabelle 14.

Eine Unterstützung der mittel- und langfristigen Personaleinsatzplanung bieten darüberhinaus INEL-PERS, PEPC, PERSONAL/R, PERSIS, PMS/PIS400, RP, HR/2000, MENTOR, PERSPLA und Piss sowie GELO, INTERFLEX 5000,

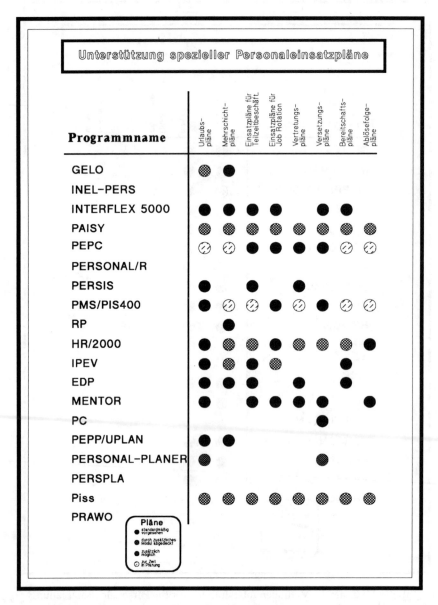

Tabelle 12: Erstellen spezieller Personaleinsatzpläne durch die analysierte Personalplanungssoftware

PAISY und EDP an, bei denen Stellenbesetzungspläne mit geplanten Stellenbesetzungen standardmäßig vorgesehen bzw. zusätzlich möglich sind. Für EDP und PERSPLA gilt dies jedoch mit Einschränkungen, da die Plandaten automatisch nur von den anderen Programmen über mindestens 14 Perioden fortgeschrieben werden können.

Hinsichtlich der Einsatzpläne für spezielle Varianten der Personaleinsatzplanung ergibt sich ein sehr heterogenes Bild. Wie Tabelle 12 zeigt, können zwar in fünf Programmpaketen alle speziellen Einsatzpläne (Frage A-9.1) erstellt werden. Jedoch ist dies bei PAISY und Piss für die Gesamtheit sowie bei HR/2000 in der Mehrzahl der Fälle nur zusätzlich möglich. PEPC und PMS/PIS400 können alle Varianten erst in Zukunft unterstützen. Im Gegensatz dazu werden von INTERFLEX 5000 und MENTOR sowie EDP schon jetzt bis auf zwei bzw. drei Formen alle speziellen Einsatzpläne **standardmäßig** realisiert.

Wird nach der Art der speziellen Einsatzpläne differenziert, so zeigt sich, daß primär die Aufgaben der Urlaubsplanung – gerade auch standardmäßig – unterstützt werden. Außerdem lassen sich Mehrschichtpläne und Einsatzpläne für Teilzeitkräfte mit der Mehrzahl der Programme – zumindest zukünftig – erstellen. Aus methodischer Sicht ist es recht erfreulich, daß hierfür in HR/2000 – zusätzlich zur Simulation – und zudem bei INTERFLEX 5000, PERSIS und IPEV die Verfahren der Linearen Optimierung (Frage A-9.2) eingesetzt werden können. Bei Piss finden graphentheoretische Verfahren Anwendung.

Insgesamt gesehen kann die Funktionsqualität der Personaleinsatzplanung als recht gut bezeichnet werden. Dies gilt speziell im Hinblick auf die kurzfristige und weitgehend auch für die mittel- und langfristige Personaleinsatzplanung auf Basis von Stellenplänen und Profilvergleichen. Bezüglich der kurzfristigen Personaleinsatzplanung sowie der Personaleinsatzsteuerung läßt sich eine adäquate Unterstützung durch spezielle Einsatzpläne sowie auf Grund der Schnittstellen zu Arbeitszeit- und Betriebsdatenerfassungssystemen insbesondere bei INTERFLEX 5000 und EDP sowie mit leichten Einschränkungen bei PEPC, PMS/PIS400 und HR/2000 feststellen.

5.2.2.2 Flexibilität der untersuchten Personalplanungssoftware

5.2.2.2.1 Adaptabilität der untersuchten Personalplanungssoftware

Aus Tabelle 13 läßt sich hinsichtlich der Adaptabilität, als Maß für die Anpassungsfähigkeit der Software an quantitativ und qualitativ unterschiedliche Aufgabenkonstellationen, ein überwiegend positiver Eindruck gewinnen. Lediglich jeweils vier Programme sind nicht modular aufgebaut (Frage A-3.10) oder enthalten keine anwenderorientierte Programmier- und Abfragesprache (Frage A-3.20).

Die Länge der Planperioden (Frage A-5.3) ist zwar bei IPEV, EDP, PEPP/UPLAN und PRAWO nicht variabel. Jedoch kann sie in zwölf Programmen, d.h. in rund zwei Drittel der Fälle, frei gewählt werden. Die lediglich bei HR/2000, IPEV sowie GELO und PERSIS bestehenden Grenzen von 60, 52 bzw. 14 Planperioden schränken deren quantitative Adaptabilität allenfalls unwesentlich ein.

Deutliche Mängel zeigen sich jedoch in qualitativer Hinsicht bei der freien Wahl zwischen unterschiedlichen Verarbeitungsverfahren. Begrenzte Wahlmöglichkeiten in wenigstens zwei Teilplanungsbereichen offeriert derzeit nur HR/2000 (Planung des Brutto-Personalbedarfes und des Personaleinsatzes in quantitativer Sicht), während der Anwender bei GELO (Planung des Brutto-Personalbedarfes) sowie bei PEPC und MENTOR (Planung des Netto-Personalbedarfes) zumindest in einem Planungsbereich zwischen mehreren Verfahren wählen kann. In Zukunft werden entsprechende Optionen allerdings auch bei PMS/PIS400 (Fortschreiben des Personalbestandes und Planung des Netto-Personalbedarfes) sowie bei RP (Planungen des Brutto- und des Netto-Personalbedarfes) bestehen.

Daten zur Adaptabilität der analysierten Programme

Programmname	Modularer Programmaufbau	Programmier- u. Abfragesprache	Freie Wahl der Verarbeitungsverfahren	Freie Wahl der Länge der Planperioden
GELO	●	●	●	●
INEL-PERS	●	●	●	●
INTERFLEX 5000	●	●	●	●
PAISY	●	●	●	●
PEPC	●	●	●	●
PERSONAL/R	●	●	●	●
PERSIS	●	●	●	●
PMS/PIS400	●	●	⊘	●
RP	●	●	⊘	●
HR/2000	○	●	●	●
IPEV	●	○		○
EDP	●	●		○
MENTOR	●	●	●	●
PC	●	●		●
PEPP/UPLAN	○	○		○
PERSONAL-PLANER	●	○		
PERSPLA	●	○	●	
Piss	○	●	●	●
PRAWO	○	●		○

Kriterium:
● standardmäßig vorgesehen
⊘ zukünftig gegeben
○ nicht vorgesehen/nicht gegeben

Tabelle 13: Daten zur Adaptabilität der analysierten Personalplanungssoftware

5.2.2.2.2 Integrabilität der untersuchten Personalplanungssoftware

Gemäß der oben vorgenommenen Typisierung der analysierten Software ist eine Schnittstelle zu Programmen der Lohn- und Gehaltsabrechnung (Fragenkomplex A-3.2.1) in den elf CPIS-Lösungen immer standardmäßig vorhanden. Bei diesen Programmpaketen sowie bei EDP und Piss sind außerdem jeweils Verbindungen zu BDE-Systemen und – wie auch bei PEPP/UPLAN – zu Programmen für die Arbeitszeiterfassung (Frage A-3.11) – zumindest zusätzlich – vorgesehen. Der Integrabilitätsgrad hinsichtlich anderer personalwirtschaftlicher Programme erreicht für CPIS – im Einklang mit deren Definition – damit fast 100 %.

Im Hinblick auf das Thema dieser Arbeit sind jedoch besonders die Möglichkeiten zur Anbindung von PPS-Systemen von Bedeutung. Eine entsprechende Schnittstelle ist im Standard schon bei sechs Programmpaketen – allesamt CPIS-Lösungen – implementiert und kann zudem in fünf weiteren, zumeist PC-gestützten Programmen eingerichtet werden. Außerdem sind bei allen dieser elf Software-Lösungen Verbindungen sowohl zur Betriebsdaten- als auch zur Arbeitszeiterfassung standardmäßig vorhanden oder wenigstens zusätzlich möglich. Deshalb kann der analysierten Personalplanungssoftware auch im Hinblick auf das Zusammenwirken mit produktionswirtschaftlichen Programmen eine erfreulich hohe Integrabilität bescheinigt werden, was auch zuvor im Kontext der Personalbedarfs- sowie Personaleinsatzplanung und -steuerung schon mehrfach angedeutet wurde. Dieser positive Eindruck wird noch dadurch verstärkt, daß in allen elf Programmen – mit Ausnahme von HR/2000 – eine Anbindung der Auftragsabwicklung ermöglicht wird sowie in jeweils fünf Fällen Schnittstellen zur Materialwirtschaft und zur Absatzplanung vorgesehen oder zusätzlich möglich sind.

Des weiteren wird, wie Tabelle 14 zeigt, vor allem die Zusammenarbeit mit Software für die betriebswirtschaftlichen Aufgaben der Kostenrechnung und Finanzbuchhaltung sowie mit sonstigen Programmen zur Textverarbeitung, für Geschäftsgraphiken und zur Bürokommunikation im Standard unterstützt. Das somit generell sehr positive Bild hinsichtlich der Integrabilität der analysierten Programmpakete wird dadurch abgerundet, daß bis auf PC, INTERFLEX 5000, PERSONAL-PLANER und PRAWO alle Programme auf Datenbanksystemen basieren, die auch für andere Aufgaben verwendet werden können (Fragen A-4.7 und A-4.8).

Schnittstellen bei den analysierten Programmen

Programmname	Lohn- und Gehaltsabrechnungssysteme	PPS-Systeme	BDE-Systeme	Arbeitszeiterfassung	Materialwirtschaft	Auftragsabwicklung	Absatzplanung	Kostenrechnung und Finanzbuchhaltung	Sonstige Programme
GELO	●	●	●	●		●	●	●	●
INEL-PERS	●	●	●	●		●		●	●
INTERFLEX 5000	●	●	●	●	◐	◐	○	◐	○
PAISY	●	●	●	●	●			●	●
PEPC	●	○	◐	●	○	○	○	●	◐
PERSONAL/R	●	○	◐	◐	○	○	○		◐
PERSIS	●	◐	●	●		◐	◐	◐	◐
PMS/PIS400	●	◐	●	●	●	●	◐	●	●
RP	●	●	●	●	●	●		●	●
HR/2000	●	●	●	●	○	○	○	●	●
IPEV	●	◐	◐	◐		◐			◐
EDP	○	◐	●	●		◐	◐	◐	◐
MENTOR	○		○	○		◐	◐	◐	●
PC	○								●
PEPP/UPLAN	○	○	○	●		○	○	○	○
PERSONAL-PLANER	○								
PERSPLA	○								
Piss	○	●	●	●	●	●	●	◐	◐
PRAWO	○								

Schnittstelle:
- ● standardmäßig vorgesehen
- ◐ zusätzlich möglich
- ○ nicht vorgesehen

Tabelle 14: Mögliche Schnittstellen bei der analysierten Personalplanungssoftware

5.3 Empirische Untersuchung zur derzeit verfügbaren Standard-Software für die Erfassung flexibler Arbeitszeiten mit BDE-Systemen (Projekt B)

5.3.1 Beschreibung der Datenbasis von Projekt B

5.3.1.1 Beschreibung der Datenbasis in der Voruntersuchung von Projekt B

Den Ausgangspunkt der Voruntersuchung in Projekt B bildete wiederum eine umfangreiche Quellenrecherche. Sie umfaßte eine intensive Überprüfung von Software-Katalogen[68] und -Übersichten[69] sowie von Anzeigen in Fachzeitschriften[70]. Die in diesen Quellen zu BDE-SYSTEMEN enthaltenen Angaben wurden dahingehend analysiert, ob sie wenigstens einen der folgenden Begriffe beinhalteten:

ARBEITS-, PERSONAL- oder ANWESENHEITSZEITERFASSUNG,
ARBEITS-, PERSONAL- oder ANWESENHEITSZEITVERARBEITUNG,
ARBEITS-, PERSONAL- oder ANWESENHEITSZEITERFASSUNG UND -VERARBEITUNG,
ARBEITS-, PERSONAL- oder ANWESENHEITSDATENERFASSUNG,
ARBEITS-, PERSONAL- oder ANWESENHEITSDATENVERARBEITUNG,
ARBEITS-, PERSONAL- oder ANWESENHEITSDATENERFASSUNG UND -VERARBEITUNG,
PERSONALDATEN, -ZEITEN oder -ZEITDATEN,
ANWESENHEITSZEIT, -ZEITEN oder -ZEITDATEN
oder eine sonstige mögliche Kombination der vorgenannten Begriffe (z. B. PERSONALDATEN- UND ARBEITSZEITERFASSUNG)

oder ob ein im Kontext flexibler Arbeitszeiten relevanter Zeitbegriff wie:

VARIABLE oder GLEITENDE ARBEITSZEIT,
GLEITZEIT, TEILZEIT oder SCHICHTARBEIT

erwähnt wurde.

Hierdurch konnten zunächst die 125 Firmen im deutschsprachigen Raum bestimmt werden, von denen zu erwarten war, daß sie auf der Basis von BDE-Systemen auch die Erfassung flexibler Arbeitszeiten unterstützen würden. Von den im Rahmen der Voruntersuchung des Projektes B zwischen Herbst 1990

---

[68] Benutzt wurden: Deutsche Messe AG (1990); Nomina GmbH (1990a); Nomina GmbH (1990b).
[69] Zurückgegriffen wurde auf: Geitner, U.W. u. a. (1990); Roschmann, K. (1989).
[70] Analysiert wurden insbesondere ARBEITSVORBEREITUNG, FORTSCHRITTLICHE BETRIEBSFÜHRUNG UND INDUSTRIAL ENGINEERING, LOHN + GEHALT, PERSONALFÜHRUNG, PERSONALWIRTSCHAFT und REFA-NACHRICHTEN.

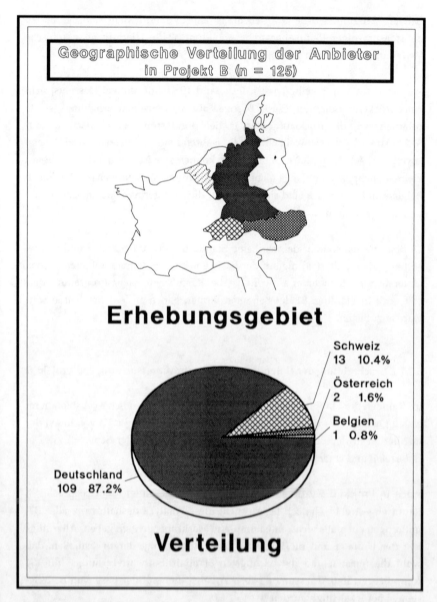

Abbildung 32: Geographische Verteilung der Anbieter in der Voruntersuchung von Projekt B (n = 125)

und Frühjahr 1991 angeschriebenen Institutionen, befanden sich 109 in der Bundesrepublik Deutschland[71], 13 in der Schweiz, 2 in Österreich und einer in

---

71) Bundesgebiet vor dem 3. Oktober 1990.

Belgien. Hiermit wurde also ebenfalls eine Vollerhebung[72] im gesamten deutschsprachigen Raum angestrebt. Abbildung 32 illustriert die geographische Verteilung der Anbieter in Projekt B.

An der Befragung beteiligten sich insgesamt 103 Institutionen. Das entspricht einer Rücklaufquote von 82,4 %. Bezogen auf die einzelnen Erhebungsgebiete belaufen sich die Rücklaufquoten in der Bundesrepublik Deutschland auf 81,7 % sowie in der Schweiz auf 84,6 %, während sie in Österreich und Belgien jeweils 100 % betragen. Die Unterschiede können speziell wegen des insgesamt kleinen Stichprobenumfangs nicht als signifikant angesehen werden. Bezüglich Belgien und Österreich sind sie zudem auf die sehr geringe Anzahl der Anbieter zurückzuführen.

15 Befragte teilten mit, daß sie keine Standard-Software für die computergestützte Arbeitszeiterfassung auf der Basis von BDE-Systemen anbieten. Sieben Untersuchungsteilnehmer antworteten, bei ihnen seien solche Programme derzeit noch in Planung. 81 der befragten Firmen gaben an, entsprechende Software anzubieten.

5.3.1.2 Beschreibung der Datenbasis in der Hauptuntersuchung von Projekt B

Im Rahmen der Hauptuntersuchung von Projekt B wurde allen 81 Anbietern im ersten Quartal 1991 das detaillierte Pflichtenheft zugeschickt. 73 von ihnen domizilierten in der Bundesrepublik Deutschland, fünf in der Schweiz, zwei in Österreich und einer in Belgien.

Auch in Projekt B wurde eine Vollerhebung im gesamten deutschsprachigen Raum angestrebt[73]. Jedoch beansprucht diese Analyse deshalb trotz aller Bemühungen ebenfalls nicht, eine **komplette** Marktübersicht zu geben. Allerdings läßt der Umfang und die Intensität der Untersuchung darauf schließen, daß wohl die meisten und die wichtigsten Standard-Software-Lösungen für die computergestützte Erfassung flexibler Arbeitszeiten auf der Basis von BDE-Systemen berücksichtigt wurden.

44 der Angeschriebenen sandten den Fragebogen ausgefüllt zurück. Damit ergibt sich für diesen Teil der Untersuchung in Projekt B eine Rücklaufquote von

---
72) Vgl. Berekoven, L./Eckert, W./Ellenrieder, P. (1991), S. 47.
73) Vgl. Förster, F./Vatteroth, H.-Ch. (1991), S. 55.

54,3 %. Bezogen auf die einzelnen Erhebungsgebiete belaufen sich die Rücklaufquoten in der Bundesrepublik Deutschland auf 54,8 % sowie auf 60 %, 50 % und 0 % in der Schweiz, Österreich bzw. Belgien.

Während sieben der Befragten eine Beantwortung des Fragebogens wegen Arbeitsüberlastung ablehnten, reagierten 30 Firmen trotz entsprechenden Nachfassens in keiner Weise auf den zugesandten Fragebogen. Abbildung 33 zeigt die Verteilung der Anbieter auf die einzelnen Erhebungsgebiete in der Hauptuntersuchung und in der anschließenden Auswertung von Projekt B.

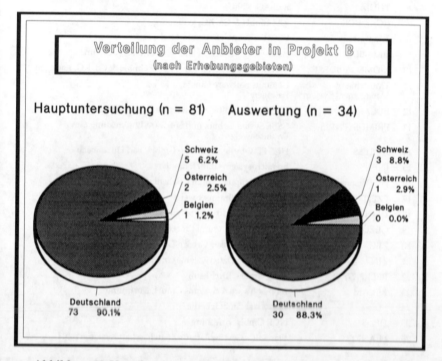

Abbildung 33: Verteilung der Anbieter in Hauptuntersuchung (n = 81) und Detailanalyse (n = 34) von Projekt B auf die einzelnen Erhebungsgebiete

Zehn der eingegangenen 44 Fragebögen konnten nicht in die Auswertung einbezogen werden. Alle zehn unberücksichtigten Anbieter hatten angegeben, daß es sich bei ihren Standard-Softwarepaketen ausschließlich um Programme zur Personalzeiterfassung handle, bei denen keine direkte Anbindung an ein BDE-System (Fragenkomplex B-3.2) bestehe. Damit entsprachen die Arbeitszeiterfassungssysteme dieser Anbieter aber nicht der für dieses Projekt grundlegenden

Definition. Die 34 Programme, auf denen die folgenden Analysen beruhen, sind in Tabelle 15 aufgeführt.

Nr.	Programmname	Hersteller/Anbieter
1	AVERO	ANDES Elektronik GmbH, Oberholzheim
2	Bixi-Systeme	Ascom Telematic AG, Mels (CH)
3	TARIS	ATOSS Software Consulting GmbH, München
4	DAKY	AZE GmbH, Erlangen
5	ZMS/BMS	Breitenbach Software Engineering GmbH, Möhnesee
6	THUIA	Bull AG, Köln
7	siCAI/BDE	CAI GmbH & Co. KG, Würzburg
8	Timeware	COMPARO AG, Bubendorf (CH)
9	custo-BDE	custo-soft Software + Hardware GmbH, Sinsheim
10	X-OMEGA BDE/PZE	Digital Kienzle Computersysteme GmbH & Co. KG, Ratingen
11	TMS Time Management System	Geminus Software GmbH, Ratingen
12	BDE/400	GSE Gräbert Software + Engineering GmbH, Berlin
13	PRIMUS/PARIS	GSSE Systemtechnik und Software-Entwicklung GmbH, Braunschweig
14	ACCESS	HCS EDV-Systemberatung GmbH, Bad Ditzenbach
15	INBUS	he-microsystem GmbH, Lindlar
16	HC Personalzeit	Huber Computer GmbH, Babenhausen
17	PZEIT	IAM GmbH, Braunschweig
18	DROPS	IKOSS – IKO Software Service GmbH, Aachen
19	GEZUSY	IPS Informations- und Prozeßsysteme GmbH, Taufkirchen
20	ZEUS	ISGUS J. Schlenker-Grusen GmbH, Villingen-Schwenningen
21	ZINA	Krupp Atlas Datensysteme GmbH, Essen
22	BEERFEST	Lang GmbH, Kirchheim
23	RECAM	mbp Software & Systems GmbH, Dortmund
24	BDE-X	microdata GmbH, Berlin
25	DPS-5	NCR GmbH, Augsburg
26	PLANZEIT	PlanSoft – Gesellschaft für Zeitwirtschaftssysteme mbH, Neu-Isenburg
27	PAZ	PSI GmbH, Berlin
28	RISOZEIT	RISO-Software GmbH, Reutlingen
29	PLANOS-X	sib Walter & Partner GmbH, Calw
30	AXON	Spring Elektronik, Zürich (CH)
31	IDOL-BDE	UCI System-Software GmbH, Bad Boll
32	ISI	VRZ – Vorarlberger Rechenzentrum Ges.m.b.H., Dornbirn (A)
33	BDE-System Weber	Weber Datentechnik GmbH, Pforzheim
34	Wolf Personalzeit	WOLF Präzisionsmontagen GmbH & Co. KG, Garding

Tabelle 15: In der Analyse berücksichtigte BDE-Systeme zur Erfassung flexibler Arbeitszeiten

5.3.2 Ergebnisse der Detailanalyse von Projekt B

Bei der Darstellung der Untersuchungsergebnisse von Projekt B ist zu berücksichtigen, daß im Hinblick auf das Ziel dieser Arbeit nur ein Teil der Daten thematisch relevant sind, die in der Hauptuntersuchung des Forschungsprojektes B BDE-SYSTEME ZUR ERFASSUNG FLEXIBLER ARBEITSZEITEN erhoben wurden. Im vorangehenden Kapitel wurde schon aufgezeigt, daß für die Realisierung der computergestützten Arbeitszeiterfassung einerseits die daten- sowie methodenbezogene Funktionalität und andererseits die Flexibilität in Form der Adaptabilität und speziell der Integrabilität von besonderer Relevanz sind. Deshalb werden sich die folgenden Ausführungen auf diese beiden Leistungsmerkmalsgruppen beschränken.

Die entsprechenden Untersuchungsergebnisse werden jeweils zunächst unter Angabe der entsprechenden Nummer der Frage oder des Fragenkomplexes im Fragebogen[74] – ergänzt um das Präfix *B-* – dargestellt und anschließend interpretiert. Um die Ergebnisse der Detailanalyse sowohl im Text als auch in den Tabellen übersichtlich präsentieren zu können, wurden den Anbietern schon in Tabelle 15 entsprechende Kenn-Nummern (1 – 34) zugeteilt. Die Verweise auf die einzelnen BDE-Systeme erfolgen deshalb im weiteren nur unter Angabe der jeweils das Programm kennzeichnenden Identifikationsziffer und im Text ergänzt um den Programmnamen.

5.3.2.1 Funktionale Leistungsfähigkeit der untersuchten BDE-Systeme

5.3.2.1.1 Datenbezogene Funktionsqualität der untersuchten BDE-Systeme

Tabelle 16 zeigt, daß die erforderlichen Personalstammdaten (Fragenkomplex B-5.1) in allen Programmen standardmäßig erfaßt werden. Hinsichtlich der Zeitkonten (Fragenkomplex B-5.3) ist im Prinzip das gleiche Ergebnis zu verzeichnen. Zwar lagen zu zwei Programmen – AVERO (1) und BDE-System Weber (33) – keine auswertbaren Angaben über die Anzahl der Zeitkonten vor, jedoch läßt der in beiden Programmpaketen vorgesehene Einsatz einer Datenbank darauf schließen, daß auch in diesen beiden Fällen Zeitkonten im erforderlichen Umfang zur Verfügung gestellt werden können. Das im Fragebogen als Standard geforderte Minimum von 15 Konten bieten 30, d. h. über 90 % der Programme an. Von diesen besteht eine quantitative Begrenzung lediglich bei

---

[74] Vgl. Anhang I dieser Arbeit.

RECAM (23) mit maximal 15 sowie bei ZMS/BMS (5) und BDE/400 (12) mit maximal 20 Zeitkonten.

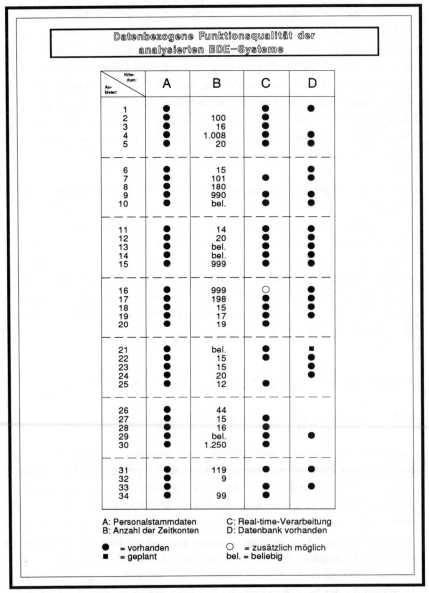

Tabelle 16: Angaben zur datenbezogenen Funktionsqualität der analysierten BDE-Systeme

Auch die Ergebnisse bezüglich der Datenaktualität weisen ein weitgehend positives Bild auf. Eine Real-time-Verarbeitung der erfaßten Zeitdaten (Fragenkomplex B-3.11) erfolgt – mit Ausnahme der Softwarepakete THUIA (6), TIMEWARE (8), RECAM (23), BDE-X (24), PLANZEIT (26) und ISI (32) – standardmäßig und ist bei HC Personalzeit (16) zusätzlich möglich. Technische Voraussetzung ist bei den dafür geeigneten 28 Systemen ein Online-Anschluß der Personalzeiterfassungsterminals, damit die Daten nach ihrer Erfassung direkt weiter verarbeitet werden können. Zusätzlich kann bei einigen Programmen aber auch eine Batch-Verarbeitung erfolgen. Lediglich die Anbieter von X-OMEGA BDE/PZE (10), PRIMUS/PARIS (13), DROPS (18), GEZUSY (19), PLANOS-X (29) und AXON (30) geben an, daß in ihren Standard-Softwarepaketen die Daten allein in Echtzeit verarbeitet werden können. Mit diesen Systemen läßt sich vermutlich ein sehr hoher Aktualitätsgrad erreichen, zumal sie alle – bis auf AXON (30) – über eine Datenbank zur Speicherung der Daten (Fragen B-4.1 – B-4.3) verfügen.

Insgesamt setzen 22, d.h. rund zwei Drittel der Anbieter im Rahmen ihres Standard-Softwarepaketes eine Datenbank ein; für ZINA (21) wird dies zur Zeit noch geplant. Der Anbieter von AVERO (1) stellt eine eigene Datenbank zur Verfügung, während die anderen Systeme auf Datenbanken zurückgreifen, die – wie dBASE, INFORMIX oder ORACLE – am Markt erhältlich sind. Mit sechs von 22 Nennungen findet das relationale Datenbanksystem INFORMIX dabei – wie auch generell bei BDE-Systemen[75] – die vergleichsweise häufigste Anwendung.

5.3.2.1.2 Methodenbezogene Funktionsqualität der untersuchten BDE-Systeme

Einen Überblick über die Untersuchungsergebnisse zu den einsetzbaren Zeitmodellen gibt Tabelle 17. Hierbei muß zunächst hervorgehoben werden, daß **alle** analysierten Standard-Softwarepakete **sämtliche** im Fragebogen aufgeführten Zeitmodelle – nämlich: *Feste* sowie *Gleitende Arbeitszeit*, *Normale* sowie *Gleitende Schichtarbeit*, *Teilzeit-* und *Kurzarbeit* (Frage B-6.5) – unterstützen können. Soweit ein Modell nicht schon im Standard enthalten ist, besteht zumindest die Möglichkeit, es zusätzlich durch Kombination entsprechender Tagesprogramme zu definieren. Dabei fällt jedoch auf, daß vier Pakete – TIMEWARE (8), TMS Time Management System (11) und PLANOS-X (29) –

---

[75] Vgl. Geitner, U.W./Roschmann, K. (1991), S. 159.

kein oder lediglich ein – AVERO (1): die *Feste Arbeitszeit* – Modell im Standardumfang enthalten.

Art und Anzahl der unterstützten Zeitmodelle

Anbieter / Kriterium	A	B	C	D	E	F
1	●	○	○	○	○	5
2	●	●	●	●	●	bel.
3	●	●	●	●	●	999
4	●	●	●	●	●	999
5	●	●	●	●	●	9.999
6	●	●	●	●	●	9.999
7	●	●	●	○	●	999
8	○	○	○	○	○	bel.
9	●	●	●	●	●	9.990
10	●	●	●	●	●	bel.
11	○	○	○	○	○	bel.
12	●	●	●	●	●	999
13	●	●	●	●	○	999
14	●	●	●	●	●	1.296
15	●	●	●	●	●	9.999
16	●	●	●	●	●	9.999
17	●	●	●	●	●	99
18	●	●	●	○	●	999
19	●	●	●	●	●	990
20	●	●	○	○	●	15
21	●	●	●	●	●	bel.
22	●	●	●	●	●	256
23	●	●	●	●	●	bel.
24	●	●	●	●	●	
25	●	●	●	●	●	9.999
26	●	●	●	●	●	999
27	●	●	●	○	●	
28	●	●	●	●	●	9.999
29	○	○	○	○	○	bel.
30	●	●	●	●	●	250
31	●	●	●	●	●	bel.
32	●	●	●	●	●	999
33	●	●	●	●	●	bel.
34	●	●	●	●	●	999

A: Feste Arbeitszeit
B: Gleitende Arbeitszeit
C: Schichtarbeit
D: Gleitende Schichtarbeit
E: Teilzeitarbeit
F: Anzahl der möglichen Zeitmodelle

● = standardmäßig vorhanden
○ = zusätzlich möglich
bel. = beliebig

Tabelle 17: Von den analysierten BDE-Systemen unterstützte Zeitmodelle

Demgegenüber gaben die Anbieter von custo-BDE (9) und ACCESS (14) als weiteres standardmäßig vorhandenes Zeitmodell zusätzlich konkret die *Variable Arbeitszeit* an. Da beide Programme außerdem wenigstens knapp 1.300 Modelle verwalten können, läßt sich aus diesen Angaben, wie jedoch auch bei zahlreichen weiteren Systemen, auf eine in diesem Punkt recht hohe funktionale Leistungsfähigkeit schließen. Denn auch die anderen untersuchten Software-Pakete weisen zum Teil eine große Anzahl möglicher Zeitmodelle (Frage B-6.1) auf. In neun Programmen ist diesbezüglich überhaupt keine Beschränkung vorgesehen. In insgesamt 20 Lösungen können zwischen 99 und 9.999 verschiedene Zeitmodelle realisiert werden. Ob sich allerdings mit lediglich fünfzehn oder sogar nur fünf möglichen Zeitmodellen – wie bei ZEUS (20) und Bixi-Systeme (2) – mehr als die Grundanforderungen für die Abbildung flexibler Arbeitszeiten erfüllen lassen, muß doch stark bezweifelt werden.

Tabelle 18 verdeutlicht, daß auch bei über einem Drittel der analysierten Software die Anzahl der Tagesprogramme (Frage B-6.2) beliebig groß sein kann. Da in 15 weiteren Software-Lösungen zwischen 99 und 9.999 unterschiedliche Programme möglich sind, kann auch der Funktionsumfang hinsichtlich der Tagesprogramme generell als recht hoch eingestuft werden. Eine Ausnahme bildet hier allein PAZ (27), in dem insgesamt nur vier verschiedene Tagesprogramme definiert werden können, zumal auch keine Größenangaben zu den zuvor analysierten Zeitmodellen vorliegen. Trotz der zu den Tagesmodellen fehlenden Zahlen bei ACCESS (14), BEERFEST (22), DPS-5 (25) und RISO-ZEIT (28) kann auf Grund der Anzahl möglicher Zeitmodelle von einer zumindest zufriedenstellenden methodenbezogenen Funktionsqualität ausgegangen werden. Keine diesbezüglich Aussage läßt sich jedoch hinsichtlich AVERO (1) und BDE-X (24) machen, da für sie zu beiden Punkten keine Angaben vorliegen.

Die Zuordnung der Tagesprogramme (Frage B-6.3) kann – mit Ausnahme von TARIS (3), TMS Time Management System (11), PLANZEIT (26) und Wolf Personalzeit (34), die dazu auf Dienst- und/oder Wochenpläne zurückgreifen – immer direkt zum Mitarbeiter erfolgen. Während dies bei sechs Systemen – ZMS/BMS (5), PRIMUS/PARIS (13), PZEIT (17), BDE-X (24), PLANOS-X (29) und BDE-System Weber (33) – die einzige Zuordnungsmöglichkeit darstellt, werden die Tagesprogramme bei den anderen Paketen alternativ Dienst- und/oder Wochenpläne zugewiesen. Über diese Pläne läßt sich dann wiederum jeweils eine Verbindung zum Mitarbeiter herstellen. Bei neun Software-Paketen – AVERO (1), TARIS (3), THUIA (6), siCAI/BDE (7), custo-BDE (9),

ACCESS (14), HC Personalzeit (16), DPS-5 (25) und IDOL-BDE (31) – kann außerdem eine Zuordnung der Dienst- und/oder Wochenpläne zu einer

Angaben zur Gestaltung der Tagesprogramme

Kriterium / Anbieter	A	B	C	D
1		Die/ Wo/ Mit	Kost/Mit	
2	99	Wo/ Mit	Mit	6 Wochen
3	bel.	Die/ Wo	Kost/Mit	max. 1 Jahr
4	bel.	Die/ Wo/ Mit	Mit	1 Jahr
5	bel.	Mit		4 Wochen
6	9.999	Die/ Wo/ Mit	Kost/Mit	7 Tage
7	999	Wo/ Mit	Kost/Mit	70 Tage
8	bel.	Wo/ Mit	Mit	7 Tage
9	bel.	Die/ Wo/ Mit	Kost/Mit	
10	bel.	Die/ Wo/ Mit	Mit	12 Monate
11	bel.	Wo	Mit	bel.
12	999	Die/ Wo/ Mit	Mit	9.999 Tage
13	9.999	Mit		bel.
14		Die/ Wo/ Mit	Kost/Mit	
15	9.999	Die/ Wo/ Mit	Mit	
16	99	Die/ Wo/ Mit	Kost/Mit	bel.
17	99	Mit		7 Tage
18	999	Wo/ Mit	Mit	bel.
19	9.999	Die/ Wo/ Mit	Mit	56 Wochen
20	124	Wo/ Mit	Mit	7 Tage
21	bel.	Die/ Mit	Mit	52 Wochen
22		Wo/ Mit	Mit	
23	bel.	Wo/ Mit	Mit	
24		Mit		
25		Die/ Mit	Kost/Mit	min. 30 Tage
26	999	Wo	Mit	1 Woche
27	4	Die/ Wo/ Mit	Mit	
28		Die/ Wo/ Mit	Mit	53 Wochen
29	bel.	Mit		7 Tage
30	250	Die/ Wo/ Mit	Mit	
31	bel.	Die/ Wo/ Mit	Kost/Mit	bel.
32	999	Wo/ Mit	Mit	
33	bel.	Mit		104 Wochen
34	999	Die/ Wo	Mit	999 Tage

A: Anzahl der möglichen Tagesprogramme
B: Zuordnung der Tagesprogramme
C: Zuordnung der Dienst-/Wochenpläne
D: Planungszeitraum

Die = Dienstplan
Wo = Wochenplan
Mit = Mitarbeiter
Kost = Kostenstelle

bel. = beliebig

Tabelle 18: Angaben zu den bei den analysierten BDE-Systemen möglichen Tagesprogrammen

Kostenstelle (Frage B-6.3.1) erfolgen. Dies ist dann hilfreich, wenn alle für dieselbe Kostenstelle arbeitenden Mitarbeiter das gleiche Zeitmodell haben. Die

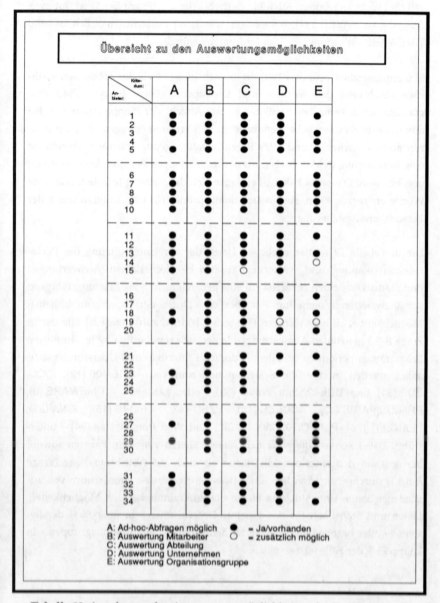

Tabelle 19: Angaben zu den Auswertungsmöglichkeiten der Daten durch die analysierten BDE-Systeme

Wiederholung der getroffenen Zuordnung der Tagesprogramme im wöchentlichen Rhythmus (Frage B-6.3.2) wird nur bei PZEIT (17) und Wolf Personalzeit (34) nicht angeboten. Auch ein Betriebskalender (Frage B-6.4) ist mit zwei Ausnahmen – AVERO (1), bei dem er wiederum zusätzlich möglich ist, und TIMEWARE (8) – immer im Standardumfang enthalten.

Ein grundsätzlich positives Bild ergibt sich hinsichtlich der möglichen zeitlichen Reichweite der Wochen- und Dienstpläne (Frage B-6.3.2). Fünf Programme sehen keine Beschränkung in der Anzahl der Planperioden vor. Bei ihnen dürfte ebenso wie bei den weiteren 13 Software-Lösungen, die Planungszeiträume zwischen 30 und 9.999 Tagen gestatten, genug Spielraum sowohl für eine Realisierung der kurz- als auch der mittelfristigen Personaleinsatzplanung gegeben sein. Die sechs Pakete, bei denen sich die Planung lediglich über eine Woche erstrecken kann, eignen sich damit primär für eine Unterstützung der Personaleinsatzsteuerung.

Die in Tabelle 19 wiedergegebenen Daten der zur Unterstützung der Personaleinsatzplanung und -steuerung zusätzlich erforderlichen Auswertungen und Statistiken deuten ebenfalls auf eine generell recht hohe Leistungsfähigkeit der analysierten Systeme hin. Für über zwei Drittel der Programme bestehen Möglichkeiten, ad-hoc-Abfragen (Frage B-4.4) durchzuführen. Fast alle der in Frage B-8.3 genannten Auswertungen lassen sich standardmäßig in sämtlichen Programmen periodisch erstellen. Lediglich Fehlzeiten- und Überstundenstatistiken werden in dreizehn Systemen nur zum Teil – BDE/400 (12), IDOL-BDE (31) und BDE-System Weber (33) – oder gar nicht – TIMEWARE (8), PRIMUS/PARIS (13), ACCESS (14), PZEIT (17), DROPS (18), ZINA (21), PLANZEIT (26), PLANOS-X (29), ISI (32) und Wolf Personalzeit (34) – unterstützt. Dabei können die einzelnen Auswertungen von allen Paketen sowohl bezogen auf den einzelnen Mitarbeiter als auch auf Abteilungsebene (Frage B-8.3.1) durchgeführt werden. Eine etwas geringere, aber immer noch voll zufriedenstellende Unterstützung bieten die Programme bei den Möglichkeiten, Listen und Statistiken für das gesamte Unternehmen – in über 85 % der Systeme – oder bezogen auf beliebig zu definierende Organisationsgruppen – in knapp 75 % der Fälle – zu erstellen.

5.3.2.2 Flexibilität der untersuchten BDE-Systeme

Wie aus Spalte A der Tabelle 20 zu entnehmen ist, weist die analysierte Software insgesamt eine erfreulich hohe Adaptabilität auf. Denn nur bei neun der 34 Pakete ist kein modularer Programmaufbau (Frage B-3.2) gegeben. Abgerundet wird dieser positive Eindruck dadurch, daß regelmäßig außerdem die Zeitmodelle und Tagesprogramme – lediglich mit Ausnahme von fünf bzw. sechs Programmen – sowie auch – in über 50 % der Systeme – die Zeitkonten nach Art und Anzahl weitgehend frei gewählt werden können. Hierfür bestehen jeweils mindestens 99 bis hin zu beliebig vielen Möglichkeiten.

Die Daten zur Integrabilität der untersuchten Zeiterfassungssysteme im Rahmen von BDE-Systemen enthalten die Spalten B – F der Tabelle 20. Die Schnittstellen (Frage B-3.9) zu Programmen der Lohn- und Gehaltsabrechnung und zur Zugangskontrolle sowie zu PPS-Systemen sind in allen Paketen entweder standardmäßig vorhanden oder zumindest zusätzlich möglich. Auffallend dabei ist, daß zu Lohn- und Gehaltsabrechnungssystemen in rund 80 % der Fälle die Schnittstelle im Standardumfang enthalten ist, während dies bezüglich der PPS-Systeme nur für gut die Hälfte der Programme zutrifft. Das ist deshalb etwas erstaunlich, weil die Rückmeldung aktueller Daten für PPS-Systeme regelmäßig durch BDE-Systeme erfolgt oder besser: erfolgen soll. Dieser leicht negative Eindruck wird noch dadurch verstärkt, daß eine Anbindung der Auftragsabwicklung in vier Systemen – ZEUS (20), RECAM (23), DPS-5 (25) und ISI (32) – gar nicht und lediglich bei knapp 50 % der Programme standardmäßig vorgesehen ist.

Besonders interessant im Hinblick auf das Ziel dieser Arbeit ist jedoch die Tatsache, daß rund ein Fünftel der analysierten Programme auch Verbindungen zu Programmen der Personalplanung aufweisen. Während in HC Personalzeit (16) und IDOL-BDE (31) die Anbindung der Personalplanung beide Male standardmäßig über eine Schnittstelle erfolgt, ist diese bei AVERO (1) zur Freischichtenplanung sowie in RISOZEIT (28) zur Personaleinsatzplanung jeweils zusätzlich möglich. Die Anbieter von TARIS (3), DAKY (4) und ZMS/BMS (5) haben Module zur Personalplanung direkt in das gesamte BDE-System (Frage B-3.2.1) integriert. Die Realisierung insbesondere der Aufgaben der Personaleinsatzplanung, auf die sich auch die Angaben bei TARIS (3) und HC Personalzeit (16) explizit beziehen, und der Personaleinsatzsteuerung kann in diesen sieben Programmen sehr weitgehend unterstützt werden, da sowohl

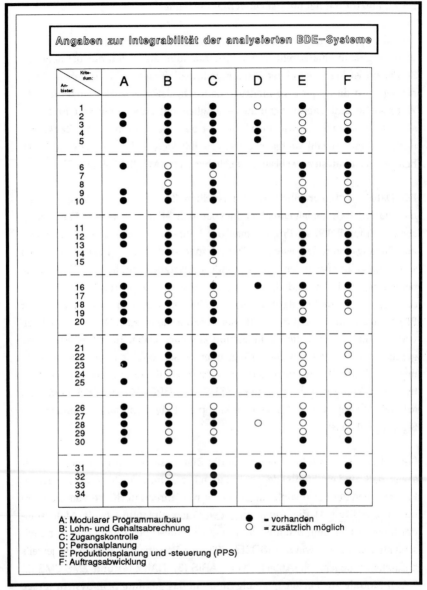

Tabelle 20: Angaben zur Integrabilität der analysierten BDE-Systeme

zum Aufstellen der Dienst- und/oder Wochenpläne – bis auf AVERO (1) – ein jeweils beachtlicher Planungszeitraum zur Verfügung steht, als auch ad-hoc-Abfragen – mit Ausnahme von TARIS (3) und RISOZEIT (28) – und das Erstellen der benötigten Statistiken – außer bei IDOL-BDE (31) – regelmäßig möglich sind.

6. Konkrete Unterstützungspotentiale und Restriktionen für die Berücksichtigung des Personals in PPS-Systemen durch eine Integration von CPIS und BDE-Systemen mit integrierter AZE

6.1 Konkrete Möglichkeiten zur Berücksichtigung des Personals in PPS-Systemen durch eine Integration von CPIS und BDE-Systemen mit integrierter AZE

Wie die Detailanalysen der Forschungsprojekte A und B jeweils gezeigt haben, bestehen zahlreiche Möglichkeiten, die PPS-Systeme über genormte Schnittstellen mit personalwirtschaftlichen Informationssystemen zu verbinden, die sowohl die notwendigen Personal- und Arbeitszeitdaten als auch die gewünschte Unterstützung der PersPS anbieten können. Da die Ergebnisse der Detailanalyse jedoch primär auf die einzelnen Leistungsmerkmale bezogen wurden, ist zunächst noch zu überprüfen, ob es für beide Integrationspfade Programme gibt, die gerade auch dem entsprechenden speziellen Anforderungsbündel gerecht werden. Speziell bezüglich der Software für Zwecke der Personalplanung kann zwar generell von einem hohen Integrationspotential ausgegangen werden, jedoch ist unklar, ob und welche Programmpakete bei allen relevanten Leistungsmerkmalen den Integrationsanforderungen entsprechen. Außerdem zeigten sich gerade bei den BDE-Systemen mit integrierter AZE noch weitergehende Integrationsansätze, deren Potentiale ebenfalls noch zu analysieren sind.

6.2 Überprüfung im Hinblick auf die Ideal-Konzeption zur Berücksichtigung des Personals in PPS-Systemen

6.2.1 Integration von PPS-Systemen mit CPIS und BDE-Systemen mit integrierter AZE

Für den ersten, im Uhrzeigersinn verlaufenden Integrationspfad[1] sind von den Programmpaketen für Zwecke der Personalplanung nur diejenigen relevant, die alle Teilplanungen unterstützen können. Zu dieser Gruppe von Programmen zählen mit – GELO, INEL-PERS, PAISY, PEPC, PERSIS, PMS/PIS400, RP, HR/2000, MENTOR und Piss – insgesamt zehn CPIS und CPMS. Sie lassen sich auf Grund ihrer funktionalen Leistungsfähigkeit – nicht nur in daten-, sondern gerade auch in methodenbezogener Hinsicht – eigentliche alle als Teil-Sy-

---

[1] Vgl. Abbildung 19, S. 95 dieser Arbeit.

steme für die Personalplanung in die Ideal-Konzeption der Integration einsetzen. Für PAISY, MENTOR und PISS, bei denen die Personalentwicklungsplanung nur in Ansätzen unterstützt wird, gilt das allerdings mit leichten Abstrichen.

Jedoch ergibt eine zusätzliche Betrachtung der Integrabilität dieser Programme, daß PEPC und MENTOR wegen jeweils fehlender Schnittstellen zu PPS-Systemen und bei MENTOR auch zu BDE-Systemen und AZE-Programmen letztlich als Teil-Systeme der Ideal-Konzeption nicht geeignet sind. Im Gegensatz dazu verfügen GELO, PAISY, PMS/PIS400 und RP im Standard über alle relevanten Schnittstellen, so daß es, selbst wenn PAISY ausgeklammert wird, noch drei CPIS gibt, die standardmäßig zur Realisierung des ersten Integrationsansatzes herangezogen werden können.

Die den zweiten Integrationspfad repräsentierenden BDE-Systeme zur Erfassung flexibler Arbeitszeiten weisen eigentlich alle eine hohe funktionale Leistungsfähigkeit auf. Nur mit Einschränkungen gilt dies allerdings wegen der geringen Anzahl möglicher Zeitmodelle oder Tagesprogramme bei Bixi-Systeme (2) und ZEUS (20) bzw. PAZ (27). Wegen fehlender Angaben zu den beiden Punkten läßt sich für BDE-X (24) und AVERO (1), bei dem zusätzlich keine Angaben zu den Zeitkonten vorliegen, eine Beurteilung der funktionalen Leistungsfähigkeit nur in Ansätzen vornehmen.

Zudem ist bei allen BDE-Systemen mit integrierter AZE auch die primär relevante Schnittstelle zu PPS-Systemen zumindest zusätzlich möglich. Da diese Kopplung – unter Ausschluß der im letzten Abschnitt genannten Systeme – bei ZMS/BDE (5), THUIA (6), siCAI/BDE (7), X-OMEGA BDE/PZE (10), BDE/400 (12), PRIMUS/PARIS (13), ACCESS (14), INBUS (15), HC Personalzeit (16), DROPS (18), DPS-5 (25), AXON (30), IDOL-BDE (31), BDE-System Weber (33) und Wolf Personalzeit (34) schon standardmäßig vorhanden ist, ermöglichen mindestens fünfzehn Systeme auch den zweiten Integrationsansatz.

Somit lassen sich also beide von den PPS-Systemen ausgehenden Integrationspfade mit dem Ziel einer daten- und funktionsbezogenen Integration der PersPS verfolgen. Da außerdem vier BDE-Systeme mit integrierter AZE auch über Schnittstellen zu Programmen der Personal(-einsatz-)planung verfügen können, läßt sich der Kreis in der Ideal-Konzeption der Integration sogar von beiden Seiten schließen.

6.2.2 Integration von PPS-Systemen mit PC-gestützter Personalplanungssoftware und BDE-Systemen mit integrierter AZE

Ein Integrationspotential ganz eigener Art besitzen die drei BDE-Systeme mit integrierter AZE, die nicht lediglich über eine Schnittstelle zur Personaleinsatz-

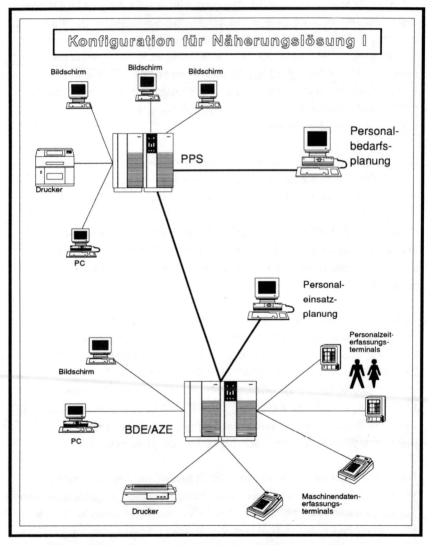

Abbildung 34: Konfiguration für die Integration von einem PPS-System mit einem PP-P zur Personalbedarfsplanung und einem BDE-System mit integrierter AZE sowie Personaleinsatzplanung

planung verfügen, sondern sogar ein entsprechendes Modul beinhalten. So könnten diese Programme z. B. PPS-Systeme unterstützen, die auf der *Retrograden Terminierung* oder auf *Kanban* basieren und somit primär nur eine daten- und funktionsbezogene Integration der Personaleinsatzplanung und -steuerung erfordern.

Wenn außerdem ein PC-gestütztes Personalplanungs-Programm, das wie PRAWO allein die Personalbedarfsplanung speziell unterstützt, noch über eine Schnittstelle zur PPS verfügen würde, dann könnte, wie die Näherungslösung (I) in Abbildung 34 zeigt, die ursprünglich angestrebte Integration auch recht weitgehend, d. h. unter Vernachlässigung der Aufgaben der Personalbeschaffungs- und -freisetzungs- sowie der Personalentwicklungsplanung, erreicht werden. Damit ließen sich nämlich zumindest die beiden in Abbildung 14 als graue Pfeilspitzen dargestellten Hauptaufgabenkomplexe der PersPS abdecken.

Eine von der Integrationsleistung her vergleichbare Näherungslösung (II) könnte von Seiten der Software auch auf Basis der vier BDE-Systeme mit integrierter AZE erreicht werden, die Schnittstellen zu Programmen der Personaleinsatzplanung aufweisen können. Dies gelingt z. B. dann, wenn zusätzlich zu einem PP-P für die Personalbedarfsplanung auch PC-Software für die Personaleinsatzplanung – wie PEPP/UPLAN oder andere neue PC-Programme[2]) – zur Verfügung steht. Abbildung 35 illustriert diesen Integrationsansatz.

Werden die PC-Lösungen, die ja eine neue Form der Computerunterstützung für die Personalplanung darstellen, näher analysiert, so zeigt sich, daß mit EDP, INTERFLEX 5000 und IPEV drei Programme ebenfalls speziell die Aufgaben der Personalbedarfs- sowie Personaleinsatzplanung und -steuerung unterstützen können. Da alle drei PC-Programme über Schnittstellen zu PPS, BDE und AZE verfügen oder dies ermöglichen, ergibt sich eine neue Variante für die daten- und funktionsbezogene Integration der PersPS in PPS-Systeme. Auf die graphische Darstellung dieses Integrationsansatzes wird verzichtet, da er, wenn die beiden PP-P zur Personalbedarfsplanung sowie zur Personaleinsatzplanung durch ein beide Teilaufgaben abdeckendes CPMS ersetzt werden, prinzipiell der in Abbildung 35 präsentierten Konfiguration entspricht.

---

2) Vgl. Braun, J./Bühring, J. (1992), S. 171; Vatteroth, H.-Ch. (1992b), S. 826 f.

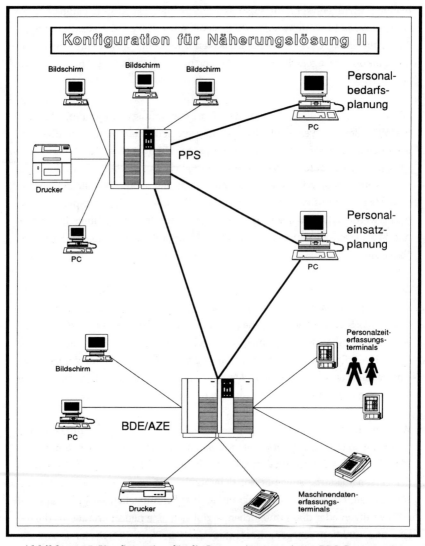

Abbildung 35: Konfiguration für die Integration von einem PPS-System mit je einem PP-P zur Personalbedarfsplanung sowie zur Personaleinsatzplanung und einem BDE-System mit integrierter AZE

6.3 Mögliche Restriktionen für eine Integration von PPS-Systemen mit CPIS und BDE-Systemen mit integrierter AZE

Zuvor wurde die Bandbreite der konkreten Möglichkeiten aufgezeigt, die hinsichtlich einer Integration verschiedener personalwirtschaftlicher Teil-Systeme mit PPS-Systemen besteht, um deren mangelnde Personalorientierung zu kompensieren. Deshalb ist nun noch auf die Grenzen einzugehen, innerhalb derer die Integration stattfinden kann.

Einführung und Einsatz sowohl von CPIS und PC-basierten Programmen für Zwecke der Personalplanung als auch von BDE-Systemen mit integrierter AZE stoßen für den Bereich der Bundesrepublik Deutschland zunächst auf rechtliche Restriktionen. Als primäre juristische Leitmaxime ist das vom Bundesverfassungsgericht in seinem Urteil vom 15.12.1983 zum Volkszählungsgesetz aus Art. 2 Abs. 1 GG in Verbindung mit Art. 1 Abs. 1 GG abgeleitete Recht auf informationelle Selbstbestimmung[3] anzusehen. Hierdurch wurde auch die Novelle des BDSG von 1990 ausgelöst[4], die jedoch, wie zuvor schon angesprochen[5], grundsätzlich dieselben Anforderungen aufweist wie die Fassung des BDSG von 1977, die zu der Zeit, als die beiden empirischen Untersuchungen durchgeführt wurden, geltendes Recht darstellte. Insofern spiegeln die zuvor bezüglich des Datenschutzes aufgezeigten Leistungsmerkmale personalwirtschaftlicher Standard-Software die juristischen Rahmenbedingungen in diesem Bereich wider.

Des weiteren sind als rechtliche Grenzen speziell die Vorschriften des BetrVG zu beachten. Insbesondere ist davon auszugehen, daß dem Betriebsrat bei Einführung und Einsatz sowohl von BDE-Systemen mit integrierter AZE als auch von CPIS – und damit wohl auch bei PC-gestützten Personalplanungssystemen – gemäß §87 Abs. 1 Nr. 6 BetrVG ein Mitbestimmungsrecht zusteht. Der Einsatz der im Rahmen der Integration notwendigen Programme wird deshalb erleichtert, wenn hierüber früher schon entsprechende Betriebsvereinbarungen[6] bei anderen Anwendern abgeschlossen worden sind.

Die besonders bei der Einführung neuer computergestützter Systeme auftretenden Akzeptanzprobleme bilden eine weitere Restriktion. Das Schlagwort vom *gläsernen Menschen* umschreibt die zur Ablehnung der Systeme führenden Ängste der Betroffenen – sowie der sie vertretenden Betriebsräte und Gewerkschaften – vor den unbekannten Verarbeitungsmöglichkeiten personalwirtschaftlicher Standard-Software insbesondere beim Einsatz von CPIS. Bei den zukünftigen Bediener können beispielsweise Vorbehalte bestehen, solange sie

---

[3] Vgl. Bundesverfassungsgericht (1984), S. 419.
[4] Vgl. Dörr, E./Schmidt, D. (1991), S. 9.
[5] Vgl. S. 105 dieser Arbeit.
[6] Vgl. Gola, P. (1989), S. 69 f.

nicht wissen, mit welchen neuen Arbeitsanforderungen sie rechnen müssen[7]. Akzeptanz kann deshalb gerade dann erreicht werden, wenn die Mitarbeiter – als System-Bediener – motiviert und vor allem – als Betroffene – informiert sind[8]. Eine frühzeitige Information nicht nur des Betriebsrates, sondern auch aller potentiellen Nutzer und Betroffenen senkt die Hemmschwelle sowohl bei BDE-Systemen[9] als auch bei CPIS[10]. Von Seiten des Software-Anbieters können sich außerdem Schulungen sowie verständlich geschriebene Handbücher positiv auf die Akzeptanz auswirken.

Als wirtschaftliche Restriktion sind die Kosten – genauer: die ihnen zugrunde liegenden Auszahlungen – der zu integrierenden Teil-Systeme zu betrachten. Bei den Kosten für Standard-Software kann sowohl hinsichtlich der Systeme für die computergestützte Personalplanung als auch bezüglich der BDE-Systeme mit integrierter AZE grob zwischen einmaligen und laufenden Kosten (Auszahlungen) unterschieden werden[11]. Die **einmaligen Kosten (Auszahlungen)** umfassen:

- ❏ die Informationskosten für die Analyse des Softwaremarktes und andere Geschäftsanbahnungskosten,

- ❏ den Kaufpreis, falls die Software nicht gemietet oder geleast wird,

- ❏ die Anpassungskosten, die als Modifikationskosten für die Anpassung der Software an die individuellen Wünsche des Anwenders und an die eingesetzte Hardware-Konfiguration, als Kosten für zusätzliche Hardware und ggf. für die Anpassung der vorhandenen Hardware an die Erfordernisse der Software sowie als Schulungskosten für die Ausbildung von Systembedienern und -benutzern anfallen können, und

- ❏ die Implementierungskosten, die sich aus den Installationskosten – für System- und Dateigenerierungen, Datenersterfassung, Testläufe etc. – sowie den Kosten für Parallelläufe – falls ein vorhandenes System aus Sicherheitsgründen und zur Überwachung des neuen noch eine Zeitlang weiter gefahren wird – zusammensetzen.

---

[7] Vgl. Mülder, W. (1989), S. 26 f.
[8] Vgl. Böhret, P. (1988), S. 143.
[9] Vgl. Roschmann, K. u. a. (1979), S. 131.
[10] Vgl. Mülder, W. (1989), S. 35 f.
[11] Diese Unterteilung wird z. B. von Emde, W./Hasenkamp, U. (1972), S. 36 und Seibt, D./ Kanngießer, J./Windler, A. (1981), S. 3 f. vorgeschlagen.

Zu den **laufenden Kosten** zählen:

- ❏ die Miete (Lizenzgebühren) oder Leasingraten, falls die Software nicht gekauft wird,

- ❏ die Betriebskosten, bei denen zwischen Personalkosten für die Systembediener und Materialkosten für die laufende Datenerfassung, -pflege und -sicherung zu differenzieren ist, sowie

- ❏ die Programmpflegekosten, die für Wartung und Weiterentwicklung der Standard-Software entstehen.

6.3.1 Untersuchungsergebnisse bezüglich der Datenschutzvorkehrungen der untersuchten Standard-Software-Lösungen

Für die Personalplanungssoftware sind sämtliche Kontrollmaßnahmen gemäß §6 und Anlage zu §6 BDSG (Frage A-3.25), wie aus Tabelle 21 ersichtlich, nur in vier Programmen – INTERFLEX 5000, PAISY, PMS/PIS400 und HR/2000 – sowie mit Ausnahme der Übermittlungskontrolle auch bei RP sichergestellt. Die Kombination von (mindestens) Benutzer-, Zugriffs- und Eingabekontrolle kann – elfmal realisiert – als *Standard* betrachtet werden. Bei jeweils zwei Programmen wird keine der Maßnahmen unterstützt oder zu diesem Punkt keine Angabe gemacht, was bei den zwei CPIS wohl darauf zurückzuführen ist, daß deren Anbieter beide in der Schweiz beheimatet sind.

Zugriffsrechte (Frage A-3.26) können hingegen in jedem Programm festgelegt werden. Dies geschieht bei IPEV, PEPP/UPLAN, PERSPLA und PISS jedoch allein verarbeitungsbezogen sowie bei INTERFLEX 5000 und bei PRAWO nur auf Datensatz- bzw. Dateiebene. Lediglich neun Programme protokollieren alle Abfragen standardmäßig nach Benutzer und Ort (Frage A-3.27). Während sich dies in INTERFLEX 5000 und PC noch zusätzlich ermöglichen läßt, ist bei RP eine Protokollierung allein für Auswertungen vorgesehen. Das Ausdrucken personenbezogener Daten gemäß §26 BDSG wird zwar lediglich sechsmal – bei PERSIS, EDP, PC, PEPP/UPLAN, PRAWO und vermutlich auch bei PERSONAL/R – nicht unterstützt, erfolgt – falls überhaupt möglich – jedoch grundsätzlich nur auf Anforderung (Fragenkomplex A-3.28). Ausnahmen bilden allein INTERFLEX 5000 und RP, bei denen der Ausdruck – je nach Parametereinstellung – auch periodisch möglich ist. Gerade zehn Programme, d.h. nur gut die Hälfte der analysierten Software erlaubt es, Daten gemäß §27 BDSG zu sperren (Frage A-3.29). Dabei stellt sich die in neun Fällen mögliche Sperrung auf Datensatzebene (Frage A-3.29.1) als *Standard* heraus.

Datenschutzmaßnahmen bei den Personalplanungsprogrammen

Programmname	Kontrollmaßnahmen: Speicher-, Benutzer-, Zugriffs-, Übermittlungs-, Eingabekontrolle	Zugriffsrechte: auf Feldebene, auf Satzebene, auf Dateiebene, verarbeitungsbezogen	Datensperre:	Protokollierung der Abfragen	Ausdruck der personenbezogenen Daten
GELO	B Z E	D V	S V	●	●
INEL-PERS	○	D V	V	●	●
INTERFLEX 5000	SP B Z Ü E	S	S	◉	●
PAISY	SP B Z Ü E	F S D V	F S	●	●
PEPC	B Z E	F S D V	○	●	●
PERSONAL/R		F D V			○
PERSIS	B Z E	S D V	S	○	○
PMS/PIS400	SP B Z Ü E	F S D V	S D V	●	●
RP	SP B Z E	S D V	S	◉	◉
HR/2000	SP B Z Ü E	F S D V	F S D V	●	●
IPEV	B Z E	V		○	○
EDP	B Z	F S V		○	○
MENTOR	B Z E	D V	S	●	●
PC	○	F D V		◉	○
PEPP/UPLAN	B E	V		○	○
PERSONAL-PLANER	SP B Z	F		●	●
PERSPLA	Z	V	S	○	●
Piss	B Z E	V	F	●	●
PRAWO	B	D		○	○

Maßnahme:
● standardmäßig vorgesehen
● nur für Auswertungen
◉ zusätzlich möglich
○ nicht vorgesehen

Tabelle 21: Realisierung von Datenschutzmaßnahmen durch die analysierte Personalplanungssoftware (Die Abkürzungen in der Tabelle entsprechen den Anfangsbuchstaben in den relevanten Kopfzeilen)

Insgesamt kann die Realisierung von Datenschutzmaßnahmen bei den analysierten Programmen zur computergestützten Personalplanung somit allenfalls als zufriedenstellend eingestuft werden. Bei einer genaueren Analyse zeigt sich, daß es speziell die PC-gestützten Lösungen sind, die zu diesem negativen Gesamteindruck beitragen, während CPIS den Datenschutzanforderungen weitgehend genügen. Dies gilt für PERSIS jedoch nur mit Einschränkungen, da weder Abfragen protokolliert werden, noch ein Ausdruck der personenbezogenen Daten möglich ist. Ob bei PERSONAL/R unter Datenschutzaspekten jedoch allein das Festlegen von Zugriffsrechten ausreicht, muß stark bezweifelt werden.

Auch wenn bei den analysierten PC-Programmen für die Personalplanung HR/2000, MENTOR und Piss als positive Ausnahmen hervorzuheben sind, entspricht dieses Ergebnis allerdings leider auch den bekannten Defiziten bei PC-Software hinsichtlich der Realisierung von Datenschutzvorkehrungen[12]. Auch wenn die Datenschutzprobleme bei PC-Anwendungen primär durch die Hardware bedingt sein mögen[13], so trägt die fehlende Beachtung des Datenschutzes[14] sowie die Unkenntnis über entsprechende Maßnahmen bei Anwendern und insbesondere bei Produzenten von PC-Programmen dazu wohl ebenfalls bei. Symptomatisch für diese Situation scheint deshalb die Frage eines Anbieters von PC-Software für die Personalplanung an den Verfasser zu sein, was denn Inhalt der im Fragebogen genannten Paragraphen des BDSG sei. Die Datenschutzanforderungen können also gerade bei den auf PC-Lösungen zur Personalplanung basierenden neuen Integrationsansätzen als Restriktionen greifen.

Deshalb wäre es umso wichtiger, daß zumindest in den BDE-Systemen mit integrierter AZE die Aspekte des Datenschutzes in vollem Umfang berücksichtigt werden. Jedoch sind die Kontrollmaßnahmen gemäß §6 und Anlage zu §6 Satz 1 BDSG (Frage B-3.20) in ihrer Gesamtheit, wie aus Tabelle 22 ersichtlich ist, nur in 14 BDE-Systemen, d. h. in knapp der Hälfte der Programme sichergestellt. Allerdings lassen sich alle Maßnahmen – mit Ausnahme der Speicherkontrolle – auch von fünf weiteren Programmpaketen durchführen. Die Kombination von (mindestens) Benutzer-, Zugriffs- und Eingabekontrolle kann – 21mal realisiert – wie bei der Personalplanungssoftware als *Standard* betrachtet werden.

---

12) Vgl. Dworatschek, S./Büllesbach, A./Koch, H.-D. u. a. (1990), S. 21 und 34 f.
13) Vgl. o. V. (1987b), S. K 9; Voßbein, R. (1989), S. 55 f.
14) Vgl. Dworatschek, S./Büllesbach, A./Koch, H.-D. u. a. (1990), S. 20 und 75.

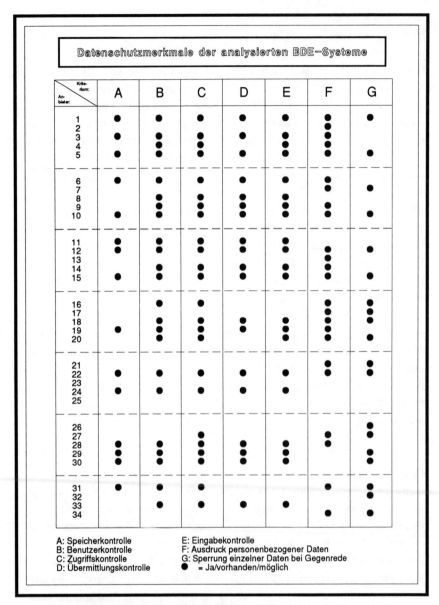

Tabelle 22: Realisierung von Datenschutzmaßnahmen durch die analysierten BDE-Systeme

Als Maßnahme im Rahmen der Zugriffskontrolle sehen alle Anbieter bei ihren Paketen jedoch zumindest die Vergabe von Passwörtern (Frage B-3.21) vor. Deren Anzahl (Frage B-3.21.1) ist lediglich bei BDE-X (24), PLANZEIT (26) sowie HC Personalzeit (16) und BDE-System Weber (33) auf jeweils ein, zwei bzw. drei Passwort(e) begrenzt. Der Ausdruck personenbezogener Daten für den Betroffenen gemäß §§ 13 und 26 BDSG (Frage B-3.23) ist nur bei TMS Time Management System (11), DPS-5 (25), PLANZEIT (26) und PLANOS-X (29) nicht vorgesehen. Eine Datensperre bei Gegenrede nach §§ 27 BDSG durch den Arbeitnehmer (Frage B-3.24) kann immerhin bei neunzehn Software-Paketen vorgenommen werden.

Dieser im Ansatz recht ordentliche Eindruck bezüglich der Unterstützung des Datenschutzes bei den analysierten BDE-Systemen muß jedoch relativiert werden, da von neun Anbietern zu diesem Fragenkomplex (B-3.20 bis B-3.24) zum größten Teil keine Angaben gemacht wurden. Bei den beiden ausländischen Software-Häusern – Anbieter der Programme Bixi-Systeme (2) und ISI (32) – mag das noch ansatzweise zu verstehen sein. Hingegen läßt die Nichtbeantwortung bei den anderen Firmen aber entweder auf ein gewisses Maß an Unkenntnis über die vom Gesetzgeber vorgeschriebenen Maßnahmen und/oder auf das Fehlen entsprechender Kontrollmechanismen schließen.

In einem gewissen Widerspruch dazu steht allerdings die recht hohe Zahl von Standard-Softwarepaketen, die bereits Gegenstand einer Betriebsvereinbarung geworden sind (Frage B-3.25). Insgesamt haben – bis auf drei – alle Anbieter die diesbezügliche Frage positiv beantwortet. Lediglich BEERFEST (22) ist noch nicht Inhalt einer Betriebsvereinbarung geworden. Das gilt vermutlich auch für PLANZEIT (26) und BDE-System Weber (33), bei denen zu dieser Frage keine Angaben gemacht wurden. Somit kann davon ausgegangen werden, daß über 31 Standard-Softwarepakete schon eine entsprechende Betriebsvereinbarung existiert.

Ganz anders sieht es bezüglich dieses Leistungsmerkmales jedoch bei den Programmen zur Personalplanung aus. Lediglich neun Anbieter beantworteten die Frage A-3.30 positiv. Dabei handelt es sich ausschließlich um CPIS, die damit – die Ausnahmen bilden GELO und PERSONAL/R – alle schon zum Gegenstand einer Betriebsvereinbarung geworden sind. In diesem Punkt fällt wie bei den Datenschutzvorkehrungen der Unterschied zwischen den CPIS-Lösungen und den PC-Programmen ins Auge, über die bis zum Zeitpunkt der Untersuchung noch nicht ein einzige Betriebsvereinbarung geschlossen worden war. Für die angestrebte Ideal-Konzeption der Integration stellen die sich durch das BetrVG ergebenden Grenzen hinsichtlich der Mitbestimmung des Betriebsrates somit weitestgehend keine unüberwindlichen Hindernisse dar. Allerdings könnten sie bei den neuen Integrationsansätzen, die ja gerade auf PP-P und CPMS zurückgreifen, sich schon deutlicher als Restriktionen auswirken.

6.3.2 Untersuchungsergebnisse bezüglich der Kosten der untersuchten Standard-Software-Lösungen

Die Kostenanalyse muß auf die Preise der Programmpakete beschränkt bleiben, da die anderen Kostenkomponenten in hohem Maß von der Anwendungssituation abhängig sind. Auch dann sind die in Tabelle 23 zusammengestellten Preisangaben der Anbieter nur als Anhaltspunkte zu betrachten. Der Kaufpreis wie auch die geschätzten Implementierungs- und Programmpflegekosten hängen von jeweils unterschiedlichen Bezugsgrundlagen ab, wie z.B. der Anzahl der vom Programm zu verarbeitenden Mitarbeiter oder der Anzahl der Installationen, und variieren je nach dem Rechnertyp, auf dem die Software eingesetzt wird, sowie dem vom Anwender gewünschten Funktionsumfang. Deshalb wurden von mehreren Anbietern hierzu auch keine Angaben gemacht.

Generalisierende Aussagen zum Kaufpreis – eine Mietvereinbarung wird nur für GELO, RP[15] und PRAWO angeboten – lassen sich so nur schwer machen (Frage A-3.13). Zwar zeigt ein Blick auf die Daten in Tabelle 23, daß die Preise der PC-Programme generell zwischen DM 5.000 und DM 40.000 liegen, jedoch betragen die Kaufpreise für MENTOR und besonders EDP ein Mehrfaches davon. Auch die Vermutung, daß CPIS-Lösungen wesentlich teurer sein müssen als PC-Software, kann bei Preisen, die in der Regel zwischen DM 40.000 und DM 250.000 betragen, nur begrenzt bestätigt werden. Hingegen offenbart insbesondere die Spannweite von DM 5.000 – DM 1.000.000 (!) bei **einem einzigen** Programm einerseits den Eckdaten-Charakter der angegebenen Werte. Andererseits wird hier jedoch auch deutlich, welchen stark restriktiven Charakter die finanziellen Belastungen für die Realisierung der angestrebten Integration von Personalplanungssoftware in PPS-Systeme zumindest in Extremfällen annehmen können.

Bei EDP und MENTOR ist allerdings zu beachten, daß für beide Programme im Kaufpreis auch die im Hinblick auf die Akzeptanz bedeutsamen Einführungs-

---

15) RP kann zudem geleast werden.

Kosten der Personalplanungsprogramme

Programmname	Kaufpreis für die Gesamtlösung	Geschätzte durchschnittliche Implementierungskosten	Programmpflegekosten (pro Jahr)
	Alle Angaben – soweit nicht anders vermerkt – in Tausend (DM) *) = Siehe dazu die Angaben im Text.		
GELO	250	10 – 25	16
INEL-PERS (sfr)	10 – 100	20 – 100	5 – 10
INTERFLEX 5000	5 – 1.000	1 – 40	
PAISY	50 – 200		5 – 20
PEPC			
PERSONAL/R (sfr)	ab 50	50 – 100	7,5
PERSIS	15,8	11	1,6
PMS/PIS400 (sfr)	33 – 120	20	3,1 – 13,6
RP	ab 170		
HR/2000	ab 16	5	2,4
IPEV	16 – 40	1 – 2	3,5
EDP	160	50	24
MENTOR	95	*)	7,2
PC			
PEPP/UPLAN	2,2	1	
PERSONAL-PLANER	3,8		
PERSPLA	8,5		0,9
Piss	*)	*)	*)
PRAWO	4,9	0,5	0

Tabelle 23: Eckdaten hinsichtlich der Kostengrößen bei der analysierten Personalplanungssoftware

schulungen und bei MENTOR zusätzlich Unterstützung bei der Implementierung sowie bei der Wartung der Software enthalten sind. Für sämtliche Zusatzleistungen (Frage A-3.14) – bis auf die Wartung – gilt das auch für Piss, so daß für dieses Programm der Preis stets individuell zu vereinbaren ist. Ansonsten werden Zusatzleistungen in der Regel nur gegen Entgelt angeboten; nur bei GELO, PAISY, PEPC, HR/2000, IPEV und PERSPLA sind sie in geringem Umfang im Kaufpreis enthalten. Dabei umfassen die für PAISY, PMS/PIS400 und RP offerierten Wartungsverträge auch die Weiterentwicklung der Software. Während die Implementierungskosten (Frage A-3.15.1) bei den CPIS-Lösungen nach Einschätzung der Anbieter durchaus noch einmal die Höhe des Kaufpreis betragen können, erreichen sie bei PC-Software rund ein Drittel des entsprechenden Betrages. Die durchschnittlichen jährlichen Programmpflegekosten (Frage A-3.15.2) belaufen sich für alle Programme in der Regel – als Faustregel auch von mehreren Herstellern so angegeben – auf ca. 10 % bis 15 % vom Kaufpreis.

Der Kaufpreis der meisten Zeiterfassungsprogramme im Rahmen von BDE-Systemen hängt – mit Ausnahme einiger PC-Lösungen – ebenfalls von unterschiedlichen Bezugsgrundlagen ab. Als Kriterien dienen wie bei den Personalplanungsprogrammen z. B. die Zahl der zu 'verarbeitenden' Mitarbeiter, die Hardware-Umgebung, in der die Software eingesetzt wird, oder der vom Anwender gewünschte Funktionsumfang. Deshalb wurden von mehreren Anbietern zu diesem Fragenkomplex auch keine Angaben gemacht. Generalisierende Aussagen zum Kaufpreis – Mietvereinbarungen werden regelmäßig nicht angeboten – lassen sich so nur schwer machen. So schwankten die Preisangaben auch für diese Systeme wiederum zwischen DM 3.000 und DM 1 Million (!).

Die Palette der Kostenschätzungen für die Implementierung der Software erstrecken sich bei BDE-Systemen von DM 1.000 bis DM 300.000. Dies entspricht im Verhältnis zum Kaufpreis der auch bei den Programmen zur PC-gestützten Personalplanung vorgefundenen Relation. Die Kosten für Wartung und Pflege belaufen sich nach Einschätzung der Anbieter pro Jahr – ähnlich wie bei der Software zur Personalplanung – auf durchschnittlich 5 bis 15 % des Kaufpreises.

Zusammenfassend läßt sich feststellen, daß gerade die Angaben zu den Kosten der einzelnen Software-Lösungen recht offen und – z. T. – unverbindlich sowie unvollständig sind. So sind auf der Basis der vorliegenden Informationen trotz aller sich anbietenden Integrationen letztlich keine Aussagen über deren Zweckmäßigkeit und Wirtschaftlichkeit[16] möglich.

---

16) Siehe hierzu auch S. 19 und 44 dieser Arbeit.

7. Schlußbetrachtung

7.1 Zusammenfassung der Ergebnisse

Als ein erstes Resultat dieser Arbeit ist festzuhalten, daß im traditionellen Stufenkonzept der PPS eine Personalorientierung nur ansatzweise lokalisiert werden kann. Damit wird die Annahme bestätigt, daß sich die mit dem Einsatz von PPS-Systemen verbundenen Erwartungen gerade auf Grund des OBJEKTDEFEKTES bezüglich des Faktors *Personal* bisher nicht erfüllen lassen. Denn da die derzeit am Markt angebotenen PPS-Systeme in der Regel auf dem herkömmlichen PPS-Konzept basieren, können sie ebenfalls nur eine anfanghafte Berücksichtigung des Personals aufweisen.

Interessanter Weise ergab die Analyse der neueren PPS-Konzepte, daß mit der *Retrograden Terminierung* gerade ein Konzept, das eine im Vergleich zum Stufenkonzept verbesserte Unterstützung der Produktionsprozeßplanung und -steuerung anstrebt, im Rahmen dieser PPS-Funktionen explizit die Aufgaben der Personaleinsatzplanung und -steuerung anspricht. Dabei scheint es jedoch kein Zufall zu sein, daß dieses Konzept gerade von Betriebswirten, und zwar am Institut für Industrie- und Krankenhausbetriebslehre an der Westfälischen Wilhelms-Universität Münster, entworfen wurde[1] und weiterentwickelt wird[2]. Erstaunlich ist vielmehr, daß es sich um ein bestandsorientiertes PPS-Konzept handelt, das eine schon recht weitgehende Personalorientierung aufweist. Auf Grund der Stellung der menschlichen Arbeitsleistung als primärer Kapazitätsdeterminante und somit der Bedeutung des Personals als hauptsächlich relevantem Kapazitätsengpaß wäre eine Berücksichtigung des Personals nämlich eher in den engpaßorientierten Konzepten zu vermuten gewesen.

Das zentrale Ergebnis der vorliegenden Arbeit besteht allerdings darin, daß konkrete Optionen aufgezeigt werden konnten, auf der Ebene der PPS-Systeme den personalbezogenen Objektdefekt quasi zu 'heilen'. Der allgemeine Gestaltungsansatz hierfür beruht auf der Überlegung, die mangelnde Personalorientierung der PPS-Systeme mit Hilfe der auf Schnittstellen basierenden Integration personalwirtschaftlicher Standard-Software zu neutralisieren. Dabei dient die Kopplung der PPS-Systeme mit computergestützten Personalinformationssystemen (CPIS) sowohl der Funktions- und Methodenintegration hinsichtlich der Aufgaben der Personalplanung und -steuerung (PersPS) als auch der Da-

---

[1] Vgl. Fischer, K. (1990), S. 7.
[2] Vgl. Adam, D. (1993), S. 512; Fischer, K. (1990), S. 95.

tenintegration bezüglich der benötigten Personalstammdaten. Mittels der Anbindung von BDE-Systemen, die speziell zur Erfassung flexibler Arbeitszeiten (AZE) geeignet sind, ließe sich aber zusätzlich eine Datenintegration bezüglich der erforderlichen Arbeitszeitdaten bei den PPS-Systemen erreichen. Die integrative Ideal-Konzeption zur Kompensation des Objektdefektes auf der Systemebene besteht also aus einem beliebigen PPS-System, einem geeigneten CPIS und einem adäquaten BDE-System mit integrierter AZE, die über zu Nahtstellen gewordenen Schnittstellen miteinander verbunden sind.

Die empirischen Erhebungen zur Verfügbarkeit der notwendigen personalwirtschaftlichen Informationssysteme haben ergeben, daß sowohl entsprechend leistungsfähige Personalplanungssoftware als auch geeignete BDE-Systeme am Markt angeboten werden. Dabei konnte nachgewiesen werden, daß es in beiden Software-Kategorien jeweils mehrere Systeme gibt, die hinsichtlich sowohl der daten- und methodenbezogene Funktionsqualität als auch der Integrabilität alle gesetzten Anforderungen erfüllen.

Durch die intensive Analyse der Software-Lösungen zur computergestützten Personalplanung konnte zudem festgestellt werden, daß heutzutage eine Unterstützung der Personalplanung nicht mehr allein auf der Basis von CPIS erfolgen muß, sondern auch durch PC-gestützte Lösungen realisiert werden kann. Jedoch läßt sich eine Umsetzung der Ideal-Konzeption zur Integration der PersPS allein mit CPIS erreichen, denn nur Programmpakete, die diesem Programmtyp entsprechen, sind – bisher – in der Lage, sowohl alle notwendigen Aufgaben der PersPS zu unterstützen als auch gleichzeitig die geforderten Schnittstellen im Standardumfang anzubieten.

Allerdings ist zu beachten, daß die PC-gestützten Programmtypen für die Personalplanung – computergestützte Personalmanagementsysteme (CPMS) und *reine* Personalplanungsprogramme (PP-P) – jetzt auch ganz neue Integrationspotentiale bieten. So lassen sich z. B. auf der Basis von PC-Lösungen weitere, stärker modular ausgerichtete Integrationsansätze entwickeln, die insbesondere auf eine Berücksichtigung der Aufgaben der Personalbedarfsplanung sowie der Personaleinsatzplanung und -steuerung abzielen. So können zur Integration die beiden Aufgabengebiete entweder einzeln – beim Einsatz von zwei PP-P – oder gemeinsam – mittel eines CPMS – an die PPS-Systeme gekoppelt werden. Diese neuen Optionen werden zudem noch durch BDE-Systeme unterstützt, die entweder über ein Modul zur Personaleinsatzplanung verfügen oder wenigstens entsprechende Schnittstellen aufweisen.

Jedoch hat – gerade für diese weiteren Integrationsansätze – als recht bedeutsame Restriktion die Beachtung der einschlägigen Datenschutzanforderungen zu gelten. Denn außer bei den BDE-Systemen mit integrierter AZE mußten vor allem bei den PC-gestützten Programmen zur Personalplanung zum Teil erhebliche Defizite in der Erfüllung dieses speziellen Leistungsmerkmals jeder personalwirtschaftlichen Standard-Software festgestellt werden.

7.2 Konsequenzen und Ansatzpunkte für weitere Forschungsaktivitäten

Aus dem zuvor Gesagten lassen sich für die Zukunft hauptsächlich drei Schlußfolgerungen ableiten. Sie können zudem Ansatzpunkte für weitere Forschungsaktivitäten bilden.

Als primäre Konsequenz ist selbstverständlich die Realisierung der vorgestellten Ideal-Konzeption der Integration zu fordern sowie zusätzlich – oder zumindest alternativ – die Umsetzung der weiteren drei Integrationsansätze in der Praxis anzustreben. Dabei muß vor allem überprüft werden, welcher dieser Lösungsvorschläge am besten in der Lage ist, die mangelnde Personalorientierung in den PPS-Systemen zu kompensieren. Darüber hinaus ist abzuklären, in welchem Umfang die Integration der Aufgaben der PersPS in die PPS-Systeme, bei diesen einen höheren Zielerreichungsgrad bewirkt. So lassen sich dann unter gleichzeitiger Berücksichtigung spezifischer Anwendungssituationen die durch die Integration entstehenden zusätzlichen Kosten dem dazu äquivalenten Nutzen – zumindest in Ansätzen – gegenüberstellen. Außerdem sind insbesondere die zwischen den einzelnen Teil-Systemen des integrierten Gesamt-Systems existierenden Schnittstellen detailliert zu analysieren und Empfehlungen für deren Gestaltung zu geben. Dabei ist auch zu berücksichtigen, daß in Forschungsprojekt A bei den geplanten Weiterentwicklungen der Personalplanungssoftware (Fragenkomplex A-3.16) von den Anbietern ein Schwerpunkt in der Realisierung weiterer standardmäßiger Schnittstellen gesetzt wird.

Die zweite Forderung ergibt sich auf Grund der Dynamik des Marktes für personalwirtschaftliche Standard-Software. Im Hinblick auf den Markteintritt neuer Anbieter, der für die Integration der PersPS in PPS-Systeme relevanten Software, und das Angebot neuer Produkte, seien es Programme zur Personalplanung oder zur Arbeitszeiterfassung mit Integration in oder von BDE-Systemen, ist dieser Markt deshalb permanent zu beobachten und zu analysieren.

Denn in den beiden am Seminar für Allgemeine Betriebswirtschaftslehre, Industriebetriebslehre und Produktionswirtschaft durchgeführten Forschungsprojekten teilten in der Voruntersuchung 22 (Projekt A) bzw. sieben (Projekt B) Anbieter mit, daß sich entsprechende Software bei ihnen zur Zeit in Planung befände. Wird allein auf diese Angaben rekurriert, so läßt sich ein Anwachsen des Marktvolumens – bezogen auf die 62 bzw. 81 Teilnehmer der Hauptuntersuchung in Projekt A und B – in absehbarer Zukunft für Personalplanungssoftware um mindestens ein Drittel und bei BDE-Systemen mit integrierter AZE um rund 10 % erwarten.

Die dritte Konsequenz bezieht sich nicht mehr allein auf die Ebene der PPS-Systeme, sondern zielt auf konzeptionelle Aspekte hin und geht damit weit über das Thema dieser Arbeit hinaus. Sie besteht in dem Entwurf eines vollständig personalorientierten PPS-Konzeptes und der darauf basierenden Entwicklung eines personalorientierten PPS-Systems. Allerdings kann sich hierbei das Problem einer isolierten Optimierung ergeben[3]. Deshalb ist davor zu warnen, allein die Personalaspekte in den Vordergrund zu rücken, da sonst sowohl das neue Konzept als auch die darauf basierenden Systeme in Gefahr geraten können, für die Lösung der komplexen Aufgaben der Planung und Steuerung industrieller Produktionen andere wesentliche Aspekte zu vernachlässigen oder – wie bisher bezüglich des Personals – gar zu negieren.

---

3) Vgl. Kern, W. (1992e), S. 56.

Anhang A

Anschreiben im Rahmen der Voruntersuchung von Projekt A mit Antwortblatt

Universität zu Köln

Seminar für Allgemeine Betriebswirtschaftslehre,
Industriebetriebslehre und Produktionswirtschaft

Direktor: Univ.-Prof. Dr. Werner Kern

Industrieseminar · Universität zu Köln · Albertus-Magnus-Platz · 5000 Köln 41

5000 Köln 41 (Lindenthal)
Albertus-Magnus-Platz
Telefon (02 21) 470-33 78
Telefax (02 21) 470-51 51

Betr.: Datenmaterial für Forschungsprojekt

Sehr geehrte Damen und Herren,

am Industrieseminar der Universität zu Köln wird z. Zt. an einem Forschungsprojekt mit dem Schwerpunkt
Personalinformationssysteme für Zwecke der Personalplanung
gearbeitet. Bestandteil dieses Projektes ist eine Analyse der verfügbaren Standard-Anwendungsprogramme auf dem Gebiet der Personalplanung. Eine Veröffentlichung der Ergebnisse ist vorgesehen.

Den einschlägigen Publikationen haben wir entnommen, daß Ihre Firma Programme für diesen Bereich anbietet. Deshalb möchten wir Sie bitten, uns bei der Datenbeschaffung durch Überlassen geeigneten Informationsmaterials zu unterstützen. Dabei interessieren uns vor allem folgende Aspekte:
- erfaßte Bereiche der Personalplanung (z.B. Personalbedarfsplanung, -einsatzplanung, -kostenplanung),
- angewandte Verfahren (z.B. Prognoseverfahren),
- Programmkonzept (modularer Aufbau, Schnittstellen) sowie
- Art und Umfang der benötigten Daten.

Leihweise überlassene Unterlagen senden wir Ihnen selbstverständlich nach Einsicht unverzüglich zurück. Auch wenn Ihre Firma (noch) keine entsprechenden Programme anbietet oder Sie uns kein Informationsmaterial überlassen können, möchten wir Sie bitten, beiliegendes Antwortblatt ausgefüllt an uns zurückzuschicken.

Für Ihre Bemühungen bedanken wir uns im voraus und verbleiben

mit freundlichen Grüßen

(Dipl.-Kfm. H.-Ch. Vatteroth)

Anlage: Antwortblatt

ABSENDER

FIRMA: _____
ANSPRECHPARTNER: _____
TELEFON (Durchwahl): _____
STRASSE: _____
PLZ/ORT: _____

Universität zu Köln
Industrieseminar
z. Hd. Herrn Dipl.-Kfm. H.-Ch. Vatteroth
Albertus-Magnus-Platz

D-5000 Köln 41

Betr.: Standard-Anwendungsprogramme für die Personalplanung

( )   Wir bieten entsprechende Programme an;
      Informationsmaterial liegt bei.

( )   Wir bieten entsprechende Programme an;
      Informationsmaterial wird Ihnen in Kürze zugehen.

( )   Wir bieten entsprechende Programme an;
      Informationsmaterial können wir Ihnen leider nicht
      zur Verfügung stellen.

( )   Wir bieten entsprechende Programme noch nicht an, aber
      planen dies; Informationsmaterial liegt bei.

( )   Wir bieten entsprechende Programme noch nicht an, aber
      planen dies; Informationsmaterial können wir Ihnen
      leider nicht zur Verfügung stellen.

( )   Wir bieten keine entsprechende Programme an und planen
      dies auch nicht.

....
  (Ort, Datum)   (Stempel / Unterschrift)

Anhang B

Erinnerungsschreiben zu Anhang A

Universität zu Köln
Seminar für Allgemeine Betriebswirtschaftslehre,
Industriebetriebslehre und Produktionswirtschaft

Direktor: Univ.-Prof. Dr. Werner Kern

Industrieseminar · Universität zu Köln · Albertus-Magnus-Platz · 5000 Köln 41

5000 Köln 41 (Lindenthal)
Albertus-Magnus-Platz
Telefon (02 21) 470 - 33 78
Telefax (02 21) 470 - 51 51

<u>Betr.: Datenmaterial für Forschungsprojekt</u>

Unser Schreiben vom

Sehr geehrte Damen und Herren,

in dem o.g. Schreiben baten wir Sie um Datenmaterial für unser Forschungsprojekt mit dem Schwerpunkt
Personalinformationssysteme für Zwecke der Personalplanung.
Da wir von Ihnen leider bisher keine Antwort erhalten haben, möchten wir Sie heute noch einmal ansprechen. Zur Erinnerung legen wir das o.g. Schreiben bei.

Auch wenn Ihre Firma (noch) keine entsprechende Software anbietet oder Sie uns kein Informationsmaterial überlassen können, wären wir Ihnen für die Rücksendung des beiliegenden Antwortblattes sehr verbunden.

Für Ihre Bemühungen danken wir Ihnen schon heute und verbleiben

mit freundlichen Grüßen

(Dipl.-Kfm. H.-Ch. Vatteroth)

<u>Anlagen:</u> Erstes Anschreiben und Antwortblatt

Anhang C

Dankschreiben an die Anbieter, die in die Hauptuntersuchung von Projekt A einbezogen werden sollten

Universität zu Köln
Seminar für Allgemeine Betriebswirtschaftslehre, Industriebetriebslehre und Produktionswirtschaft
Direktor: Univ.-Prof. Dr. Werner Kern

Industrieseminar · Universität zu Köln · Albertus-Magnus-Platz · 5000 Köln 41

5000 Köln 41 (Lindenthal)
Albertus-Magnus-Platz
Telefon (02 21) 470 - 33 78
Telefax (02 21) 470 - 51 51

Betr.: Datenmaterial für Forschungsprojekt

Ihr Schreiben vom

Sehr geehrte

bei unserer Untersuchung zum Thema
    Personalinformationssysteme für Zwecke der Personalplanung
haben Sie uns durch die Überlassung von Informationsmaterial sehr geholfen. Für diese aktive Unterstützung danken wir Ihnen.

Die uns von den verschiedenen Firmen zur Verfügung gestellten Unterlagen sind leider nicht direkt vergleichbar. Deshalb bereiten wir zur Zeit einen Fragebogen vor, in dem alle uns wesentlich erscheinenden Gesichtspunkte des Einsatzes von Personalinformationssystemen für Zwecke der Personalplanung angesprochen werden sollen.

Wir beabsichtigen, Ihnen in Kürze diesen Fragebogen zuzusenden, und hoffen auch bei diesem Teil des Forschungsprojektes auf Ihre großzügige Unterstützung.

Mit freundlichem Gruß

(Dipl.-Kfm. H.-Ch. Vatteroth)

Anhang D

Anschreiben im Rahmen der Hauptuntersuchung von Projekt A mit Ausfüllanleitung, Glossar und Fragebogen

Universität zu Köln

Seminar für Allgemeine Betriebswirtschaftslehre,
Industriebetriebslehre und Produktionswirtschaft

Direktor: Univ.-Prof. Dr. Werner Kern

Industrieseminar · Universität zu Köln · Albertus-Magnus-Platz · 5000 Köln 41

5000 Köln 41 (Lindenthal)
Albertus-Magnus-Platz
Telefon (02 21) 470-33 78
Telefax (02 21) 470-51 51

Betr.: Forschungsprojekt zum Thema
Personalinformationssysteme für Zwecke der Personalplanung
Unser Schreiben

Sehr geehrte

der in dem o.a. Schreiben angekündigte Fragebogen, mit dem wir einen systematischen Vergleich der derzeit angebotenen Anwendungs-Software durchführen wollen, ist fertiggestellt. Da Sie unser Projekt schon bisher so tatkräftig unterstützt haben, möchten wir Sie bitten, auch den beigefügten Fragebogen auszufüllen und z. Hd. von Herrn Vatteroth (Tel.: 0221/470-3118) an uns zurückzuschicken.

Um Ihre Zeit nicht über Gebühr zu beanspruchen, haben wir den Fragebogen so konzipiert, daß Sie die Antworten überwiegend nur noch anzukreuzen haben. Zudem denken wir, daß es auch in Ihrem Interesse liegt, wenn von wissenschaftlicher Seite der Versuch unternommen wird, das Leistungsvermögen von Personalinformationssystemen zu analysieren. Wir sehen hier eine Möglichkeit, insgesamt eine größere Transparenz in diesem Bereich der Standard-Software-Marktes zu erreichen. Deshalb hoffen wir bei dieser Erhebung erneut auf Ihre großzügige Unterstützung.

Für Ihre Bemühungen bedanken wir uns schon heute und verbleiben

mit freundlichen Grüßen

(Dipl.-Kfm. H.-Ch. Vatteroth)
<u>ANLAGEN</u>

Ausfüllanleitung

zum Fragebogen

Personalinformationssysteme für Zwecke der Personalplanung

1. Lassen Sie sich bitte vom Umfang des Fragebogens nicht abschrecken! So viel Zeit, wie Sie befürchten, wird er nicht kosten. Denn:

   - der Hauptteil des Fragebogens ist modular aufgebaut; das wurde erreicht durch das Aufspalten der Personalplanung entsprechend dem Vorgehen bei der Planung in:
     -- Personalsbedarfsplanung (ROSA),
     -- Personalbeschaffungs-/-freisetzungsplanung (GELB),
     -- Personalentwicklungsplanung (BLAU),
     -- Personaleinsatzplanung (GRÜN) und
     -- Personalkostenplanung (ORANGE) ;

     Fragen zu Teilplanungen, die von Ihrem Anwendungsprogramm nicht abgedeckt werden, können überschlagen werden;

   - eine Reihe von Fragen erübrigt sich, falls die vorgelagerte Frage verneint wurde (vgl. z. B. Frage 2.4.1);

   - bei einem Großteil der Fragen sind alternative Antworten vorgegeben, bei denen Sie bitte den jeweils zutreffenden Sachverhalt ankreuzen. Um Sie in Ihrer Antwortmöglichkeit nicht zu sehr einzuschränken, ist bei vielen Fragen zusätzlich Raum für weitere Antworten vorgesehen.

2. Zu einigen wenigen Fragen konnten Ihnen naturgemäß keine Antworten gegeben werden. Die Antworten zu diesen Fragen tragen Sie bitte an den vorgesehenen Stellen ein.

3. Da wir nicht sicher sind, daß alle im Fragebogen verwandten Begriffe einheitlich benutzt werden, fügen wir dieser Ausfüllanleitung ein Glossar bei. Die erläuterten Begriffe sind im Fragebogen mit * versehen und erscheinen im Glossar in der Reihenfolge, in der sie im Fragebogen verwandt werden. Wir hoffen, Ihnen so das Ausfüllen des Fragebogens zu erleichtern.

GLOSSAR

Computergestütztes Personalinformationssystem (CPIS): Software-Paket, das aus einem im Dialogbetrieb arbeitenden Datenbanksystem und mindestens einem Lohn- und Gehaltsabrechnungssystem besteht.

Fluktuationsrate (-quote, -kennziffer): Verhältnis der Abgänge an Beschäftigten im Berichtszeitraum (BZ) zum Personalbestand.

- BDA-Formel: $\text{Fluktuationsrate} = \dfrac{\text{Anzahl aller Abgänge im BZ} \times 100}{\text{Durchschnittlicher Personalbestand im BZ}}$

- Schlüter-Formel: $\text{Fluktuationsrate} = \dfrac{\text{Anzahl aller Abgänge im BZ} \times 100}{\text{Personalbestand zu Beginn des BZ + Zugänge während des BZ}}$

- ZVEI-Formel: $\text{Fluktuationsrate} = \dfrac{\text{Ersetzte Abgänge im BZ} \times 100}{\text{Durchschnittlicher Personalbestand im BZ}}$

Fehlzeitenquoten: Anteil von Fehlzeiten (Ausfallzeiten) an der Sollarbeitszeit (= vertraglichen Arbeitszeit)

Methoden der Prognose des Brutto-Personalbedarfs:

- Kennzahlenmethode: Prognosemethode auf Grundlage des mit **Hilfe von Kennzahlen geschätzten** Arbeitszeitbedarfs pro Ausbringungseinheit und der voraussichtlichen Ausbringungsmenge(n).

- Methoden der Personalbemessung: Prognosemethoden auf Grundlage der mit **arbeitswissenschaftlichen Methoden** (REFA, MTM o.ä.) **ermittelten** Arbeitszeitbedarfe pro Ausbringungseinheit und der voraussichtlichen Ausbringungsmenge(n).

- Stellenplan-/Arbeitsplatzmethode: Prognosemethode auf Grundlage des fortgeschriebenen zukünftigen Stellenplans.

Anforderungsprofil (Fähigkeitsprofil): Graphische Darstellung der Anforderungs- bzw. Fähigkeitshöhen einer Stelle bzw. eines Menschen.

Methoden zur Prognose der Personalentwicklung:

- Abgangs-Zugangs-Rechnung: Prognosemethode auf Grundlage des Personalanfangsbestandes zu Beginn der Periode und den voraussichtlichen Zu- und Abgängen während der Periode unter Berücksichtigung der unterschiedlichen Sicherheitsgrade, mit denen diese Größen realisiert werden.

- Methode der Beschäftigungszeiträume: Prognosemethode auf Grundlage der Verbleibensquote (= Verhältnis der in einem Zeitraum eingestellten und zu einem späteren Zeitpunkt noch vorhandenen Mitarbeiter zu dem in den Zeitraum eingestellten Mitarbeiter).

Verfahren zur Berechnung des Netto-Personalbedarfs:

- Einfache Differenzrechnung: Berechnung als Differenz zwischen Brutto-Personalbedarf und voraussichtlichem Personalbestand ohne Personalabbau- und/oder -beschaffungsmaßnahmen.

- Berechnung unter Berücksichtigung von Einflußfaktoren: Berechnung unter Berücksichtigung weiterer Einflußgrößen des zukünftigen Brutto-Personalbedarfs und/oder des zukünftigen Personalbestandes (z.B. Konjunktur, Arbeitsmarktsituation).

Plankostenrechnung:

- Starre Plankostenrechnung: Zukunftsorientiertes Kostenrechnungssystem, bei dem die zukünftigen Kosten geplant werden.

- Flexible Plankostenrechnung: Plankostenrechnung mit **Vollkosten ohne Auflösung** in fixe und variable Kosten **für nur einen Beschäftigungsgrad.**

- Grenzplankostenrechnung (Deckungsbeitragsrechnung): Plankostenrechnung mit **Vollkosten mit Auflösung** in fixe und variable Kosten **für beliebig viele Beschäftigungsgrade.**

- Relative Einzelkostenrechnung: Plankostenrechnung mit **Teilkosten**: nur die **mit der Beschäftigung variierenden** Kosten werden berücksichtigt.

- Budgetkostenrechnung: Plankostenrechnung mit **Teilkosten**: nur die **direkt zurechenbaren** Kosten werden berücksichtigt.

Zukunftsorientiertes Kostenrechnungssystem, bei dem die zukünftigen Kosten **geschätzt** werden.

FRAGEBOGEN

Personalinformationssysteme für Zwecke der Personalplanung

1. Fragenkomplex: Ihr Unternehmen

1.1 Firma und Anschrift:
Name: _____
Straße: _____
PLZ/Ort: _____
Telefon: _____

1.1.1 Für Rückfragen zuständig:
Name: _____
Telefon: _____

1.2 Ist Ihr Unternehmen der Hersteller des Produktes?
O Ja   O Nein

1.2.1 **Falls nein**: Wer ist der Hersteller?
Name: _____
Straße: _____
PLZ/Ort: _____
Telefon: _____

1.3 Gründungsjahr Ihres Unternehmens: _____

1.4 Anzahl der festen Mitarbeiter insgesamt:

Bundesrepublik	Österreich	Schweiz
_____	_____	_____

Davon:

1.4.1 - Kundenberater für das Paket:

Bundesrepublik	Österreich	Schweiz
_____	_____	_____

1.4.2 - Systemprogrammierer für das Paket:

Bundesrepublik	Österreich	Schweiz
_____	_____	_____

1.5 Anzahl der regionalen Stützpunkte und Serviceeinrichtungen:

        Bundesrepublik   Österreich   Schweiz
        _____   _____   _____

1.6 Beginn der Entwicklung von computergestützten Personalinformationssystemen (CPIS) ca.: _____

1.7 Beginn der Entwicklung von Standardsoftware für Zwecke der Personalplanung (PP) ca.: _____

2. Fragenkomplex: Konfiguration der Hardware und Systemsoftware

2.1 Für welchen Rechnertyp ist Ihre Software konzipiert?

      O PC   O Mini   O Mainframe

2.2 Benötigte Speicherkapazität (in MB):

      Arbeitsspeicher: _____
      Externe Speicher: _____

2.3 Eingabe-, Speicher- und Ausgabemedien:

2.3.1 Zur **Eingabe** vorgesehen:

- Tastatur O
- Scanner O
- Karte O
- Kassette O
- 5,25"-Diskette O
- 3,5"-Diskette O
- PC-Festplatte O
- Magnetband O
- Magnetplatte O
- CD-ROM O
- Opt. Platte O
- DFÜ O
- _____ O

2.3.2 Zur **Speicherung** vorgesehen sind: Maximale Anzahl der Stationen/Laufwerke:

- Kassette O   _____
- 5,25"-Diskette O   _____
- 3,5"-Diskette O   _____
- PC-Festplatte O   _____
- Magnetband O   _____
- Magnetplatte O   _____
- CD-ROM O   _____
- Opt. Platte O   _____
- _____ O   _____

2.3.3 Zur **Ausgabe** vorgesehen:

- Kassette O
- 5,25"-Diskette O
- 3,5"-Diskette O
- PC-Festplatte O
- Magnetband O
- Magnetplatte O
- Microfiche O
- CD-ROM O
- Opt. Platte O
- _____ O

2.4 Ist das Programm netzwerkfähig ausgelegt?   O Ja   O Nein

2.4.1 **Falls ja**, für welches Netzwerk (LAN)?
_____
_____
_____

2.4.2 Anzahl der möglichen Arbeitsplätze: _____

Davon:
2.4.2.1 Paralleles Lesen möglich an: _____ Arbeitsplätzen

2.4.2.2 Paralleles Schreiben möglich an: _____ Arbeitsplätzen

2.5 Ist die Anwendungssoftware an eine bestimmte Hardware-Konfiguration gebunden?   O Ja   O Nein

2.5.1 **Falls ja**, - an welche Hardware-Konfiguration?
_____

2.5.2   - kann die Hardware-Konfiguration von Ihrer Firma bezogen werden?   O Ja   O Nein

2.6 Ist die Anwendungssoftware an ein bestimmtes Betriebssystem gebunden? O Ja   O Nein

2.6.1 **Falls ja,** an welches Betriebssystem?

_____

2.7 Unter welchen Betriebssystemen ist Ihre Software schon installiert?

_____

_____

_____

3. Fragenkomplex: Allgemeines zum Anwendungsprogramm:

3.1 Programm-/Paketname: _____

3.2 Enthält Ihr CPIS ein Anwendungsprogramm zur Lohn- und Gehaltsabrechnung?   O Ja   O Nein

3.2.1 **Falls nein**, baut es auf einem Anwendungsprogramm zur Lohn- und Gehaltsabrechnung auf?   O Ja   O Nein

3.2.1.1 **Falls ja**, auf welchem Programm? _____

3.3 Anzahl der Implementierungen Ihres CPIS für Zwecke der PP:

Bundesrepublik	Österreich	Schweiz
_____	_____	_____

Davon:
3.3.1 Mit Nutzung der Teilfunktion PP:

Bundesrepublik	Österreich	Schweiz
_____	_____	_____

3.4 Jahr der Erstimplementierung:
_____ PC (Stand-alone-Version)
_____ PC (Netzwerkversion)
_____ Host

3.5 Nummer der derzeitigen Version: _____

3.5.1 Die Version ist im Einsatz seit:
_____ PC (Stand-alone-Version)
_____ PC (Netzwerkversion)
_____ Host

3.6 Wird potentiellen Kunden eine vollständige Referenzliste der bisherigen Anwender zur Verfügung gestellt?   O Ja   O Nein

3.7 Können die kompletten Testunterlagen durch potentielle Kunden eingesehen werden?   O Ja   O Nein

3.8 Handelt es sich bei dem von Ihnen angebotenen CPIS um ein dialogorientiertes Anwendungsprogramm mit Bedienerführung?

        O Ja   O Nein

3.8.1 **Falls ja,** mit welcher Dialogsprache?

O Deutsch
O Englisch
O Französisch
O Italienisch
O _____

3.8.2 Wurde das Programm als Dialoglösung konzipiert?

        O Ja   O Nein

3.8.2.1 **Falls nein**, wann wurde von Batch auf Dialog ausgebaut? _____

3.9 Die Bedienerführung erfolgt

    über: O Funktionstasten
                  O Hilfsfunktionen
                  O Menu

    durch: O Fehlerhinweismeldungen
                  O Statusmeldungen
                  O Befehlserläuterungen
                  O Befehlsverzeichnisse
                  O Schlüsselverzeichnisse
                  O _____

3.10 Ist das Programmpaket modular aufgebaut?   O Ja   O Nein

3.10.1 **Falls ja**, welche Module umfaßt das Paket?

Modulname	Kaufpreis(DM)	Mtl. Miete(DM)
_____	_____	_____
_____	_____	_____
_____	_____	_____
_____	_____	_____
_____	_____	_____
_____	_____	_____

3.11 Welche Schnittstellen zu anderen Programmen sind

	vorhanden	möglich	nicht vorgesehen
Kostenrechnung	O	O	O
Finanzbuchhaltung	O	O	O
Produktionsplanung und -steuerung	O	O	O
Materialwirtschaft	O	O	O
Betriebsdatenerfassung	O	O	O
Arbeitszeiterfassung	O	O	O
Auftragsabwicklung	O	O	O
Absatzplanung	O	O	O
Textverarbeitung	O	O	O
Graphik	O	O	O
Bürokommunikationssystem	O	O	O
Anwenderroutinen	O	O	O
_____	O	O	O
_____	O	O	O
_____	O	O	O

3.12 Benutzte Programmiersprache(n) (mit welchem Language-Level)?
_____
_____

3.13 Kauf-/Mietpreis für das gesamte CPIS-Paket:

Kaufpreis (DM):_____   Mtl. Miete(DM):_____

3.14 Zusatzleistungen:

	Im Kauf-/Mietpreis enthalten	gegen Entgelt angeboten	nicht angeboten
Einführungsschulung	O	O	O
Unterstützung bei der Implementierung	O	O	O
Wartung des Paketes	O	O	O
Weiterentwicklung des Programmpaketes (Updates)	O	O	O
_____	O	O	

3.15 Wie hoch schätzen Sie für den Anwender

3.15.1 - die durchschnittlichen Kosten für die Implementierung:
ca :_____ DM

3.15.2 - die durchschnittlichen jährlichen Programmpflegekosten:
ca :_____ DM

3.16 Sind für 1991 Erweiterungen des angebotenen CPIS geplant?

        O Ja   O Nein

3.16.1 **Falls ja**, welche? _____
_____
_____
_____

3.17 Benutzerhandbuch

3.17.1 Ein Benutzerhandbuch gibt es in den Sprachen:

    O Deutsch
    O Englisch
    O Französisch
    O Italienisch
    O _____

3.17.2 Ein Benutzerhandbuch gibt es mit speziellen Fassungen für:

    O Fachabteilung
    O Operating/Rechenzentrum
    O Systemabteilung
    O _____

3.18 Wird dem Anwender das Programm im Quellcode oder im Maschinencode zur Verfügung gestellt?

    O Quellcode   O Maschinencode

3.19 Welche Speicherverfahren werden in Ihrem Programm benutzt?

    O Serielle Speicherung
    O Speicherung mit Indizes
    O Speicherung mit Adreßverkettung
    O Speicherung mit Adreßrechnung
    O _____

3.20 Sieht Ihr Anwendungsprogramm den Einsatz von anwenderorientierten Programmier- und Abfragesprachen für freie Suchfragen und zum Erstellen von Listen vor?   O Ja   O Nein

3.20.1 **Falls ja**, mit Hilfe welcher Sprache(n)?

    O GIS   O APL   O ADRS
    O ADI   O SQL   O ____

3.21 Können die Formate

        der Bildschirmmasken   O Ja   O Nein
        der Listen   O Ja   O Nein

frei gestaltet werden?

3.22 Enthält Ihr Programm

        ein Listgeneratormodul,   O Ja   O Nein
        ein Maskengeneratormodul?   O Ja   O Nein

3.23 Für welche Systemkomponenten sind die Einzelanforderungen der Grundsätze ordnungsgemäßer Speicherbuchführung erfüllt?

    O Dateien
    O Programme
    O Ein-/Ausgabeverfahren
    O _____
    O _____

3.23.1 Wie erfolgt die Dokumentation zu den Systemkomponenten?

    O Verbal
    O Graphisch
    O Tabellarisch
    O _____
    O _____

3.24 Wie erfolgt die Datensicherung bei Störungen?

    O Aufsatzpunkte
    O Restartfunktion
    O _____
    O _____

3.25 Welche Datensicherungsmaßnahmen nach § 6 und Anlage zu § 6 BDSG sind programmseitig sichergestellt?

    O Speicherkontrolle
    O Benutzerkontrolle
    O Zugriffskontrolle
    O Übermittlungskontrolle
    O Eingabekontrolle
    O _____
    O _____

3.26 Zugriffsrechte können festgelegt werden für:

   O Einzelne Datenfelder
   O Einzelne Datensätze
   O Dateien
   O Einzelne Verarbeitungsfunktionen
   O _____
   O _____

3.27 Werden alle Abfragen nach Benutzer und Ort protokolliert?

        O Ja O Nein

3.28 Ist in Ihrem Programm der Ausdruck personenbezogener Daten für den Betroffenen nach §§ 13 und 26 BDSG vorgesehen?

        O Ja O Nein

3.28.1 **Falls ja**, erfolgt der Ausdruck: O nur auf Anforderung
              O monatlich
              O jährlich
              O _____

3.29 Ist die Sperrung einzelner Daten nach § 27 BDSG bei Gegenrede durch den Arbeitnehmer möglich? O Ja O Nein

3.29.1 **Falls ja**, wie erfolgt die Sperrung? O für einzelne Daten
              O auf Feldebene
              O für einzelne Datensätze
              O auf Dateiebene
              O für einzelne Verarbeitungsfunktionen
              O _____

3.30 Ist Ihr Programm oder sind Teilkomponenten davon schon Gegenstand einer Betriebsvereinbarung geworden?

        O Ja O Nein

4. Fragenkomplex: Dateien

	4.1		4.2	4.3	4.4	4.5
	Standardmäßig vorhanden	zusätzlich möglich	Maximale Anzahl verarbeitbarer Stammsätze	Maximale Zeichenzahl je Satz	Änderung der Satzstruktur möglich?	Satzänderung im Dialog möglich?
- Personalstammdatei:	O	O	___	___	O	O
- Planstellen-/ Arbeitsplatzstammdatei:	O	O	___	___	O	O
- Bewerberstammdatei:	O	O	___	___	O	O
- Tätigkeitenstammdatei:	O	O	___	___	O	O
- Förderstammdatei:	O	O	___	___	O	O
- Seminarstammdatei:	O	O	___	___	O	O
-						

4.6 Können die einzelnen Daten kontextbezogen dargestellt werden?   O Ja   O Nein

4.6.1 **Falls ja**, folgende Merkmale werden dabei erfaßt:

	standardmäßig vorhanden	zusätzlich möglich
O Datum der Datenerhebung	O	O
O Erhebungsform	O	O
O Entstehungsort	O	O
O Verwendungszweck	O	O
O Gültigkeitsdauer	O	O
O Wirksamkeitsdauer	O	O

4.7 Die Speicherung der Daten erfolgt in: O einzelnen Dateien
 O einer Datenbank, die speziell für das CPIS konzipiert wurde
 O einer Datenbank, die auch für andere Zwecke geeignet ist

4.8 Welche Datenbanksysteme sind möglich?

4.9 Zu welchen Datenbanksystemen sind Schnittstellen definiert?

5. Fragenkomplex: Allgemeine Angaben zum Leistungsumfang

5.1 Welche Teilplanungen der Personalplanung lassen sich mit dem von Ihnen angebotenen CPIS realisieren?

O Personalbedarfsplanung	Falls ja, bitte Zusatzbögen **ROSA** beantworten
O Personalbeschaffungs-/ freisetzungsplanung	Falls ja, bitte Zusatzbögen **GELB** beantworten
O Personalentwicklungsplanung	Falls ja, bitte Zusatzbögen **BLAU** beantworten
O Personaleinsatzplanung	Falls ja, bitte Zusatzbögen **GRÜN** beantworten
O Personalkostenplanung	Falls ja, bitte Zusatzbögen **ORANGE** beantworten

5.2 Anzahl der möglichen Planperioden: _____

5.3 Ist die Länge der Planperioden variabel?   O Ja   O Nein

5.4 Sind die einzelnen Teilplanungen für beliebig definierte Personalgruppen durchführbar?   O Ja   O Nein

5.5 Welche Statistiken sind

	standardmäßig vorhanden	zusätzlich möglich
O Personalbestandsstatistik	O	O
O Altersstrukturstatistik	O	O
O Fluktuationsstatistik	O	O
O Fehlzeitenstatistik	O	O
O Überstundenstatistik	O	O
O _____	O	

5.5.1 Falls Statistiken vorhanden oder möglich sind, nach welchen Kriterien können sie gegliedert werden?

Personalbestandsstatistik _____

Altersstrukturstatistik _____

Fluktuationsstatistik _____

Fehlzeitenstatistik _____

Überstundenstatistik _____

_____ _____

5.6 Welche Kennzahlen sind	standardmäßig vorhanden	zusätzlich möglich?
Personalstrukturquoten	O	O
Fluktuationsrate		
- nach BDA	O	O
- nach Schlüter	O	O
- nach ZVEI	O	O
Fehlzeitenquoten	O	O
_____	O	

im Original rosa

6. Fragenkomplex: Personalbedarfsplanung

6.1 Nach welchen Methoden erfolgt die Prognose des Brutto-Personalbedarfes?

    O Schätzverfahren
    O Kennzahlenmethode
    O Stellenplan-/Arbeitsplatzmethode
    O Methode der Personalbemessung nach REFA
    O Methode der Personalbemessung nach MTM
    O _____

6.2 Welche mathematischen Verfahren können zur Prognose des Brutto-Personalbedarfes eingesetzt werden?

    O Einfaches arithmetisches Mittelwertverfahren
    O Gleitendes arithmetisches Mittelwertverfahren
    O Verfahren der exponentiellen Glättung
    O Trendextrapolation
    O Trendanalogie
    O Einstufige Regressionsanalyse
    O Mehrstufige Regressionsanalyse
    O _____

6.3 Werden für die Kennzahlenmethode fest definierte Kennzahlen verwandt?

    O Ja   O Nein

6.3.1 **Falls ja**, welche Kennzahlen? _____

6.4 Kann die Stellenbeschreibung zu jeder Stelle mitgespeichert werden?

    O Ja   O Nein

6.4.1 **Falls ja**, ist ein Ändern im Dialog möglich?   O Ja   O Nein

6.4.2 Wie erfolgt die Speicherung?

    O in Textform
    O als Profil
    O graphisch
    O _____

im Original rosa

6.5 Ist in Ihrem Programm das Erfassen bereits feststehender zukünftiger Veränderungen (z.B. Pensionierungen, Wehrdienstzeiten) vorgesehen?

O Ja   O Nein

6.5.1 **Falls ja**, erfolgt die Speicherung in

O einer gesonderten Datei
O der Personalstammdatei
O sonstiger Form?

6.6 Stellenbesetzungspläne sind

	standardmäßig vorgesehen	zusätzlich möglich
mit O historischen Stellenbesetzungen	O	O
O aktuellen Stellenbesetzungen	O	O
O geplanten Stellenbesetzungen	O	O

6.6.1 **Falls** Stellenbesetzungspläne **vorgesehen oder möglich** sind,
- wie erfolgt die Ausgabe?
  O in Listenform
  O als Strukturdiagramm
  O _____

6.6.2 - wieviele Hierarchiestufen sind möglich?   _____

6.6.3 **Falls** Stellenbesetzungspläne mit **geplanten Stellenbesetzungen** vorgesehen sind,

- über wieviele Perioden erstrecken sie sich maximal?
  _____ Perioden

6.6.4 - werden sie bei mehrperiodiger Planung automatisch fortgeschrieben?

O Ja   O Nein

im Original rosa

6.7 Welche Methoden zur Prognose der Personalbestandsentwicklung werden in Ihrem Programm benutzt?

    O Abgangs-Zugangs-Rechnung
    O Methode der Beschäftigungszeiträume
    O _____

6.8 Mit welchem Verfahren wird der Netto-Personalbedarf errechnet?

    O Einfache Differenzrechnung
    O Berechnung unter Berücksichtigung von Einflußfaktoren
    O _____

6.9 Kann der errechnete Netto-Personalbedarf auch graphisch dargestellt werden?   O Ja   O Nein

6.10 In welche Teilbedarfe kann der Netto-Personalbedarf untergliedert werden?

    O Ersatzbedarf
    O Neubedarf
    O Freistellungsbedarf
    O _____

im Original gelb

7. Fragenkomplex: Personalbeschaffungs-/-freisetzungsplanung

7.1 Der Aufbau von Fähigkeitsprofilen ist:

　　　　O standardmäßig vorgesehen
　　　　O zusätzlich möglich
　　　　O nicht möglich

7.1.1 **Falls** der Profilaufbau **vorgesehen oder möglich** ist, für welche Personengruppen?

O Arbeiter	O alle Mitarbeiter
O Tarif-Angestellte	O Auszubildende
O AT-Angestellte	O Bewerber
O Leitende Angestellte	O _____

7.2 Sieht Ihr Programm einen Profilvergleich der Anforderungsprofile der Stellen mit den Fähigkeiten der Mitarbeiter/Bewerber vor?
　　　　　　　　　　　　　　　　　　O Ja　　　O Nein

7.2.1 **Falls ja**, erfolgt der Vergleich mit starren oder mit flexiblen Grenzwerten?
　　　　　　　　　　　　　　　　　　O Starr　　O Flexibel

7.3 Die statistische Auswertung ist für:

	standardmäßig vorgesehen	zusätzlich möglich
O Arbeitsmarktdaten	O	O
O Bevölkerungsdaten	O	O
O Personalwerbemaßnahmen	O	O
O _____	O	

im Original blau

8. Fragenkomplex: Personalentwicklungsplanung

8.1 Sieht Ihr Programm eine maschinelle Erfassung und
Auswertung von Beurteilungen vor?   O Ja   O Nein

8.1.1 **Falls ja**, wieviele Beurteilungskriterien sind

fest vorgegeben   _____
maximal frei formulierbar?   _____

8.1.2 Können die Beurteilungen automatisch auf Plausibilität geprüft werden?

O Ja   O Nein

8.2 Ist in Ihrem Programm die Beurteilung von Seminaren und eine Auswertung
dieser Beurteilungen vorgesehen?

O Ja   O Nein

Falls der 7. Fragenkomplex (Personalbeschaffungs-/-freisetzungsplanung)
nicht bearbeitet wurde, beantworten Sie **bitte auch die Fragen 7.1 - 7.2.1**!!

im Original grün

9. Fragenkomplex: Personaleinsatzplanung

9.1　Das Erstellen folgender spezieller Personaleinsatzpläne ist

	standardmäßig vorgesehen	zusätzlich möglich:
Einsatzpläne für Job Rotation	O	O
Mehrschichtpläne	O	O
Urlaubspläne	O	O
Vertretungspläne	O	O
Bereitschaftspläne	O	O
Ablösefolgepläne	O	O
Teilzeitbeschäftigungspläne	O	O
Versetzungspläne (z.B. für Auszubildende oder Trainees)	O	O
_____	O	

9.2　Welche Methoden werden zum Erstellen der speziellen Einsatzpläne verwandt?

    O Methoden der linearen Programmierung
    O Graphentheoretische Verfahren
    O Simulationsverfahren
    O _____

Falls der 6. Fragenkomplex (Personalbedarfsplanung) und/oder der 7. Fragenkomplex (Personalbeschaffungs-/-freisetzungsplanung) **nicht bearbeitet** wurde(n), beantworten Sie bitte **auch die Fragen 6.6 - 6.7.3 bzw. 7.1 - 7.2.1**!!

im Original orange

10. Fragenkomplex: Personalkostenplanung

10.1 Welche Formen der Plankostenrechnung sind in Ihrem Anwendungsprogramm realisiert?

O Starre Plankostenrechnung
O Flexible Plankostenrechnung auf Vollkostenbasis
O Grenzplankostenrechnung
O Relative Einzelkostenrechnung
O Budgetkostenrechnung
O _____

10.2 Wie hoch ist die Anzahl der maximal zu verarbeitenden Kostenarten?

_____

10.3 Sind bestimmte Kostenarten fest vorgegeben?

O Ja   O Nein

10.3.1 **Falls ja**, welche Kostenarten?

O Personalbeschaffungskosten
O Personalabbaukosten
O Personaleinsatzkosten
O Personalentwicklungskosten
O Lohnkosten
O Gehaltskosten
O Personalnebenkosten
O _____

10.4 Wieviele Kostenstellen können maximal berücksichtigt werden?

_____

im Original orange

10.5 Kann die Planung der Personalkosten auf Basis des zuvor ermittelten Bedarfs erfolgen?

                                    O Ja   O Nein

10.6 Für welche Änderungen der Personalkosten sind Simulationsrechnungen vorgesehen?

- O Tariferhöhungen
- O Urlaubsverlängerungen
- O Erhöhung der Beitragsbemessungsgrenzen
- O _____

10.7 Ist die Berechnung von Personalkostenkennzahlen in Ihrem Anwendungsprogramm vorgesehen?

                                    O Ja   O Nein

10.7.1 **Falls ja**, welche Kennzahlen können berechnet werden?

_____
_____
_____

Anhang E

Erinnerungsschreiben zu Anhang D

Universität zu Köln
Seminar für Allgemeine Betriebswirtschaftslehre,
Industriebetriebslehre und Produktionswirtschaft
Direktor: Univ.-Prof. Dr. Werner Kern

Industrieseminar · Universität zu Köln · Albertus-Magnus-Platz · 5000 Köln 41

5000 Köln 41 (Lindenthal)
Albertus-Magnus-Platz
Telefon (02 21) 470 - 33 78
Telefax (02 21) 470 - 51 51

Unser Schreiben vom

Sehr geehrte Damen und Herren,

in unserem o. a. Schreiben baten wir Sie, im Rahmen unserer Erhebung zum Thema

    Personalinformationssysteme für Zwecke der Personalplanung

einen Fragebogen zu beantworten.

Da wir von Ihnen noch keine Antwort erhalten haben, möchten wir Sie heute freundlich an unser Anliegen erinnern. Für den Fall, daß Ihnen der Fragebogen nicht mehr vorliegt, fügen wir ein neues Exemplar mit Ausfüllanleitung und Glossar bei. Bitte senden Sie den ausgefüllten Fragebogen baldmöglichst zu Händen von Herrn Vatteroth (Tel.: 0221/470-3118) zurück.

Wir hoffen weiterhin auf Ihre Unterstützung und verbleiben

mit freundlichen Grüßen

(Dipl.-Kfm. H.-Ch. Vatteroth)

ANLAGEN

Anhang F

Verzeichnis der Anbieter, deren Produkte im Projekt A nicht in der Hauptuntersuchung oder in der Detailanalyse berücksichtigt wurden

Firmenname:	VORUNTERSUCHUNG				HAUPTUNTERSUCHUNG			
	keine Reaktion	nicht angeboten	CPIS zur Personalplanung z.Zt. in Planung	vorhanden	zusätzlich berücksichtigt	keine Reaktion	aus Untersuchung ausgeschieden	für Detailanalyse ungeeignet
Abacus Research AG		•						
AC Automation Center AG		•						
AC-Service Ges.m.b.H.				•		•		
adata Software GmbH				•		•		
Adler Data Software-Ges.m.b.H.			•					
ADV/ORGA AG				•		•		
Bernd Ahlbrecht & Partner				•			•	
AIS Automations- und Informationssysteme Ges.m.b.H			•					
ALLDAVE Datenverarbeitung KG	•							
ALPHA DATA Gesellschaft für Datenverarbeitung, Software- und Organisationsberatung mbH				•				
Andes-Elektronik GmbH				•		•		
ASPERS Betriebsberatung und Datenverarbeitung Ges.m.b.H		•						
Asring GmbH Gesellschaft für Software-Entwicklung und -Vertrieb	•							

Firmenname:	VORUNTERSUCHUNG CPIS zur Personalplanung				HAUPTUNTERSUCHUNG			
	keine Reaktion	nicht angeboten	z.Zt. in Planung	vorhanden	zusätzlich berücksichtigt	keine Reaktion	aus Untersuchung ausgeschieden	für Detailanalyse ungeeignet
Badura + Walz GmbH								•
Dipl.-Ing. H. Baumann Unternehmensberatung	•							
B.E.O. Büro für EDV-Organisation GmbH			•					
BMU Beratungsgesellschaft Mittelständischer Unternehmen mbH		•						
BOIS U-S-H GmbH Unternehmensberatung Software + Hardware				•				
Brodmann Software Systeme AG	•					•		
BUCHDATA EDV-MANAGEMENT-Service GmbH		•						
Bull AG, Köln	•	•						
Bull AG, Wien		•						
BW-Soft Computer-Systeme				•				
CDS Computer Dienste Saiger GmbH				•				
CEBRA GmbH	•							•
command computer-anwendungs-beratung gmbh		•						

Firmenname:	VORUNTERSUCHUNG				HAUPTUNTERSUCHUNG			
	keine Reaktion	CPIS zur Personalplanung z.Zt. nicht angeboten	in Planung	lich vorhanden	zusätzlich berücksichtigt	Unter- keine Reaktion	aus Detailsuchung ausgeschieden	für analyse ungeeignet
Compros AG	•							
COMPUTER ANWENDUNGS-BERATUNG A. Goertz + H. Heyken		•						
COMTECH GmbH		•						
CONSOFT Controlling, Software und Organisation AG				•		•		
CONTEC Gesellschaft für Organisationsentwicklung	•							
CSA Computer Service Agentur GmbH		•						
CSD-CRONOS Vertriebsgesellschaft für Datensysteme mbH				•		•		
CSS Computer Support Services GmbH	•							
CUSTO-SOFT GmbH	•							
DAT AG Standard Informationssysteme		•						
DELTA DATENTECHNIK GmbH & Co. KG	•							
dili data Computer und Programme D. Liebermann				•			•	

Firmenname:	VORUNTERSUCHUNG				HAUPTUNTERSUCHUNG			
	keine Reaktion	CPIS zur Personalplanung nicht angeboten	z.Zt. in Planung	vorhanden	zusätzlich berücksichtigt	keine Reaktion	aus Untersuchung ausgeschieden	für Detailanalyse ungeeignet
DOGRO-Partner Unternehmensberatung GmbH								
DPW Data Processing Weinhofer		•						
D + V Albers und Bromberg				•		•		
EBG Elektronische Bausteine GmbH	•							
e.e. software gmbh & co. beratungs-kg	•							
eff-eff Fritz Fuss GmbH & Co.	•							
E.F.S. Management Software Vertriebs GmbH				•				
EDV-Service Ges.m.b.H.		•						
ELDICON GmbH			•					
ESB GmbH EDV-Service und Beratung				•		•		
Fachhochschule für öffentliche Verwaltung Kehl		•						
FERNBACH-Software		•						
General Electric Informations-Service GmbH	•						•	
GTK Unternehmensberatung				•				

Firmenname:	VORUNTERSUCHUNG				HAUPTUNTERSUCHUNG			
	keine Reaktion	nicht angeboten	CPIS zur Personalplanung z.Zt. in Planung	vorhanden	zusätzlich berücksichtigt	keine Reaktion	aus Untersuchung ausgeschieden	für Detailanalyse ungeeignet
Helmut van Haaren Software-Vertriebs-GmbH	●							
HDS-Rechenzentrum GmbH & Co. KG				●		●		
Hengstler GmbH				●			●	
Hewlett-Packard GmbH				●			●	
HOFFMANN DATENTECHNIK GMBH			●					
Dr. Hoffmann		●						
Huber Computer GmbH			●					
Gerald Hübschmann Unternehmensberatung GmbH				●				
IBAT-AOP GmbH & Co. KG	●							
IBM Deutschland GmbH				●		●		
Informatik Gesellschaft Kerckhoff & Partner mbH				●		●		
INO-NET GmbH		●						
INTEGRATA AG		●						
INTERAUTOMATION Deutschland GmbH				●		●		
ISC GmbH				●		●		

~ 238 ~

Firmenname:	VORUNTERSUCHUNG				HAUPTUNTERSUCHUNG			
	keine Reaktion	CPIS zur Personalplanung nicht angeboten	z.Zt. in Planung	vorhanden	zusätzlich berücksichtigt	keine Reaktion	aus Untersuchung ausgeschieden	für Detailanalyse ungeeignet
ITOS Computer GmbH				•				
JENCIK Computersysteme und Software AG		•						
KEIL & CO. GmbH & CO. COMPUTERSYSTEME		•						
Krupp Atlas Datensysteme GmbH								
Kuchenbecker Betriebsberatungsges.m.b.H.	•							
LUNZER + PARTNER GMBH		•						
/M/A/I Software Systeme GmbH Geschäftsbereich basic insoft		•						
M-SOFT Organisationsberatung GmbH		•	•					
Messerschmidt-Bölkow-Blohm GmbH			•					
Mikroton GmbH	•							
MLS Computer und Marketing Inh. M. L. Schmenner					•		•	
MM Unternehmensberatung		•						
MOR Informatik AG								

	VORUNTERSUCHUNG				HAUPTUNTERSUCHUNG			
			CPIS zur Personalplanung					
Firmenname:	keine Reaktion	nicht angeboten	z.Zt. in Planung	vorhanden	zusätzlich berücksichtigt	keine Reaktion	aus Untersuchung ausgeschieden	für Detailanalyse ungeeignet
NCR GmbH	•							
Nixdorf Computer AG		•						
OGS GmbH					•		•	
OPG OrganisationsPartner GmbH			•					
ORBA Software GmbH				•				
ORGA-RATIO Organisations- und Rationalisierungs-Gesellschaft mbH			•					
ORGEB Organisations- und EDV-Beratung				•				
ORSYSTA AG				•			•	
OSL GmbH Online Software Labor GmbH		•						
Osys GmbH		•						
OT Informatik GmbH		•						
P.A.P. Computer GmbH				•		•		
perbit Personalsysteme Wolfgang Witte oHG				•			•	
PLANSOFT GmbH			•					
porta soft G. Rethemeier GmbH			•			•		

	VORUNTERSUCHUNG CPIS zur Personalplanung				HAUPTUNTERSUCHUNG			
Firmenname:	keine Reaktion	nicht angeboten	z. Zt. in Planung	vorhanden	zusätzlich berücksichtigt	keine Reaktion	aus Untersuchung ausgeschieden	für Detailanalyse ungeeignet
PROJEKT Computersysteme GmbH								•
PSM Soft- und Hardware Vertriebs GmbH	•							
PSP Software GmbH		•						
PSd Sicherheitsberatung GbR				•				
Polzer informatik GmbH			•					
Ratioplan Unternehmensberatung Datenverarbeitung GmbH		•						
REUSS Unternehmens- und DV-Systemberatung GmbH					•		•	
Rhein-Main Rechenzentrum GmbH & Co. KG			•					
Rieber-Software GmbH			•					
RZF-ADP GmbH & Co.	•							
SCS Informationstechnik GmbH		•				•		
Ing. Emil Schauer				•		•		
Michael Schnell EDV-Organisation				• •				
SEB GmbH				•				
Sengstag Computer AG	•						•	

	VORUNTERSUCHUNG				HAUPTUNTERSUCHUNG			
	CPIS zur Personalplanung							
Firmenname:	keine Reaktion	nicht angeboten	z.Zt. in Planung	vorhanden	zusätzlich berücksichtigt	keine Reaktion	aus Untersuchung ausgeschieden	für Detailanalyse ungeeignet
Siemens AG		•						
Siemens AG Österreich	•							
SIGMA URW Unternehmensberatung GmbH		•						
SimWare Software GmbH		•						
SOFT-POOL GmbH				•		•		
Sponagel EDV AG		•						
Stadtsparkasse Köln		•						
Steeb Informationstechnik GmbH				•			•	
strässle Datentechnik GmbH			•					
SVGU Schweizerischer Verband Graphischer Unternehmungen	•	•						
SYPROG GmbH			•					
Systemdata Gesellschaft für elektronische Informationssysteme mbH			•					
Systemhaus Industrie GmbH		•						
Systime AG				•				
Taylorix AG						•		

Firmenname:	VORUNTERSUCHUNG CPIS zur Personalplanung				HAUPTUNTERSUCHUNG			
	keine Reaktion	nicht angeboten	z. Zt. in Planung	vorhanden	zusätzlich berücksichtigt	keine Reaktion	aus Untersuchung ausgeschieden	für Detailanalyse ungeeignet
team Organisationsberatung GmbH	●							
Tiessen DATA	●							
Titze Datentechnik GmbH				●				
TUTOR CONSULTING Gesellschaft für Personalförderung mbH				●				
TWO-to-ONE Unternehmensberatung GmbH			●					
TZA-Datensysteme GmbH				●				
UNICOM Computerservice und Software GmbH				●		●		
Unisys Deutschland GmbH	●			●		●		
verlag moderne industrie AG & Co.						●	●	
VISO-DATA Computer Ges.m.b.H.								
Heinz Voemel Datentechnik		●						
V + R Gesellschaft für Softwareentwicklung u. Prozeßtechnik mbH				●		●		
Waiblinger Softwarehaus GmbH				●			●	

Firmenname:	VORUNTERSUCHUNG CPIS zur Personalplanung			HAUPTUNTERSUCHUNG			
	keine Reaktion	nicht angeboten	z.Zt. in Planung	vorhanden	zusätzlich berücksichtigt	keine Reaktion	aus Untersuchung ausgeschieden	für Detailanalyse ungeeignet
Walter Weber lic. oec. HSG Software + Beratung	●							
Wenger Informatik AG				●				
Wörner und Bludau EDV Entwicklungs- und Vertriebsgesellschaft mbH			●				●	

Anhang G

Anschreiben im Rahmen der Voruntersuchung von Projekt B mit Antwortblatt

Universität zu Köln

Seminar für Allgemeine Betriebswirtschaftslehre,
Industriebetriebslehre und Produktionswirtschaft

Direktor: Univ.-Prof. Dr. Werner Kern

Industrieseminar · Universität zu Köln · Albertus-Magnus-Platz · 5000 Köln 41

5000 Köln 41 (Lindenthal)
Albertus-Magnus-Platz
Telefon (02 21) 470-33 78
Telefax (02 21) 470-51 51

Betr.: Datenmaterial für Diplomarbeit

Sehr geehrte Damen und Herren,

an unserem Seminar wird z. Zt. an einer Diplomarbeit mit dem Schwerpunkt

Flexible Arbeitszeiterfassung durch BDE-Systeme

gearbeitet. Bestandteil dieser Arbeit soll eine Analyse der verfügbaren Standard-Anwendungsprogramme für die Arbeitszeiterfassung sein. Eine Veröffentlichung der Ergebnisse ist vorgesehen.

Den einschlägigen Publikationen haben wir entnommen, daß Ihre Firma Programme für diesen Bereich anbietet. Deshalb möchten wir Sie bitten, uns bei der Datenbeschaffung durch Überlassen geeigneten Informationsmaterials zu unterstützen. Dabei interessieren uns vor allem folgende Aspekte:

- unterstützte Formen der flexiblen Arbeitszeitgestaltung (z.B. gleitende Arbeitszeiten, Schichtarbeitszeiten),
- angewandte Verfahren (z.B. Soll-Ist-Vergleich),
- Programmkonzept (modularer Aufbau, Schnittstellen) sowie
- Art und Umfang der benötigten Daten.

Leihweise überlassene Unterlagen senden wir Ihnen selbstverständlich nach Einsicht unverzüglich zurück. Auch wenn Ihre Firma (noch) keine entsprechenden Programme anbietet oder Sie uns kein Informationsmaterial überlassen können, möchten wir Sie bitten, beiliegendes Antwortblatt ausgefüllt an uns zurückzuschicken.

Für Ihre Bemühungen bedanken wir uns im voraus und verbleiben

mit freundlichen Grüßen

Dipl.-Kfm. H.-Ch. Vatteroth   Friedrich Förster

<u>Anlage:</u> Antwortblatt

Absender:
FIRMA..........: _____
ANSPRECHPARTNER: _____
TEL.(Durchwahl): _____
STRASSE........: _____
PLZ/ORT........: _____

Universität zu Köln
INDUSTRIESEMINAR
z.Hd. Herrn Vatteroth
Albertus-Magnus-Platz

D-5000 Köln 41

Betr.: Standard-Anwendungsprogramme für die Arbeitszeiterfassung

( ) Wir bieten entsprechende Programme an;
    Informationsmaterial liegt bei.

( ) Wir bieten entsprechende Programme an;
    Informationsmaterial wird Ihnen in Kürze zugehen.

( ) Wir bieten entsprechende Programme an;
    Informationsmaterial können wir Ihnen leider nicht zur
    Verfügung stellen.

( ) Wir bieten entsprechende Programme noch nicht an, aber
    planen dies; Informationsmaterial liegt bei.

( ) Wir bieten entsprechende Programme noch nicht an, aber
    planen dies; Informationsmaterial können wir Ihnen leider
    nicht zur Verfügung stellen.

( ) Wir bieten keine entsprechenden Programme an und planen
    dies auch nicht.

....
    (Ort, Datum)   (Stempel/Unterschrift)

Anhang H

Erinnerungsschreiben zu Anhang G

Universität zu Köln

Seminar für Allgemeine Betriebswirtschaftslehre,
Industriebetriebslehre und Produktionswirtschaft

Direktor: Univ.-Prof. Dr. Werner Kern

Industrieseminar · Universität zu Köln · Albertus-Magnus-Platz · 5000 Köln 41

5000 Köln 41 (Lindenthal)
Albertus-Magnus-Platz
Telefon (02 21) 470-33 78
Telefax (02 21) 470-51 51

Betr.: Datenmaterial für Diplomarbeit
Unser Schreiben vom 17.07.1990

Sehr geehrte Damen und Herren,

in dem o. g. Schreiben baten wir Sie um Datenmaterial für eine Diplomarbeit. Deren Schwerpunkt liegt in dem Bereich

- Flexible Arbeitszeiterfassung durch BDE-Systeme -.

Da wir von Ihnen noch keine Antwort erhalten haben, wohl bedingt durch die Urlaubszeit, möchten wir Sie heute noch einmal ansprechen. Zur Erinnerung legen wir das o. g. Schreiben bei.

Auch wenn Ihre Firma keine entsprechende Software besitzt, wären wir Ihnen für die Rücksendung des beiliegenden Antwortblattes dankbar.

Mit freundlichen Grüßen

Dipl.-Kfm. H.-Ch. Vatteroth   Friedrich Förster

<u>Anlagen</u>

Anhang I

Anschreiben im Rahmen der Hauptuntersuchung von Projekt B mit
Ausfüllanleitung, Glossar und Fragebogen

Universität zu Köln

Seminar für Allgemeine Betriebswirtschaftslehre,
Industriebetriebslehre und Produktionswirtschaft

Direktor: Univ.-Prof. Dr. Werner Kern

Industrieseminar · Universität zu Köln · Albertus-Magnus-Platz · 5000 Köln 41

5000 Köln 41 (Lindenthal)
Albertus-Magnus-Platz
Telefon (02 21) 470-33 78
Telefax (02 21) 470-51 51

Diplomarbeit: Flexible Arbeitszeiterfassung durch BDE-Systeme

Sehr geehrte Damen und Herren,

im August des vergangenen Jahres haben wir Sie um die Zusendung von Datenmaterial zum o. g. Thema gebeten. Freundlicher Weise haben Sie uns bei der Informationsgewinnung unterstützt, dafür möchten wir Ihnen danken.

Die Ausarbeitungen zu der o. g. Thematik sollen durch eine Analyse der auf dem Markt verfügbaren BDE-Systeme noch weiter konkretisiert werden. Leider läßt das uns von den verschiedenen Anbietern zur Verfügung gestellte Informationsmaterial keinen direkten Vergleich der angebotenen Software zu. Um die Vergleichbarkeit zu ermöglichen, wurde von uns deshalb der beiliegende Fragebogen entwickelt.

Da Sie uns bisher schon tatkräftig unterstützt haben, möchten wir Sie heute bitten, auch den beigefügten Fragebogen auszufüllen und baldmöglichst an die o. g. Adresse zurückzuschicken.

Für Ihre Bemühungen bedanken wir uns im voraus und verbleiben

mit freundlichen Grüßen

Dipl.-Kfm. H.-Ch. Vatteroth   F. Förster

Anlagen

Ausfüllanleitung und Glossar

zum Fragebogen

Flexible Arbeitszeiterfassung durch BDE-Systeme

1. Lassen Sie sich vom Umfang des Fragebogens nicht abschrecken! So viel Zeit, wie Sie befürchten, wird er nicht kosten. Der überwiegende Teil der Fragen kann durch Ankreuzen oder Einkreisen der ja/nein-Kombination beantwortet werden. Um Ihnen einen möglichst großen Antwortspielraum zu lassen, ist bei einigen Fragen ein zusätzlicher Freiraum für weitere Antworten vorgesehen.

2. Da wir nicht sicher sind, daß alle im Fragebogen verwandten Begriffe einheitlich benutzt werden, haben wir dieses Glossar beigefügt. Die erläuterten Begriffe sind im Fragebogen mit * versehen und erscheinen im Glossar in der Reihenfolge, in der sie im Fragebogen verwandt werden. Wir hoffen, Ihnen so das Ausfüllen des Fragebogens zu erleichtern.

Endanwender: Unter dem Endanwender wird die Person verstanden, die am Terminal in der Personalabteilung (oder in der Gehaltsbuchhaltung) Datenpflege betreibt und Auswertungen vornimmt.

Benutzer: Unter dem Benutzer wird die Person verstanden, die am Erfassungsterminal Ihre Arbeitszeit stempelt.

IRWAZ: Individuelle regelmäßige wöchentliche Arbeitszeit.

BRWAZ: Betriebliche regelmäßige wöchentliche Arbeitszeit.

Zeitmodell: Unter Zeitmodellen werden die in einem Unternehmen vorkommenden verschiedenen Arbeitszeitformen verstanden (z. B. Feste Arbeitszeit, Gleitzeit usw.). Ein Zeitmodell setzt sich aus einzelnen Tagesprogrammen zusammen, deren individuelle Kombination in Dienst- oder Wochenplänen abgebildet werden kann.

Tagesprogramm: Durch das Tagesprogramm werden die individuellen Sollstunden, Rahmen- und Kernzeiten pro Tag definiert.

Dienstplan: Neutrale Verwaltung und Kombination von Tagesprogrammen über einen bestimmten Zeitraum (z. B. bei täglich wechselnden Soll-Arbeitszeiten und/oder Beginn-/Endezeiten).

Wochenplan: Definition wie Dienstplan, jedoch auf eine Woche begrenzt.

UNIVERSITÄT ZU KÖLN
INDUSTRIESEMINAR
Albertus-Magnus-Platz
D-5000 Köln 41

FRAGEBOGEN

Flexible Arbeitszeiterfassung durch BDE-Systeme

1. Fragen zu Ihrem Unternehmen

1.1 Firma..........: _____

　　　Anschrift......: _____

1.1.1 Ansprechpartner: _____

1.2 Ist Ihr Unternehmen Hersteller des Produktes?　　　　　　　　　　　ja/nein

1.2.1 Falls nein: Wer ist der Hersteller des Produktes?

　　　Firma..........: _____

　　　Anschrift......: _____

1.3 Gründungsjahr Ihres Unternehmens: _____

1.4 Anzahl der festen Mitarbeiter insgesamt (Deutschland/Österreich/Schweiz):　__/__/__

1.4.1 Davon Kundenberater für das Paket:　__/__/__

1.4.2 Davon Systemprogrammierer für das Paket:　__/__/__

2. Fragen zu Hardware (incl. Erfassungsterminals) und Systemsoftware

2.1 Läuft Ihre Software auf:

- Zentralem HOST-Rechner   ja/nein
- Zentralem HOST-Rechner mit vorgeschaltetem Konzentrator   ja/nein
- Mini/Mikrocomputer   ja/nein
- PC   ja/nein
- _____

2.2 Benötigte Speicherkapazität (in MB):

2.2.1

	Host	Konzentrator	sonstiger Rechnertyp (vgl. Frage 2.1)
- Arbeitsspeicher	_____ MB	_____ MB	_____ MB
- Externe Speicher	_____ MB	_____ MB	_____ MB
- _____	_____ MB	_____ MB	_____ MB

2.2.2   Besteht eine Speichermöglichkeit im Erfassungsterminal?   ja/nein
2.2.2.1   Falls ja: - Wie groß ist der Speicherplatz?   _____ KB
2.2.2.2   - Das entspricht wievielen Arbeitszeit-Buchungen? ca. _____
2.3   Ist die Anwendungssoftware an eine bestimmte Hardware-Konfiguration gebunden? ja/nein
2.3.1   Falls ja: - An welche Hardware-Konfiguration?

          _____

2.3.2   - Kann die Hardware-Konfiguration von Ihrer Firma bezogen werden?   ja/nein
2.4   Ist die Anwendungssoftware an ein bestimmtes Betriebssystem gebunden?   ja/nein
2.4.1   Falls ja, welches Betriebssystem wird benötigt?

          _____

2.4.2   Unter welchen Betriebssystemen wurde Ihre Software schon installiert?

          _____
          _____
          _____

2.5   Verwenden Sie eigene Erfassungsterminals?   ja/nein
2.5.1   Falls nein, mit welchen Herstellern arbeiten Sie zusammen?
          Firma/Anschrift: _____
                           _____
                           _____
                           _____

2.5.2   Wieviele Erfassungsterminals können max. angeschlossen werden?   _____

		standardmäßig vorhanden	zusätzlich möglich	nicht vorgesehen
2.5.3	Ausstattungsmerkmale Verfügen die Erfassungsterminals über:			
2.5.3.1	- Display: - Numerisch	0	0	0
	Anzahl Stellen: _____			
	- Alpha-Numerisch	0	0	0
	Anzahl Stellen: _____			
2.5.3.2	- Festbelegte Funktionstasten für:			
	- Kommt/Geht	0	0	0
	- Dienstgang	0	0	0
	- Abfrage	0	0	0
	- _____	0	0	
	- _____	0	0	
2.5.3.3	- Zusätzlich frei belegbare Funktionstasten:	0	0	0
	- Wieviele _____			
2.5.3.4	- Zehnertastatur	0	0	0
2.5.3.5	- Barcodeleser für Belege	0	0	0
2.5.3.6	- Sonstige: - _____	0	0	
	- _____	0	0	
2.5.4	- Welches Ausweisleseverfahren benutzen Sie?			
	- Magnetcode	0	0	0
	- Barcode	0	0	0
	- Infrarot (verdeckt)	0	0	0
	- _____	0	0	
2.5.5	Sicherheitsmerkmale Verfügen die Erfassungsterminals über folgende Sicherheitskriterien?			
	- Brandschutz	0	0	0
	- Explosionsschutz	0	0	0
	- Wetterfeste Außengehäuse	0	0	0
	- _____	0	0	

3. Allgemeine Fragen zum Standard-Softwarepaket

3.1. Produkt-/Paketname:

_____

3.2 Produktspezifikation, es handelt sich um:

- ein Programm zur Personalzeiterfassung ohne direkte Anbindung an ein BDE-System _(Klasse 1)_ ja/nein

- ein Modul eines BDE-Systems, das nur den Bereich der Personalzeiterfassung abdeckt _(Klasse 2)_ ja/nein

- ein BDE-System mit der Option zur Personalzeiterfassung ohne Aufteilung in einzelne Module _(Klasse 3)_ ja/nein

3.2.1 Falls es sich um ein System der Klassen 2 oder 3 handelt:

- Welche Bereiche deckt das Gesamtpaket ab?

  - _____

  - _____

  - _____

- Baut die auftragsbezogene Datenerfassung unmittelbar auf dieser Personalzeiterfassung auf? ja/nein

3.3 Anzahl der Installationen dieses Produktes insgesamt (D/A/CH) ___/___/___

davon: - nur Zeiterfassung ___/___/___

       - nur Auftragssteuerung ___/___/___

       - kombinierte Anwendungen ___/___/___

3.4 Jahr der Erstimplementierung: _____

3.5 Nummer der derzeitigen Version: _____

3.5.1 Derzeitige Version im Einsatz seit: _____

3.6 Kauf-/Mietpreis für das Produkt:

Kaufpreis: _____ DM   Mtl. Mietpreis: _____ DM

3.6.1 Wie hoch schätzen Sie die Kosten für den Anwender:

- Kosten der Implementierung.......: ca. _____ DM

- Jährliche Wartungs-/Pflegekosten.: ca. _____ DM

3.7	Bieten Sie folgende Leistungsmerkmale für	Endanwender*	Benutzer*
3.7.1	Menuesteuerung?	ja/nein	ja/nein
3.7.2	Umgehung der Menuesteuerung durch frei definierbare Quickbefehle?	ja/nein	ja/nein
3.7.2.1	Falls ja, wieviele Quickbefehle?	_____	_____
3.7.3	Klartexteinblendung, z.B. für Fehlgründe, Organisationsbegriffe etc.?	ja/nein	ja/nein
3.7.4	Helpfunktionen mit ausführlichen Parameterbeschreibungen und Bedienungshinweisen?	ja/nein	ja/nein
3.7.5	Fenstertechnik (Window-Technik)?	ja/nein	ja/nein
3.7.6	Plausibilitätsprüfung der Eingabe:		
	- o.k.-Quittung optisch?	ja/nein	ja/nein
	- o.k.-Quittung akustisch?	ja/nein	ja/nein

3.8	Welche Programmiersprache(n) wurde(n) zur Erstellung benutzt?			
	- _____			
	- _____			

		standardmäßig vorhanden	zusätzlich möglich	nicht vorgesehen
3.9	Welche Schnittstelle(n) zu anderen Programmen sind:			
	Lohn- und Gehaltsabrechnung	0	0	0
	Kostenrechnung	0	0	0
	Produktionsplanung und -steuerung	0	0	0
	Auftragsabwicklung	0	0	0
	Zugangskontrolle	0	0	0
	_____	0	0	
	_____	0	0	
	_____	0	0	
	_____	0	0	

		Endanwender	Benutzer
3.10	Gibt es ein Handbuch in folgenden Sprachen für		
	- Deutsch	ja/nein	ja/nein
	- Englisch	ja/nein	ja/nein
	- _____	ja/nein	ja/nein

3.11	Verarbeitungsart:	
3.11.1	real-time	ja/nein
3.11.1.1	Falls ja, wie ist das Antwortzeitverhalten am Erfassungs-terminal für den Benutzer in Echtzeit (real-time) bei max. _____ Buchungen/Minute?	_____ Sekunden
3.11.2	nach Verarbeitungslauf	ja/nein
3.11.2.1	Falls ja, wie häufig erfolgt dieser? _____	
3.12	Kehrt das System nach einer vorzugebenden Anzahl von Minuten bei Nichtbenutzung ins Ruhebild zurück?	ja/nein
3.13	Erfolgt ein automatischer Wiederanlauf nach Netzausfall (Warmstart)?	ja/nein
3.14	Erfolgt die Datensicherung automatisch und operatorlos?	ja/nein
3.14.1	Falls ja, wie ist der Sicherungsrhythmus?	
	- Täglich	ja/nein
	- Wöchentlich	ja/nein
	- In Abhängigkeit von individuell einstellbaren Parametern	ja/nein
3.15	Auf welchen Datenträgern sichern Sie?	
	- _____	
	- _____	
3.16	Wird eine Buchungs-Log-Datei geführt?	ja/nein
3.16.1	Falls ja, für wieviele Tage?	_____
3.16.2	Kann aus der Buchungs-Log-Datei selektiert werden nach	
	- Ereignisarten	ja/nein
	- Zeiten	ja/nein
	- Mitarbeitern	ja/nein
	- _____	

3.17	Werden im off-line-Fall die Buchungen aus dem Terminal automatisch zeitgerecht nachgearbeitet?	ja/nein
3.18	Bleiben auch on-line-Buchungen als Datensicherung im Erfassungsterminal erhalten und können sie bei Bedarf nachverarbeitet werden?	ja/nein
3.18.1	Falls ja, für welchen Zeitraum?	_____
3.19	Verfügen die Erfassungsterminals über Notstrombetrieb für ca. _____ Stunden bei vollem Arbeitsbetrieb?	ja/nein
3.20	Welche Datensicherungsmaßnahmen nach § 6 und Anlage zu § 6 BDSG sind programmseitig sichergestellt?	

- Speicherkontrolle — ja/nein
- Benutzerkontrolle — ja/nein
- Zugriffskontrolle — ja/nein
- Übermittlungskontrolle — ja/nein
- Eingabekontrolle — ja/nein
- _____
- _____

3.21	Besteht die Möglichkeit, die Daten über Passworte zu schützen?	ja/nein
3.21.1	Falls ja, wieviele unterschiedliche Passworte können max. vergeben werden?	_____
3.22	Zugriffsrechte können festgelegt werden für:	

- Einzelne Datenfelder — ja/nein
- Einzelne Datensätze — ja/nein
- Dateien — ja/nein
- Einzelne Verarbeitungsfunktionen — ja/nein
- _____
- _____

3.23	Ist in Ihrem Programm der Ausdruck personenbezogener Daten für den Betroffenen nach §§ 13 und 26 BDSG vorgesehen?	ja/nein
3.23.1	Falls ja, erfolgt der Ausdruck:	

- nur auf Anforderung — ja/nein
- monatlich — ja/nein
- jährlich — ja/nein
- _____

3.24	Ist eine Sperrung einzelner Daten nach § 27 BDSG bei Gegenrede durch den Arbeitnehmer möglich?	ja/nein
3.24.1	Falls ja, wie erfolgt die Sperrung?	

- Für einzelne Daten — ja/nein
- Auf Feldebene — ja/nein
- Für einzelne Datensätze — ja/nein
- Auf Dateiebene — ja/nein
- Für einzelne Verarbeitungsfunktionen — ja/nein
- _____

3.25	Ist Ihr Programm schon Gegenstand einer Betriebsvereinbarung geworden?	ja/nein

4. Spezielle Fragen zum Standard-Softwarepaket

4.1 Die Daten werden gespeichert in

- einzelnen Dateien .... ja/nein
- einer Datenbank, die speziell für dieses Programm konzipiert wurde .... ja/nein
- einer Datenbank, die auch für andere Zwecke geeignet ist .... ja/nein

4.2 Welche Datenbanksysteme sind möglich?

- _____
- _____

4.3 Zu welchen Datenbanksystemen sind Schnittstellen definiert?

- _____
- _____

4.4 Sind SQL-Auswertungen (oder ähnliche Verfahren) möglich? .... ja/nein

4.5 Welche Abfragesprache(n) sind vorhanden?

- _____
- _____
- _____

4.6 Kann nach allen Feldern im Stammsatz gesucht werden? .... ja/nein

4.7 Wieviele Felder können max. miteinander verknüpft werden?   Anzahl ____

5. Zeitwirtschaftsstammsatz

5.1 Wieviele Felder stehen insgesamt zur Verfügung?

- Fest definiert   Anzahl ____
- Frei definierbar   Anzahl ____

5.1.1 Als fest definierte Felder sind standardmäßig vorhanden:

- Name	ja/nein	Anzahl ____	Stellen
- Vorname	ja/nein	Anzahl ____	Stellen
- Geschlecht	ja/nein	Anzahl ____	Stellen
- Personalnummer	ja/nein	Anzahl ____	Stellen
- Abteilungen	ja/nein	Anzahl ____	Stellen
- Kostenstellen	ja/nein	Anzahl ____	Stellen
- Ausweisnummer	ja/nein	Anzahl ____	Stellen
- Stammsatznummer	ja/nein	Anzahl ____	Stellen
- _____		Anzahl ____	Stellen
- _____		Anzahl ____	Stellen
- _____		Anzahl ____	Stellen

5.2 Welche Nummern sind identisch miteinander?

- Personalnummer und Ausweisnummer .... ja/nein
- Personalnummer und Stammsatznummer .... ja/nein
- Ausweisnummer und Stammsatznummer .... ja/nein

5.3 Zeitkonten

5.3.1 Wieviel Konten stehen insgesamt zur Verfügung?

- Fest definiert   Anzahl ____

- Frei definierbar   Anzahl ____

5.3.2 Werden folgende Konten im Stammsatz geführt?

	standardmäßig vorhanden	zusätzlich möglich
- Bruttokonto	0	0
- Nettokonto	0	0
- Sollzeitkonto	0	0
- Gleitzeitsaldo	0	0
- Gleitzeitübertrag letzter Monat	0	0
- Gleitzeitübertrag vorletzter Monat	0	0
- Tageskonto Normalstunden	0	0
- Tageskonto Fehlzeitstunden	0	0
- Fehlzeiten gesamt	0	0
- Urlaubskonto	0	0
- Resturlaubskonto	0	0
- Überstunden	0	0
- Mehrarbeit	0	0
- Flexi-Konto (Vorholzeitenkonto)	0	0
- Freizeitausgleich	0	0
- _____	0	
- _____	0	
- _____	0	

5.3.3 Für wieviele Monate können diese Konten im voraus geführt werden?   ____ Monate

5.4 Sind Buchungen im Stammsatz zu erkennen?   ja/nein

5.4.1 Falls ja: - Erste Buchung am Tag   ja/nein
           - Letzte Buchung am Tag   ja/nein
           - _____

5.4.2 Die Eintragung erfolgt mit:

- Buchungsart   ja/nein
- Buchungsort   ja/nein
- Datum   ja/nein
- Uhrzeit   ja/nein
- _____

5.5 Speicherungsdauer

5.5.1 Wie lange werden Zeitkonten gespeichert?   ____ Monate

5.5.2 Wie lange werden die Bewegungsdaten pro MA (Monatsjournal) gespeichert?   ____ Monate

5.6 Kann differenziert werden nach Mehrarbeit und Überstunden?   ja/nein

5.7 Ist eine Überstundenberechtigung vergebbar?   ja/nein

5.7.1 Falls ja: - Auf Dauer   ja/nein
           - Nur heute   ja/nein
           - Von Datum/Uhrzeit bis Datum/Uhrzeit   ja/nein

5.8 Ist eine individuelle Zeitmengenbegrenzung für Überstunden und Normalstunden vergebbar?   ja/nein

5.9	Kann über einen %-Satz Teilzeitbeschäftigung mit automatischer Verrechnung vorgegeben werden?	ja/nein
5.10	Kann aus IRWAZ* und BRWAZ* eine Differenz errechnet werden?	ja/nein
5.10.1	Falls ja, wo wird diese gutgeschrieben?	
	- Flexi-Konto	ja/nein
	- Gleitzeitsaldo	ja/nein
	- _____	

6. Zeitmodelle

6.1	Anzahl der möglichen Zeitmodelle*	Anzahl ____
6.2	Anzahl der möglichen Tagesprogramme*	Anzahl ____
6.3	Wie erfolgt die Zuordnung der Tagesprogramme zum Mitarbeiter?	
	- Über einen Dienstplan*	ja/nein
	- Über einen Wochenplan*	ja/nein
	- Direkte Zuordung zum Mitarbeiter	ja/nein
	- _____	
6.3.1	Wem kann der Dienst-/Wochenplan zugeordnet werden?	
	- Einer Kostenstelle	ja/nein
	- Einem Mitarbeiter	ja/nein
	- _____	
6.3.2	Länge eines Planungszeitraums (Dienst-/Wochenplan)	_____ Tage/Wochen
	- Fester Wiederholungsrhythmus vorhanden?	ja/nein
	Falls ja: - wöchentlich	ja/nein
	- monatlich	ja/nein
	- _____	
6.4	Wird ein Betriebskalender geführt, der es erlaubt, jeden Tag einzeln zu identifizieren (Tag/Monat/Jahr)?	ja/nein
6.5	Sind folgende Zeitmodelle bereits im Standard vorhanden?	

	standardmäßig vorhanden	zusätzlich möglich
- Feste Arbeitszeit	0	0
- Gleitende Arbeitszeit	0	0
- Schichtarbeit	0	0
- Gleitende Schichtarbeit	0	0
- Teilzeitarbeit	0	0
- Kurzarbeit	0	0
- _____	0	
- _____	0	
- _____	0	
- _____	0	
- _____	0	

6.6	Anzahl der möglichen Schichten/Tag	Anzahl	____
6.6.1	Wie erfolgt eine automatische Schichtzuordnung, über:		

- _____

- _____

6.7 Pausenzeitregeln

6.7.1 Wieviel Pausen pro Tag können max. definiert werden?

- Fest definiert   Anzahl ____
- Frei definierbar   Anzahl ____

6.7.2 Kann die Lage der Pausen individuell variabel gestaltet werden?   ja/nein

Falls ja, erfolgt sie über einen Pausenrahmen?   ja/nein

6.7.3 Kann die Pausenlänge auf Grund der voraussichtlichen Mindestanwesenheitszeit errechnet werden?   ja/nein

6.7.4 Kann die Pausenlänge geschlechtsspezifisch ermittelt werden?   ja/nein

6.8 Zuschlagsregeln

Wieviel Zuschläge stehen insgesamt zur Verfügung?

- Fest definiert   Anzahl ____
- Frei definierbar   Anzahl ____

6.8.1 Als fest definierte Zuschläge sind standardmäßig vorhanden:

- _____

- _____

- _____

6.8.2 Wie können die Zuschläge ermittelt werden?

- Zuschläge gemessen nach Datum   ja/nein
- Zuschläge gemessen nach Arbeitsstunden   ja/nein
- Zuschläge gemessen nach der Uhrzeit   ja/nein

6.8.3 In welchem Programm erfolgt die Berechnung der Zuschläge?

- In diesem Zeiterfassungsprogramm   ja/nein
- Im Lohn- und Gehaltsabrechnungsprogramm   ja/nein

6.8.4 Können die in den Tarifverträgen festgelegten Anforderungen an die Erfassung von Mehrarbeit, Überstunden usw. durch die Standardsoftware automatisch abgedeckt werden?

	standardmäßig vorhanden	zusätzlich möglich
- Mehrarbeit	0	0
- Überstunden	0	0
- Zuschläge	0	0
- Freizeitausgleich	0	0
- _____	0	
- _____	0	
- _____	0	

6.9 Wieviele Fehlgründe (Abwesenheitsarten) stehen insgesamt zur Verfügung?

- Fest definiert   Anzahl ____
- Frei definierbar   Anzahl ____

6.9.1 Als fest definierte Gründe sind standardmäßig vorhanden:

- Urlaub — ja/nein
- Krank mit Bescheinigung — ja/nein
- Krank ohne Bescheinigung — ja/nein
- Dienstreise — ja/nein
- Montage beim Kunden — ja/nein
- Unbezahlte Freistellung — ja/nein
- Kompensation Gleitzeit — ja/nein
- Hochzeit — ja/nein
- Sterbefall — ja/nein
- Umzug — ja/nein

Zusätzlich vorhanden:
- _____
- _____
- _____
- _____

6.10 Erfolgt eine Karenzierung bei Arbeitsbeginn und Arbeitsende? ja/nein

6.10.1 Falls ja, sind die Karenzen:

- fest definiert? ja/nein

Falls ja, welche Zeitintervalle sind standardmäßig vorgesehen?

- _____

- frei definierbar? ja/nein

7. Rückverrechnung

7.1 Durch welche Veränderungen der Archivdaten können rückwirkend Neuberechnungen vorgenommen werden?

	standardmäßig vorhanden	zusätzlich möglich	nicht vorgesehen
- Kommt/Geht-Zeiten	0	0	0
- Änderung von Überstundengenehmigungen	0	0	0
- Umbuchungen Überstunden in Freizeit	0	0	0
- Nacherfassung von Abwesenheitszeiten	0	0	0
- Sonstige Veränderungen:			
- _____	0	0	
- _____	0	0	

7.2 Werden Statistiken der Vergangenheit automatisch korrigiert? ja/nein

7.3 Werden Urlaubssalden automatisch korrigiert? ja/nein

8. Informationen und Auswertungen

8.1 Liegen real-time-Informationen vor über:

- "An- oder abwesend" — ja/nein
- "Heute gebucht" — ja/nein
- "Aktuelles Zeitmodell" — ja/nein
- "Aktueller Dienst-/Wochenplan" — ja/nein
- "Aktuelles Tagesprogramm" — ja/nein
- "Heute Fehlgrund gebucht" — ja/nein
- "Auf Fehlgrund" — ja/nein

8.2 Mitarbeiterinformationen

8.2.1 Welche Informationen erhält der Benutzer bei jeder Buchung am Erfassungsterminal?

	standardmäßig vorhanden	zusätzlich möglich
- Uhrzeit aktuell	0	0
- Buchungsart (Kommt/Geht)	0	0
- Zeitsumme	0	0
- Zeitsaldo	0	0
- _____		0
- _____		0

8.2.2 Falls Zeitsumme oder Zeitsaldo;

- Der aktuelle Stand im Moment der Buchung   ja/nein
- Der Stand vom Vortag   ja/nein
- Der Stand der letzten Verarbeitung vom _____

8.2.3 Welche Konten und wieviele kann der Benutzer zusätzlich noch am Erfassungsterminal abrufen?   Anzahl _____

- _____
- _____
- _____

8.2.4 Besteht eine "Mail-box"-Information am Erfassungsterminal?   ja/nein

8.2.5 Kann der Benutzer sein Monatsjournal selbst abrufen?   ja/nein

8.2.5.1 Falls ja, welches Ausgabegerät kann er nutzen?

- Drucker   ja/nein
- Bildschirm   ja/nein
- _____

8.3 Auswertungen

	standardmäßig vorhanden	zusätzlich möglich
- Anwesenheitslisten	0	0
- Abwesenheitslisten		
- mit Fehlgrund	0	0
- ohne Fehlgrund	0	0
- Vergangenheitsauswertungen über:		
- Kommt/Geht-Zeiten	0	0
- Korrekturen	0	0
- Abwesenheitsgründe	0	0
- nach Prioritäten differenziert	0	0
- Monatsjournale mit Urlaubsguthaben	0	0
- Tagesjournale (alle erfolgten Buchungen/Korrekturen)	0	0
- Fehlzeitenstatistik	0	0
- Überstundenstatistik	0	0
- _____		0
- _____		0

8.3.1 Auf welchen Ebenen können diese Auswertungen erfolgen?

	standardmäßig vorhanden	zusätzlich möglich
- Mitarbeiter	0	0
- Abteilung	0	0
- Organisationsgruppe	0	0
- Schichtgruppe	0	0
- Unternehmen	0	0
- _____	0	
- _____	0	

8.3.2 Können folgende Voraussetzungen berücksichtigt werden?

- Erreichen eines bestimmten Gleitzeitsaldos   ja/nein

- Überschreiten der Tagessollzeit   ja/nein

- Erreichen einer bestimmten Wochenarbeitszeit   ja/nein

- Erreichen einer bestimmten Monatsarbeitszeit   ja/nein

- Erreichen einer bestimmten Jahresarbeitszeit   ja/nein

- Besteht die Verrechnungsmöglichkeit:
  Flexi-Konto / Freizeitausgleich aus
  Überstunden / Gleitzeitguthaben   ja/nein

8.3.3 Für welchen Zeitraum erfolgt eine Durchschnittsberechnung für die Feiertagsausfallvergütung?   Tag/Wochen _____

Universität zu Köln
Industrieseminar
31. Januar 1991

Anhang J

Erinnerungsschreiben zu Anhang I

Universität zu Köln

Seminar für Allgemeine Betriebswirtschaftslehre,
Industriebetriebslehre und Produktionswirtschaft

Direktor: Univ.-Prof. Dr. Werner Kern

Industrieseminar · Universität zu Köln · Albertus-Magnus-Platz · 5000 Köln 41

5000 Köln 41 (Lindenthal)
Albertus-Magnus-Platz
Telefon (02 21) 470-33 78
Telefax (02 21) 470-51 51

Diplomarbeit: Flexible Arbeitszeiterfassung durch BDE-Systeme
Unser Schreiben vom 31.01.1991

Sehr geehrte Damen und Herren,

in unserem Schreiben vom 31.01.1991 baten wir Sie um Ihre Unterstützung für die o. g. Diplomarbeit. Die Ausarbeitungen zu der genannten Thematik sollen durch eine Analyse der auf dem Markt verfügbaren BDE-Systeme noch weiter konkretisiert werden. Um die Vergleichbarkeit zu ermöglichen, wurde von uns ein Fragebogen entwickelt, der dem Schreiben beigelegen hat.

Da wir von Ihnen noch keine Antwort - wohl bedingt durch die CeBIT 91 - erhalten haben, möchten wir Sie heute noch einmal ansprechen. Für den Fall, daß Ihnen der Fragebogen nicht mehr vorliegt, fügen wir ein neues Exemplar mit Ausfüllanleitung bei.

Bitte senden Sie den ausgefüllten Fragebogen baldmöglichst zu Hd. von Herrn F. Förster an die o. g. Adresse zurück.

Wir hoffen weiterhin auf Ihre großzügige Unterstützung und verbleiben

mit freundlichen Grüßen

Dipl.-Kfm. H.-Ch. Vatteroth   F. Förster

<u>Anlagen</u>

Anhang K

Verzeichnis der Anbieter, deren Produkte im Projekt B nicht in der Hauptuntersuchung oder in der Detailanalyse berücksichtigt wurden

Firmenname	VORUNTERSUCHUNG				HAUPTUNTERSUCHUNG		
	keine Reaktion	Standard-Softwarepaket zur Zeit: nicht angeboten	in Planung	vorhanden	keine Reaktion	Beantwortung abgelehnt	Bedingungen nicht erfüllt
ABB Schalt- und Steuerungstechnik GmbH, Heidelberg		•					
adata Software GmbH, Verden/Aller	•						
ADV/ORGA AG, Wilhelmshaven							•
AIA-Ainedter Industrie Automation Ges.m.b.H, A-Gartenau				•			
Alter Software Systeme, Wald-Michelbach	•			•			
AMANO Deutschland, Ratingen					•		
Benzing Zeit + Daten GmbH, Villingen-Schwenningen		•		•	•		
BERG-EDV GmbH, Herne	•						
BITTNER EDV GmbH, Geislingen	•						
BLS Datentechnik GmbH, Nordhorn	•						
Bosshard AG, CH-Dübendorf			•				

| Firmenname | VORUNTERSUCHUNG |||| HAUPTUNTERSUCHUNG |||
	keine Reaktion	Standard-Softwarepaket zur Zeit: nicht angeboten	Standard-Softwarepaket zur Zeit: in Planung	Standard-Softwarepaket zur Zeit: vorhanden	keine Reaktion	Beantwortung abgelehnt	Bedingungen nicht erfüllt
CAS Computer Anwendungs-Systeme GmbH, Weinstadt						●	
Charousset, EDV-Organisation, St. Ingbert				●	●		
CI Computer Identics GmbH, Friedrichsdorf			●				
Compusoft KG, Fulda				●			
COMSOFT GmbH, Feucht	●						
CoSi-Elektronik GmbH, Sigmaringen		●					
DAKODA-Datentechnik u. Dialoganwendung GmbH, Paderborn	●				●		
data collection AG, CH-Rudolfstetten	●						
DeTeWe - Deutsche Telefonwerke u. Kabelindustrie AG, Berlin				●			●
Diacom GmbH, Hamm	●						
Dietrich AG, CH-Zürich		●					

Firmenname	VORUNTERSUCHUNG				HAUPTUNTERSUCHUNG		
	keine Reaktion	Standard-Softwarepaket zur Zeit:			keine Reaktion	Beantwortung abgelehnt	Bedingungen nicht erfüllt
		nicht angeboten	in Planung	vorhanden			
dispo-organisation GmbH & Co. KG, Arnsberg			●				
DLoG Gesellschaft für elektronische Datentechnik mbH, Olching			●				
DOS Software GmbH, Wiesbaden				●			●
EBG Elektronische Bausteine GmbH, Düsseldorf				●	●		
Eichner Datentechnik GmbH, München		●					
ELDICON GmbH, Nürnberg				●			
ERGI Daten- u. Informationssysteme GmbH, Darmstadt				●		●	
EVERY-SYS AG, CH-Wattwil		●					
gbo - Gerätebau Odenwald AG, Grasellenbach		●					
GFC Gesellschaft für Computertechnik mbH, Düsseldorf				●	●		●
H & F Industry Data GmbH, Bremen		●					

Firmenname	VORUNTERSUCHUNG keine Reaktion	Standard-Softwarepaket zur Zeit: nicht angeboten	Standard-Softwarepaket zur Zeit: in Planung	Standard-Softwarepaket zur Zeit: vorhanden	HAUPTUNTERSUCHUNG keine Reaktion	Beantwortung abgelehnt	Bedingungen nicht erfüllt
Hartmann + Lämmle GmbH & Co. KG, Stuttgart				●		●	
Hengstler GmbH, Ratingen				●	●		
Herbert Seitz GmbH, Pforzheim				●	●		
Hoffmann Datentechnik GmbH, Bremen				●	●		
HORA Software GmbH, Asbach				●			●
IBM Deutschland GmbH, Bonn				●	●		
ICL International Computers GmbH, Fürth				●	●		
imcos Industrie-Microcomputersysteme GmbH, Aachen				●		●	
Indata Systems AG, CH-Dübendorf		●				●	
infor - Gesellschaft für Informatik mbH, Karlsruhe				●			
inso - Informationsverarbeitung und Softwareentwicklung, Karlsruhe	●						

Firmenname	VORUNTERSUCHUNG				HAUPTUNTERSUCHUNG		
	keine Reaktion	Standard-Softwarepaket zur Zeit: nicht angeboten	in Planung	vorhanden	keine Reaktion	Beantwortung abgelehnt	Bedingungen nicht erfüllt
INTERFLEX Datensysteme GmbH, VS-Weigheim				●			●
ISK - Integrierte Software-Systeme GmbH, Karlsruhe				●	●		
ITOS Computer GmbH, Frankfurt				●	●		
Kieven GmbH, Paderborn				●	●		
KUMATRONIK GmbH, Markdorf				●			
LOGICA GmbH, Darmstadt	●						
Lunzer + Partner GmbH, Maintal				●	●		
MAPRO AG, CH-Thörishaus				●	●		
Markwart Polzer Informatik GmbH, Meerbusch			●			●	
Medata, Sinsheim	●						
MIDITEC Automatisierungstechnik GmbH, Bremen				●	●		

Firmenname	VORUNTERSUCHUNG				HAUPTUNTERSUCHUNG		
	keine Reaktion	Standard-Softwarepaket zur Zeit: nicht angeboten	in Planung	vorhanden	keine Reaktion	Beantwortung abgelehnt	Bedingungen nicht erfüllt
MIKROTRON GmbH, Eching				●	●		
MPDV Mikrolab GmbH, Mosbach				●	●		
NORTECH GmbH Datensysteme, Hannover		●					
obs - Betriebsorganisation und Systementwicklung GmbH, Aachen			●				
Olivetti - TA Olivetti, Deutsche Olivetti GmbH, Frankfurt	●						
Organisation Zoller AG, CH-Vevey				●	●		
Pfeiffer + Konrad, Leonberg				●	●		
Philips Kommunikations Industrie AG, Nürnberg				●	●		
PLANAT GmbH, Ostfildern	●						
POLYDATA AG, CH-Zürich							
POLYMOT AG, CH-Rapperswil	●						

Firmenname	VORUNTERSUCHUNG				HAUPTUNTERSUCHUNG		
	keine Reaktion	Standard-Softwarepaket zur Zeit: nicht angeboten	in Planung	vorhanden	keine Reaktion	Beantwortung abgelehnt	Bedingungen nicht erfüllt
STETEC - Steuerungstechnik GmbH, München				●	●		
Strässle Datentechnik GmbH, Lorsch				●			●
Stratus Computer GmbH, Eschborn		●					
SYSTEC Microprozessor-System-Technologie GmbH, Münster-Roxel				●	●		
TANDEM Computers GmbH, Frankfurt		●					
Telenorma GmbH, Frankfurt				●	●		
Thomas Kern EDV-Beratung, Backnang-Heiningen				●	●		
TIC-Systems Ltd., CH-Pambio-Noranco		●					
UNISYS Deutschland GmbH, Sulzbach			●				
Waiblinger Softwarehaus GmbH, Waiblingen				●			●
Wang Deutschland GmbH, Frankfurt				●	●		

Firmenname	VORUNTERSUCHUNG				HAUPTUNTERSUCHUNG		
	keine Reaktion	Standard-Softwarepaket zur Zeit:			keine Reaktion	Beantwortung abgelehnt	Bedingungen nicht erfüllt
		nicht angeboten	in Planung	vorhanden			
Wegner - Organisation, Hannover-Hemmingen	●						
WEIGANG-MCS GmbH, Würzburg	●						
Ziegler GmbH, Heilbronn				●	●		

LITERATURVERZEICHNIS:

1 & 1 EDV Marketing GmbH (Hrsg.) (1990): Die Software-Börse. Software, ... das sind wir! 12. Aufl., Montabaur o. J. (1990).

Ackermann, K.-F./Reber, G. (1981): Entwicklung und gegenwärtiger Stand der Personalwirtschaftslehre. In: Ackermann, K.-F./Reber, G. (Hrsg.): Personalwirtschaft. Stuttgart 1981, S. 3-53.

Adam, D. (1987a): Ansätze zu einem integrierten Konzept der Fertigungssteuerung bei Werkstattfertigung. In: Adam, D. (Hrsg.): Neuere Entwicklungen in der Produktions- und Investitionspolitik. Wiesbaden 1987, S. 17-52.

Adam, D. (1987b): Retrograde Terminierung, ein Ansatz zu verbesserter Fertigungssteuerung bei Werkstattfertigung. Veröffentlichung Nr. 22 des Instituts für Industrie- und Krankenhausbetriebslehre der Westfälischen Wilhelms-Unviersität Münster. Münster 1987.

Adam, D. (1988a): Aufbau und Eignung klassischer PPS-Systeme. In: Adam, D. (Hrsg.): Fertigungssteuerung I. Grundlagen der Produktionsplanung und -steuerung. Wiesbaden 1988, S. 6-21.

Adam, D. (1988b): Die Eignung der belastungsorientierten Auftragsfreigabe für die Steuerung von Fertigungsprozessen mit diskontinuierlichem Materialfluß. In: Zeitschrift für Betriebswirtschaft, 58. Jg. (1988), H. 1, S. 98-115.

Adam, D. (1988c): Retrograde Terminierung: Ein Verfahren zur Fertigungssteuerung bei diskontinuierlichem Materialfluß oder vernetzter Fertigung. In: Adam, D. (Hrsg.): Fertigungssteuerung II. Systeme zur Fertigungssteuerung. Wiesbaden 1988, S. 89-106.

Adam, D. (1989a): Probleme der belastungsorientierten Auftragsfreigabe - Entgegnung. In: Zeitschrift für Betriebswirtschaft, 59. Jg. (1989), H. 4, S. 443-447.

Adam, D. (1989b): Kurzfristige Kapazitätsanpassung bei Fertigungssteuerung durch Retrograde Terminierung. In: Delfmann, W. (Hrsg.): Der Integrationsgedanke in der Betriebswirtschaftslehre. Festschrift für H. Koch zum 70. Geburtstag. Wiesbaden 1989, S. 1-20.

Adam, D. (1993): Produktionsmanagement. 7. Aufl., Wiesbaden 1993.

Albach, H. (1966): Die Koordination der Planung im Großunternehmen. In: Zeitschrift für Betriebswirtschaft, 36. Jg. (1966), H. 12, S. 790-804.

Arnold, U./Wächter, H. (1975): Personalbeschaffung. In: Gaugler, E. (Hrsg.): Handwörterbuch des Personalwesens. Stuttgart 1975, Sp. 1501-1513.

Atteslander, P./Kopp, M. (1984): Befragung. In: Roth, E. (Hrsg.): Sozialwissenschaftliche Methoden. München - Wien 1984. S. 144-172.

Back-Hock, A. (1990): Systementwicklung. Executive Information Systems. Ein neuer Anlauf zur Realisierung von computergestützten Management-Informationssystemen. In: Wirtschaftswissenschaftliches Studium, 19. Jg. (1990), H. 3, S. 137-140.

Back-Hock, A. (1991): Executive Information Systeme (EIS). In: Kostenrechnungspraxis, o. Jg. (1991), H. 1, S. 48-50.

Back-Hock, A./Kirn, Th. (1991): Executive Information Systeme (EIS) im Controlling. In: Kostenrechnungspraxis, o. Jg. (1991), H. 3, S. 131-136.

Bärsch, H.G. (1972): Betriebliche Ausbildung bei Krupp. In: Marx, A. (Hrsg.): Personalführung. Bd. IV: Lernen und Ausbilden in ihrer Bedeutung für die Betriebswirtschaften. Wiesbaden 1972, S. 143-167.

Bäurle, R. (1990): Informationsflut fest im Griff. In: PC Magazin, Nr. 49 vom 29. 11. 1990, S. 78-84.

Bea, F.X. (1979): Verfahrenswahl. In: Kern, W. (Hrsg.): Handwörterbuch der Produktionswirtschaft. Stuttgart 1979, Sp. 2093-2109.

Bechte, W. (1980): Steuerung der Durchlaufzeit durch belastungsorientierte Auftragsfreigabe bei Werkstattfertigung. Dissertation Universität Hannover 1980.

Bellgardt, P. (1987): Flexible Arbeitszeitsysteme. Entwicklung und Einführung. Heidelberg 1987.

Bellgardt, P. (1990): Rechner- und Systemunterstützung im Personalwesen. In: Bellgardt, P. (Hrsg.): EDV-Einsatz im Personalwesen. Heidelberg 1990, S. 17-24.

Belt, B. (1976): Integrating Capacity Planning and Capacity Control. In: Production and Inventory Management, 17. Jg. (1976), H. 1, S. 9-25.

Berekoven, L./Eckert, W./Ellenrieder, P. (1991): Marktforschung. 5. Aufl., Wiesbaden 1991.

Berthel, J. (1991): Personal-Management. 3. Aufl., Stuttgart 1991.

Besemer, I./Finzer, P. (1990): Einsatz von Standardsoftwarepaketen in der Personalbedarfsplanung. In: Personal, 42. Jg. (1990), H. 2, S. 46-50.

Beste, Th. (1938): Die Produktionsplanung. In: Zeitschrift für handelswissenschaftliche Forschung, 32. Jg. (1938), H. 8/9, S. 345-371.

Beyer, H.-T. (1986): Betriebliche Arbeitszeitflexibilisierung zwischen Utopie und Realität. München 1986.

Beyer, H.-T./Henningsen, J. (1990): Mitarbeiterorientiertes Zeitmanagement. In: Personal, 42. Jg. (1990), H. 4, S. 134-139.

Bichler, K./Kalker, P./Wilken, E. (1992): Logistikorientiertes PPS-System. Wiesbaden 1992.

Bisani, F. (1983): Personalwesen. 3. Aufl., Wiesbaden 1983.

Bischoff, R. (1991): Personalinformationssystem. In: Schneider, H.-J. (Hrsg.): Lexikon der Informatik und Datenverarbeitung. München - Wien 1991, S. 582-584.

Bittelmeyer, G./Hegner, F./Kramer, U. (1987): Bewegliche Zeitgestaltung im Betrieb. Arbeitszeit - Betriebszeit - Freizeit. 2. Aufl. Köln 1987.

Bleil, J./Korb, H. (1977): Das computergestützte Personaldateninformationssystem der Volkswagen AG. In: IBM Nachrichten, 27. Jg. (1977), H. 234, S. 23-27.

Bode J./Zelewski, St. (1992): Die Produktion von Dienstleistungen - Ansätze zu einer Produktionswirtschaftslehre der Dienstleistungsunternehmen? In: Betriebswirtschaftliche Forschung und Praxis, 44. Jg. (1992), S. 594-607.

Böckle, F. (1979): Flexible Arbeit im Produktionsbereich. Möglichkeiten und Grenzen der Modifizierung von Arbeitszeitstrukturen im industriellen Produktionsbereich unter besonderer Berücksichtigung der zeitlichen Bindung von Fertigungsabläufen. Frankfurt - Bern - Las Vegas 1979.

Böhret, P. (1988): Schnelle Reaktion ist gefragt. In: Markt & Technik, o. Jg. (1988), H. 10, S. 143.

Böttger, U./Kieser, D./Stotz, H. (1991): Per Kompaß durch den Messe-Dschungel. In: Industrie-Anzeiger, 113. Jg. (1991), H. 18, S. 12-15.

Braehmer, U./Haller, K.J. (1984): Mitarbeiterinformation in der Sackgasse? In: Zeitschrift Führung + Organisation, 53. Jg. (1984), H. 4, S. 263-266.

Braun, J./ Bühring, J. (1992): Personallogistik - die Voraussetzung für JIT. In: Die Arbeitsvorbereitung, 29. Jg. (1992), H. 4, S. 167-171.

Brüx, H.-J./Seysen, W. (1986): Erfahrungen mit Personalbedarfsplanung in einem Warenhauskonzern. In: Seibt, D./Mülder, W. (Hrsg.): Methoden- und computergestützte Personalplanung, Köln 1986, S. 155-188.

Bürki, W. (1969): Integrierte Management-Informationssysteme (IMIS). In: Industrielle Organisation, 38. Jg. (1969), H. 12, S. 519-525.

Bullinger, H.-J./Huber, H./Koll, P. (1990): Chef-Informationssysteme: Navigationsinstrumente für das Topmanagement. In: Office Management, 38. Jg. (1990), H. 6, S. 40-44.

Bullinger, H.-J./Klein, A. (1989): Flexible Arbeitszeit im zukunftsorientierten Produktionsbetrieb - Chancen und Risiken. In: Warnecke, H.J./Bullinger, H.-J. (Hrsg.): Flexibilisierung der Arbeitszeit im Produktionsbetrieb. Berlin u. a. 1989, S. 11-47.

Bundesverfassungsgericht (1984): Verfassungsrechtliche Überprüfung des Volkszählungsgesetzes 1983. In: Neue Juristische Wochenschrift, 37. Jg. (1984), H. 8, S. 419.

DIN Deutsches Institut für Normung e.V. (1985): Informationsverarbeitung 1. 6. Aufl., Berlin - Köln 1985.

Dahmen, H. (1982): Qualitätssicherung bei Software: Mehr Engagement in frühen Phasen. In: Online, 20. Jg. (1982), H. 4, S. 30-33.

Daul, H. (1967): Personalstatistik. 2. Aufl., Köln - Opladen 1967.

Derigs, U. (1988): PC in der Betriebswirtschaft - Anwendung und Software. Hamburg u. a. 1988.

Deutsche Messe AG (Hrsg.) (1990): Katalog. Hannover Messe CeBIT'90. Band 2. Hannover 1990.

Dienstdorf, B. (1973): Kapazitätsanpassung durch flexiblen Personaleinsatz bei Werkstättenfertigung. In: VDI-Zeitschrift, 115. Jg. (1973), H. 13, S. 1072-1077.

Dierstein, R. (1983): Technische Grenzen der Kontrolle von Personalinformationssystemen. In: Hentschel, B./Wronka, G. (Hrsg.): Personalinformationssysteme in der Diskussion. Köln 1983, S. 113-120.

Dinkelbach, W. (1973): Modell - ein isomorphes Abbild der Wirklichkeit? In: Grochla, E./Szyperski, N. (Hrsg.): Modell- und computergestützte Unternehmensplanung. Wiesbaden 1973, S. 151-162.

Dochnal, H.-G. (1990): Darstellung und Analyse von OPT (Optimized Production Technology) als Produktionsplanungs- und -steuerungskonzept. Arbeitsbericht Nr. 31 des Seminars für Allgemeine Betriebswirtschaftslehre, Industriebetriebslehre und Produktionswirtschaft der Universität zu Köln. Köln 1990.

Dörr, E./Schmidt, D. (1991): Neues Bundesdatenschutzgesetz. Köln 1991.

Domsch, M. (1970): Simultane Personal- und Investitionsplanung im Produktionsbereich. Bielefeld 1970.

Domsch, M. (1971): Personnel Planning and Information Systems. In: Long Range Planning, 4. Jg. (1971), H. 2, S. 12-16.

Domsch, M. (1972): PERSONALINFORMATIONSSYSTEME. Hamburg 1972.

Domsch, M. (1973): PERSONALINFORMATIONSSYSTEME. 2. Aufl., Hamburg 1973.

Domsch, M. (1975a): Personal-Informationssysteme. In: Schmidt, H. u. a. (Hrsg.): Handbuch der Personalplanung. Frankfurt - New York 1975, S. 106-121.

Domsch, M. (1975b): Personaleinsatzplanung. In: Gaugler, E. (Hrsg.): Handwörterbuch des Personalwesens. Stuttgart 1975, Sp. 1513-1525.

Domsch, M. (1977): PERSONALINFORMATIONSSYSTEME. 3. Aufl., Hamburg 1977.

Domsch, M. (1979a): Das Problem der Kosten-Nutzen-Analyse bei Personal-Informationssystemen. In: Reber, G. (Hrsg.): Personalinformationssysteme. Stuttgart 1979, S. 337-370.

Domsch, M. (1979b): PERSONALINFORMATIONSSYSTEME. 4. Aufl., Hamburg 1979.

Domsch, M. (1980): Systemgestützte Personalarbeit. Wiesbaden 1980.

Domsch, M. (1981): PERSONALINFORMATIONSSYSTEME. 5. Aufl., Hamburg 1981.

Domsch, M. (1984): Personal. In: Baetge, J. u. a. (Hrsg.): Vahlens Kompendium der Betriebswirtschaftslehre. Bd. 1. München 1984, S. 483-539.

Domsch, M. (1989): Personal. In: Bitz, M. u. a. (Hrsg.): Vahlens Kompendium der Betriebswirtschaftslehre. Bd. 1. 2. Aufl., München 1989, S. 503-603.

Domsch, M. (1990): Personnel Information Systems. In: Grochla, E./Gaugler, E. u. a. (Hrsg.): Handbook of German Business Management. Bd. 2. Berlin u. a. 1990, Sp. 1681-1695.

Dr. L. Rossipaul Verlagsgesellschaft mbH (Hrsg.) (1989): Softwareführer '90 für Personal Computer. 6. Aufl., München 1989.

Dr. L. Rossipaul Verlagsgesellschaft mbH (Hrsg.) (1990): Softwareführer '91 für Personal Computer. 7. Aufl., München 1990.

Drumm, H.J. (1992a): Personalplanung. In: Gaugler, E./Weber, W. (Hrsg.): Handwörterbuch des Personalwesens. 2. Aufl., Stuttgart 1992, Sp. 1758-1769.

Drumm, H.J. (1992b): Personalwirtschaftslehre. 2. Aufl., Berlin u. a. 1992.

Drumm, H.J./Scholz, Ch. (1988): Personalplanung. 2. Aufl., Bern - Stuttgart 1988.

Drumm, H.J./Scholz, Ch./Polzer, H. (1980): Zur Akzeptanz formaler Personalplanungsmethoden. In: Zeitschrift für betriebswirtschaftliche Forschung, 32. Jg. (1980), H. 8, S. 721-740.

Dworatschek, S./Büllesbach, A./Koch, H.-D. u. a. (1990): Personal Computer und Datenschutz. 4. Aufl., Köln 1990.

Eckardstein, D. v. (1979): Personalplanung. In: Kern, W. (Hrsg.): Handwörterbuch der Produktionswirtschaft. Stuttgart 1979, Sp. 1403-1416.

Eckardstein, D. v./Schnellinger, F. (1978): Betriebliche Personalpolitik. 3. Aufl., München 1978.

Ellinger, Th./Wildemann, H. (1985): Planung und Steuerung der Produktion aus betriebswirtschaftlich-technologischer Sicht. 2. Aufl., München 1985.

Emde, W./Hasenkamp, U. (1972): Modell- und methodenorientierte Anwendungssoftware in entscheidungsorientierten Informationssystemen. BIFOA-Arbeitsbericht Nr. 72/12. Köln 1972.

Engelhardt, W. H. (1979): Bezugsquellensicherung. In: Kern, W. (Hrsg.): Handwörterbuch der Produktionswirtschaft. Stuttgart 1979, Sp. 362-372.

Faißt, J./Schneeweiß, Ch./Wolf, F. (1992): Bedarfsorientierte Schichtplanung. In: Schneeweiß, Ch. (Hrsg.): Kapazitätsorientiertes Arbeitszeitmanagement. Heidelberg 1992, S. 195-214.

Finzer, P. (1989): Aktuelle Entwicklungstendenzen bei Personalinformationssystemen. In: Personal, 41. Jg. (1989), H. 5, S. 209-210.

Finzer, P. (1991): Personalinformationssysteme für die betriebliche Personalplanung. Dissertation Universität Mannheim 1991. München 1992.

Fischer, K. (1988): Fallstudie: Einsatzmöglichkeiten der Retrograden Terminierung in einem Maschinenbau-Unternehmen. In: Adam, D. (Hrsg.): Fertigungssteuerung II. Systeme zur Fertigungssteuerung. Wiesbaden 1988, S. 149-159.

Fischer, K. (1990): Retrograde Terminierung - Werkstattsteuerung bei komplexen Fertigungsstrukturen. Dissertation Universität Münster 1989. Wiesbaden 1990.

Förster, F./Vatteroth, H.-Ch. (1991): Die aktuelle Marktübersicht für die computergestützte Erfassung flexibler Arbeitszeiten auf der Basis von BDE-Systemen - Anforderungen an und Leistungen von Standard-Software. Arbeitsbericht Nr. 39 des Seminars für Allgemeine Betriebswirtschaftslehre, Industriebetriebslehre und Produktionswirtschaft der Universität zu Köln. Köln 1991.

Frank, J. (1976): Selektion von Standard-Software. Dissertation Universität zu Köln 1976.

Frese, E. (1975): Personalplanung. In: Grochla, E./Wittmann, W. (Hrsg.): Handwörterbuch der Betriebswirtschaft. 4. Aufl., Stuttgart 1975, Sp. 2937-2955

Frese, E. (1990): Industrielle Personalwirtschaft. In: Schweitzer, M. (Hrsg.): Industriebetriebslehre. München 1990, S. 219-329.

Freund, F./Knoblauch, R./Racke,G. (1988): Praxisorientierte Personalwirtschaftslehre. 2. Aufl., Stuttgart u. a. 1988.

Fröhlich, W./Maier, W. (1990): Marktanalyse: Standard-Software zur Unterstützung qualifizierter Personalmanagement-Aufgaben. In: Bellgardt, P. (Hrsg.): EDV-Einsatz im Personalwesen. Heidelberg 1990, S. 54-66.

Gaugler, E. (1974): Betriebliche Personalplanung. Göttingen 1974.

Gaugler, E. (Hrsg.) (1975): Handwörterbuch des Personalwesens. Stuttgart 1975.

Gaugler, E. (1983): Flexibilisierung der Arbeitszeit. In: Zeitschrift für betriebswirtschaftliche Forschung, 35. Jg. (1983), H. 10, S. 858-872.

Gaugler, E. (1989): Personalplanung. In: Szyperski, N./Winand, U. (Hrsg.): Handwörterbuch der Planung. Stuttgart 1989, Sp. 1350-1362.

Gaugler, E. (1992): Personal als kapazitätsbestimmender Faktor. In: Corsten, H. u. a. (Hrsg.): Kapazitätsmessung, Kapazitätsgestaltung, Kapazitätsoptimierung - eine betriebswirtschaftliche Kernfrage. Festschrift für W. Kern zum 65. Geburtstag. Stuttgart 1992, S. 3-14.

Gaugler, E./Weber, W. (Hrsg.) (1992): Handwörterbuch des Personalwesens. 2. Aufl., Stuttgart 1992.

Gaugler, E./Wiese G. (1983): Vorwort. In: Drumm, H.-J. u. a. (Hrsg.): Gegenwartsprobleme der betrieblichen Personalplanung. Mannheim - Wien - Zürich 1983, S. 5-6.

Gebert, H. (1969): Das Integrierte Personalinformationssystem (IPIS) der Ford-Werke AG, Köln. In: IBM Nachrichten, 19. Jg. (1969), H. 198, S. 919-924.

Geisler, E.B. (1967): Manpower Planning: An Emerging Staff Function. AMA Management Bulletin Nr. 101. New York 1967.

Geitner, U.W. (1991): Auswahl von PPS-Standard-Software. In: Geitner, U.W. (Hrsg.): CIM-Handbuch. 2. Aufl., Braunschweig 1991, S. 125-149.

Geitner, U.W. u. a. (1990): BDE-Marktübersicht. In: CIM-Management, 6. Jg. (1990), H. 4, S. 45-54.

Geitner, U.W./Chen, J. (1990): PPS-Marktübersicht 1990. In: Fortschrittliche Betriebsführung und Industrial Engineering, 39. Jg. (1990), H. 2, S. 52-65.

Geitner, U.W./Roschmann, K. (1991): Auswahl von BDE-Systemen. In: Geitner, U.W. (Hrsg.): CIM-Handbuch. 2. Aufl., Braunschweig 1991, S. 150-161.

Gewald, K./Haake, G./Pfadler, W. (1985): Software Engineering. 4. Aufl., München - Wien 1985.

Glaser, H./Geiger, W./Rohde, V. (1992): PPS. Produktionsplanung und -steuerung. Grundlagen - Konzepte - Anwendungen. 2. Aufl., Wiesbaden 1992.

Glaubrecht, H./Wagner, D./Zander, E. (1988): Arbeitszeit im Wandel. Möglichkeiten und Formen der Arbeitszeitgestaltung. 3. Aufl., Freiburg im Breisgau 1988.

Gloede, D. (1991): Strategische Personalplanung in multinationalen Unternehmungen. Wiesbaden 1991.

Gola, P. (1980): Rechtliche Grenzen für Personalinformationssysteme. In: Betriebsberater, 35. Jg. (1980), H. 11, S. 584-587.

Gola, P. (1989): Betriebsvereinbarungen zur Personaldatenverarbeitung. In: Handbuch der modernen Datenverarbeitung, 26. Jg. (1989), H. 149, S. 69-78.

Goldratt, E.M. (1985): The OPT Substitute for Cost. In: APICS 28th Annual International Conference Proceedings, o. Jg. (1985), S. 725-728.

Grochla, E. (1958): Materialwirtschaft. Wiesbaden 1958.

Grochla, E. (1978): Grundlagen der Materialwirtschaft. 3. Aufl., Wiesbaden 1978.

Günther, H.-O. (1989): Produktionsplanung bei flexibler Personalkapazität. Stuttgart 1989.

Gutenberg, E. (1951): Grundlagen der Betriebswirtschaftslehre. Bd. I: Die Produktion. 1. Aufl., Berlin - Göttingen - Heidelberg 1951.

Gutenberg, E. (1965): Grundlagen der Betriebswirtschaftslehre. Bd. I: Die Produktion. 10. Aufl., Berlin - Heidelberg - New York 1965.

Gutenberg, E. (1983): Grundlagen der Betriebswirtschaftslehre. Bd. I: Die Produktion. 24. Aufl., Berlin - Heidelberg - New York 1983.

Gutenberg, E. (1984): Grundlagen der Betriebswirtschaftslehre. Bd. II: Der Absatz. 17. Aufl., Berlin - Heidelberg - New York 1984.

Habbel, W.R./Posth, M. (1975): Personalabbau. In: Gaugler, E. (Hrsg.): Handwörterbuch des Personalwesens. Stuttgart 1975, Sp. 1455-1469.

Habenicht, W. (1990): Die Bewertung neuer Technologien mit Verfahren des Multi-Criteria-Decision-Making. In: Kistner, K.-P. u. a. (Hrsg.): Operations Research Proceedings 1989. Berlin u. a. 1990, S. 342-349.

Hackstein, R. (1989): Produktionsplanung und -steuerung (PPS). 2. Aufl., Düsseldorf 1989.

Hackstein, R. u. a. (1977): Qualitative Personalplanung im Hinblick auf Ergonomie und Anpassung. Bericht zum Teilprojekt II des FIR an der RWTH Aachen. Aachen 1977.

Hackstein, R./Dienstdorf, B. (1973): Grundfragen der Kapazitätsplanung. In: Zeitschrift für wirtschaftliche Fertigung, 68. Jg. (1973), H. 1, S. 18-25.

Hackstein, R./Koch, G.A. (1975): Personalinformationssysteme. In: Gaugler, E. (Hrsg.): Handwörterbuch des Personalwesens. Stuttgart 1975, Sp. 1571-1582.

Hackstein, R./Nüssgens, K.H./Uphus, P.H. (1971a): Personalbedarfsermittlung im System Personalwesen (I). In: Fortschrittliche Betriebsführung, 20. Jg. (1971), H. 3, S. 105-124.

Hackstein, R./Nüssgens, K.H./Uphus, P.H. (1971b): Personalbedarfsermittlung im System Personalwesen (II). In: Fortschrittliche Betriebsführung, 20. Jg. (1971), H. 4, S. 159-181.

Hackstein, R./Nüssgens, K.H./Uphus, P.H. (1972a): Personalbeschaffung im System Personalwesen. In: Fortschrittliche Betriebsführung, 21. Jg. (1972), H. 1, S. 23-36.

Hackstein, R./Nüssgens, K.H./Uphus, P.H. (1972b): Personalentwicklung im System Personalwesen. In: Fortschrittliche Betriebsführung, 21. Jg. (1972), H. 2, S. 85-106.

Hackstein, R./Nüssgens, K.H./Uphus, P.H. (1972c): Personaleinsatz im System Personalwesen. In: Fortschrittliche Betriebsführung, 21. Jg. (1972), H. 3, S. 141-161.

Hackstein, R./Nüssgens, K.H./Uphus, P.H. (1975): Personalbedarfsplanung. In: Gaugler, E. (Hrsg.): Handwörterbuch des Personalwesens. Stuttgart 1975, Sp. 1489-1497.

Häusler, J. (1969): Personal-Investitionen nach Plan. In: Plus, 3. Jg. (1969), H. 7, S. 17-24.

Hafermalz, O. (1976): Schriftliche Befragung - Möglichkeiten und Grenzen. Wiesbaden 1976.

Hahn, D. (1989): Produktionsprozeßplanung, -steuerung und -kontrolle - Grundkonzept und Besonderheiten bei spezifischen Produktionstypen. In: Hahn, D./Laßmann, G. (Hrsg:) Produktionswirtschaft - Controlling industrieller Produktion. Bd. 2: Produktionsprozesse. Heidelberg 1989, S. 7-237.

Haller, W./Neher, H. (1986): Arbeiten wird zeitgemäß? Flexible Arbeitszeit als unternehmerische Chance. Wiesbaden 1986.

Hammer, R. u. a. (1982): Personalplanung im Industriebetrieb. Wien 1982.

Hansen, H.R. (1979): Möglichkeiten und Probleme beim Einsatz von Standard-Anwendungssoftware. In: IBM Nachrichten, 29. Jg. (1979), H. 245, S. 149-155.

Hansen, H.R. (1986): Wirtschaftsinformatik I. 5. Aufl., Stuttgart 1986.

Hanssen, R.A./Kern, W. (1992): Vorwort. In: Hanssen, R.A./Kern, W. (Hrsg.): Integrationsmanagement für neue Produkte. Arbeitskreis 'Integrationsmanagement im Produktentstehungsprozeß' der Schmalenbach-Gesellschaft – Deutsche Gesellschaft für Betriebswirtschaft e.V. Sonderheft 30/1992 von Schmalenbachs Zeitschrift für betriebswirtschaftliche Forschung. Düsseldorf - Frankfurt 1992, S. VII-IX.

Hax, K. (1959): Planung und Organisation als Instrumente der Unternehmensführung. In: Zeitschrift für handelswissenschaftliche Forschung, 11. Jg. (1959), H. 12, S. 605-615.

Hecker, W./Hichert, R. (1990): Der Chef am Netz. In: Frankfurter Allgemeine Zeitung, Nr. 67 vom 20. 3. 1990, S. B 15.

Heinemeyer, W. (1988): Die Planung und Steuerung des logistischen Prozesses mit Fortschrittszahlen. In: Adam, D. (Hrsg.): Fertigungssteuerung II. Systeme zur Fertigungssteuerung. Wiesbaden 1988, S. 5-32.

Heinrich, L.J./Pils, M. (1977): Personalinformationssysteme - Stand der Forschung und Anwendung. In: Die Betriebswirtschaft, 37. Jg. (1977), H. 2, S. 259-265.

Heinrich, L.J./Pils, M. (1983): Betriebsinformatik im Personalbereich - Die Planung computergestützter Personalinformationssysteme. 2. Aufl., Würzburg - Wien 1983.

Heinzl, A. (1991): Die Ausgliederung der betrieblichen Datenverarbeitung. Stuttgart 1991.

Helberg, P. (1986): Anforderungen an PPS-Systeme für die CIM-Realisierung. In: CIM-Management, 2. Jg. (1986), H. 4, S. 20-29.

Helberg, P. (1987): PPS als CIM-Baustein. Gestaltung der Produktionsplanung und -steuerung für die computerintegrierte Produktion. Berlin 1987.

Hentschel, B. (1976): Informationsprobleme der Personalplanung. In: Personal, 28. Jg. (1976), H. 6, S. 213-216.

Hentschel, B. (1984): Personalinformationssysteme in Unternehmen. In: Der Betrieb, 37. Jg. (1984), H. 3, S. 186-188.

Hentschel, B. (1989): Abrechnungssysteme - Reformen und Werkzeuge. In: Handbuch der modernen Datenverarbeitung, 26. Jg. (1989), H. 149, S. 3-11.

Hentschel, B. (1991): Standardsoftware: SSV. In: Lohn + Gehalt, o. Jg. (1991), H. 4, S. 25-27.

Hentze, J. (1991a): Personalwirtschaftslehre 1. 5. Aufl., Bern - Stuttgart 1991.

Hentze, J. (1991b): Personalwirtschaftslehre 2. 5. Aufl., Bern - Stuttgart 1991.

Hentze, J./Heinecke, A. (1989a): EDV im Personalwesen. In: Personal, 41. Jg. (1989), H. 1, S. 18-21.

Hentze, J./Heinecke, A. (1989b): EDV im Personalwesen: Personalinformationssysteme. In: Personal, 41. Jg. (1989), H. 2, S. 60-63.

Hentze, J./Heinecke, A. (1989c): EDV im Personalwesen. Der EDV-Einsatz in den funktionalen Bereichen der Personalwirtschaft. In: Personal, 41. Jg. (1989), H. 5, S. 194-199.

Hentze, J./Heinecke, A. (1989d): EDV im Personalwesen: Der EDV-Einsatz in der Personalentwicklung. In: Personal, 41. Jg. (1989), H. 6, S. 222-226.

Hentze, J./Heinecke, A. (1989e): EDV im Personalwesen. EDV-Unterstützung des Personaleinsatzes, der Personalerhaltung und -freistellung. In: Personal, 41. Jg. (1989), H. 8, S. 332-336.

Hentze, J./Heinecke, A. (1989f): EDV im Personalwesen: Expertensysteme. In: Personal, 41. Jg. (1989), H. 3, S. 102-106.

Hentze, J./Heinecke, A. (1989g): EDV im Personalwesen. Konzept einer EDV-gestützten Personalwirtschaft. In: Personal, 41. Jg. (1989), H. 10, S. 422-426.

Hentze, J./Heinecke, A. (1989h): Konzepte vorhandener Personalinformationssysteme - dargestellt anhand einer Produktauswahl. In: Handbuch der modernen Datenverarbeitung, 26. Jg. (1989), H. 149, S. 12-24.

Heß, K.-D. (1990): Personaldatenverarbeitung und Arbeitnehmerrechte. Bd. 2. Köln 1990.

Heymann, H.-H./Seiwert, L.J. (1984): Flexible Pensionierung. Arbeitszeitmodelle - Vorruhestandsregelungen - Ruhestandsvorbereitung. Grafenau 1984.

Hildebrand, R./Mertens, P. (1992): PPS-Controlling mit Kennzahlen und Checklisten. Berlin u. a. 1992.

Hoff, A. (1992): Vom kollektiven und starren zum individualisierten flexiblen Schichtsystem. In: Lohn + Gehalt, 3. Jg. (1992), H. 3, S. 41-52.

Hofstätter, A. (1973): Personalplanung - Ausbruch aus dem Teufelskreis. In: Industrielle Organisation, 42. Jg. (1973), H. 4, S. 168-172.

Huckert, K. (1989a): Einsatztechnologien und Anwendungsgebiete von Personal-Computern mit Beispielen aus dem Personalwesen. In: Zeitschrift für betriebswirtschaftliche Forschung, 41. Jg. (1989), H. 5, S. 415-426.

Huckert, K. (1989b): Mehr Freiraum für Gestaltung. In: Personalwirtschaft, 16. Jg. (1989), H. 3, S. 13-19.

Hülsmann, J. (1975): Personalinformationssysteme - Hilfsmittel der Personalführung, -planung und -verwaltung. In: Fortschrittliche Betriebsführung und Industrial Engineering, 24. Jg. (1975), H. 2, S. 99-104.

IBM Deutschland GmbH (1976): Capacity Planning and Operating Sequencing System - Extended. Ein Programm für Projektterminierung, Kapazitätsplanung und Ablaufsteuerung in Industriebetrieben. IBM Form GM12-1046-0. O. O. (Stuttgart) 1976.

IBM Deutschland GmbH (1977): IBM System /370. Capacity Planning and Operating Sequencing System - Extended. (CAPOSS-E). Anwendungsbeschreibung. IBM Form GH12-1299-0. O. O. (Stuttgart) 1977.

Jobs, F. (1984): Mitbestimmung des Betriebsrats bei Personalinformationssystemen. In: Jobs, F./Samland, J. (Hrsg.): Personalinformationssysteme in Recht und Praxis. Stuttgart 1984, S. 119-152.

Kador, F.-J. (1983): Die Notwendigkeit verstärkter Planung im Personalbereich. In: Spie, U. (Hrsg.): Personalwesen als Managementaufgabe. Stuttgart 1983, S. 245-255.

Kador, F.-J./Kempe, H.-J./Pornschlegel, H. (1989): Handlungsanleitung zur betrieblichen Personalplanung. 3. Aufl., Frankfurt 1989.

Kadow, B. (1986): Der Einsatz von Personalinformationssystemen als Instrument der Personalführung und -verwaltung. München 1986.

Kargl, H. (1990): Industrielle Datenverarbeitung. In: Schweitzer, M. (Hrsg.): Industriebetriebslehre. München 1990, S. 893-1014.

Kemper, H.-G. (1991): Entwicklung und Einsatz von Executive Information Systems (EIS) in deutschen Unternehmen - Ein Stimmungsbild. In: Information Management, 6. Jg. (1991), H. 4, S. 70-78.

Kern, W. (1962): Die Messung industrieller Fertigungskapazitäten und ihrer Ausnutzung. Köln - Opladen 1962.

Kern, W. (1965): Kalkulation mit Opportunitätskosten. In: Zeitschrift für Betriebswirtschaft, 35. Jg. (1965), H. 3, S. 133-147.

Kern, W. (1966): Organisatorische Durchbildungsstufen industrieller Fertigungssteuerung. In: Moxter, A./Schneider, D./Wittmann, W. (Hrsg.): Produktionstheorie und Produktionsplanung. Festschrift für K. Hax zum 65. Geburtstag. Köln - Opladen 1966, S. 231-251.

Kern, W. (1967): Optimierungsverfahren in der Ablauforganisation - Gestaltungsmöglichkeiten mit Operations Research. Essen 1967.

Kern, W. (1969): Der Impulsbezug dynamischer Fragestellungen in der Betriebswirtschaftslehre. In: Zeitschrift für Betriebswirtschaft, 39. Jg. (1969), H. 6, S. 343-368.

Kern, W. (1970): Industriebetriebslehre. Stuttgart 1970.

Kern, W. (1971): Kennzahlensysteme als Niederschlag interdependenter Unternehmensplanung. In: Zeitschrift für betriebswirtschaftliche Forschung, 23. Jg. (1971), H. 10/12, S. 701-718.

Kern, W. (1972a): Ziele und Zielsysteme in Betriebswirtschaften I. In: Das Wirtschaftsstudium, 1. Jg. (1972), H. 7, S. 310-315.

Kern, W. (1972b): Ziele und Zielsysteme in Betriebswirtschaften II. In: Das Wirtschaftsstudium, 1. Jg. (1972), H. 8, S. 360-365.

Kern, W. (1976): Die Produktionswirtschaft als Erkenntnisbereich der Betriebswirtschaftslehre. In: Zeitschrift für betriebswirtschaftliche Forschung, 28. Jg. (1976), S. 756-767.

Kern, W. (1979): Produkte, Problemlösungen als. In: Kern, W. (Hrsg.): Handwörterbuch der Produktionswirtschaft. Stuttgart 1979, Sp. 1433-1441.

Kern, W. (1980): Industrielle Produktionswirtschaft. 3. Aufl., Stuttgart 1980.

Kern, W. (1981): Aktuelle Anforderungen an die industriebetriebliche Energiewirtschaft. In: Die Betriebswirtschaft, 41. Jg. (1981), H. 1, S. 3-22.

Kern, W. (1985): Wirtschaftlichkeitsaspekte beim Gestalten von Energie-Informationssystemen in Industriebetrieben. In: Ballwieser, W./Berger, K.-H. (Hrsg.): Information und Wirtschaftlichkeit. Wiesbaden 1985, S. 433-450.

Kern, W. (1987a): Faktorqualitäten in produktionsbezogenen Optimierungsmodellen. In: Bartels, H.G./Beuermann, G./Thome, R. (Hrsg.): Praxisorientierte Betriebswirtschaft. Festschrift für A. Angermann zum 65. Geburtstag. Berlin 1987, S. 145-160.

Kern, W. (1987b): Operations Research. 6. Aufl., Stuttgart 1987.

Kern, W. (1988): Der Betrieb als Faktorkombination. In: Jacob, H. (Hrsg.): Allgemeine Betriebswirtschaftslehre. 5. Aufl., Wiesbaden 1988, S. 117-208.

Kern, W. (1989a): Energie-Betriebswirtschaftslehre - Gedanken zu einer neuen Spezialisierungsrichtung. In: Die Betriebswirtschaft, 49. Jg. (1989), H. 4, S. 433-443.

Kern, W. (1989b): Kapazitätsplanung, globale. In: Macharzina, K./Welge, M. (Hrsg.): Handwörterbuch Export und internationale Unternehmung. Stuttgart 1989, Sp. 1073-1084.

Kern, W. (1989c): Kennzahlensysteme. In: Szyperski, N./Winand, U. (Hrsg.): Handwörterbuch der Planung. Stuttgart 1989, Sp. 809-819.

Kern, W. (1990a): Industrielle Produktionswirtschaft. 4. Aufl., Stuttgart 1990.

Kern, W. (1990b): Energy Supply. In: Grochla, E./Gaugler, E. u.a. (Hrsg.): Handbook of German Business Management. Bd. 2: A - K. Stuttgart und Berlin u. a. 1990, Sp. 803-810.

Kern, W. (1990c): Aufgaben und Dimensionen von Kapazitätsrechnungen. In: Ahlert, D./Franz, K.-P./Göppel, H. (Hrsg.): Rechnungswesen und Finanzwirtschaft als Instrumente der Unternehmensführung. Festschrift für H. Vormbaum zum 65. Geburtstag. Wiesbaden 1990, S. 221-235.

Kern, W. (1992a): Industrielle Produktionswirtschaft. 5. Aufl., Stuttgart 1992.

Kern, W. (1992b): Das Problem in theoretischer Sicht. In: Hanssen, R.A./Kern, W. (Hrsg.): Integrationsmanagement für neue Produkte. Arbeitskreis 'Integrationsmanagement im Produktentstehungsprozeß' der Schmalenbach-Gesellschaft – Deutsche Gesellschaft für Betriebswirtschaft e.V. Sonderheft 30/1992 von Schmalenbachs Zeitschrift für betriebswirtschaftliche Forschung. Düsseldorf - Frankfurt 1992, S. 19-24.

Kern, W. (1992c): Die Zeit als Dimension betriebswirtschaftlichen Denkens und Handelns. In: Die Betriebswirtschaft, 52. Jg. (1992), H. 1, S. 41-58.

Kern, W. (1992d): Energie-Betriebswirtschaft. In: Corsten, H. (Hrsg.): Lexikon der Betriebswirtschaft. München - Wien 1992, S. 204-208.

Kern, W. (1992e): Funktionsbereichsübergreifende Integration – Aufgaben und Probleme. In: Hanssen, R.A./Kern, W. (Hrsg.): Integrationsmanagement für neue Produkte. Arbeitskreis 'Integrationsmanagement im Produktentstehungsprozeß' der Schmalenbach-Gesellschaft – Deutsche Gesellschaft für Betriebswirtschaft e.V. Sonderheft 30/1992 von Schmalenbachs Zeitschrift für betriebswirtschaftliche Forschung. Düsseldorf - Frankfurt 1992, S. 54-62.

Kern, W. (1992f): Kapazität. In: Chmielewicz, K./Schweitzer, M. (Hrsg.): Handwörterbuch des Rechnungswesens. 3. Aufl., Stuttgart 1992, Sp. 1055-1065.

Kern, W. (1992g): Produktionswirtschaft, Überwachung der. In: Coenenberg, A.G./Wysocki, K. v. (Hrsg.): Handwörterbuch der Revision. 2. Aufl., Stuttgart 1992, Sp. 1428-1436.

Kern, W. (1992h): Technologieübergreifende Integration – Aufgaben und Probleme. In: Hanssen, R.A./Kern, W. (Hrsg.): Integrationsmanagement für neue Produkte. Arbeitskreis 'Integrationsmanagement im Produktentstehungsprozeß' der Schmalenbach-Gesellschaft – Deutsche Gesellschaft für Betriebswirtschaft e.V. Sonderheft 30/1992 von Schmalenbachs Zeitschrift für betriebswirtschaftliche Forschung. Düsseldorf - Frankfurt 1992, S. 63-68.

Kern, W. (1993): Zeitaspekte in der Betriebswirtschaft. In: Wittmann, W./Kern, W. u. a. (Hrsg.): Handwörterbuch der Betriebswirtschaft. 5. Aufl., Stuttgart 1993, Sp. 4773-4785.

Kern, W./Antweiler, J. (1992): Gestaltungsaspekte aus informations- und kommunikationstechnischer Sicht. In: Hanssen, R.A./Kern, W. (Hrsg.): Integrationsmanagement für neue Produkte. Arbeitskreis 'Integrationsmanagement im Produktentstehungsprozeß' der Schmalenbach-Gesellschaft – Deutsche Gesellschaft für Betriebswirtschaft e.V. Sonderheft 30/1992 von Schmalenbachs Zeitschrift für betriebswirtschaftliche Forschung. Düsseldorf - Frankfurt 1992, S. 195-202.

Kern, W./Fallaschinski, K. (1978): Betriebswirtschaftliche Produktionsfaktoren (I). In: Das Wirtschaftsstudium, 7. Jg. (1978), H. 12, S. 580-584.

Kern, W./Fallaschinski, K. (1979): Betriebswirtschaftliche Produktionsfaktoren (II). In: Das Wirtschaftsstudium, 8. Jg. (1979), H. 1, S. 15-18.

Kettner, H./Bechte, W. (1981): Neue Wege der Fertigungssteuerung durch belastungsorientierte Auftragsfreigabe. In: VDI-Zeitschrift, 123. Jg. (1981), H. 11, S. 459-465.

Kilian, W. (1977): Arbeitsrechtliche Probleme automatisierter Personalinformationssysteme. In: Juristenzeitung, 32. Jg. (1977), H. 15/16, S. 481-486.

Kilian, W. (1982a): Entwicklungsstand automatisierter Personalinformationssysteme in der Wirtschaft. In: Gesellschaft für Rechts- und Verwaltungsinformatik e.V. (Hrsg.): Personalinformationssysteme in Wirtschaft und Verwaltung. München 1982, S. 1-10.

Kilian, W. (1982b): Personalinformationssysteme in deutschen Großunternehmen. 2. Aufl., Berlin-Heidelberg-New York 1982.

Kirsch, W./Klein, H.K. (1977a): Management-Informationssysteme I. Stuttgart u. a. 1977.

Kirsch, W./Klein, H.K. (1977b): Management-Informationssysteme II. Stuttgart u. a. 1977.

Kistner, K.-P./Steven, M. (1993): Produktionsplanung. 2. Aufl., Heidelberg 1993.

Klein, M. (1985): Einführung in die DIN-Normen. 9. Aufl., Berlin - Köln 1985.

Kloock, J. (1967): Betriebswirtschaftliche Input-Output-Analyse. Dissertation Universität zu Köln 1967.

Knauth, P./Schönfelder, E. (1988): Systematische Darstellung innovativer Arbeitszeitmodelle. In: Personal, 40. Jg. (1988), H. 10, S. 408-412.

Koch, H. (1961): Betriebliche Planung. Wiesbaden 1961.

Kolvenbach, H. (1975): Personalentwicklung. In: Gaugler, E. (Hrsg.): Handwörterbuch des Personalwesens. Stuttgart 1975, Sp. 1545-1556.

Kosiol, E./Szyperski, N./Chmielewicz, K. (1965): Zum Standort der Systemforschung im Rahmen der Wissenschaften. In: Zeitschrift für betriebswirtschaftliche Forschung, 17. Jg. (1965), S. 337-378.

Kossbiel, H. (1974): Probleme und Instrumente der betrieblichen Personalplanung. In: Jacob, H. (Hrsg.): Schriften zur Unternehmensführung. Bd. 20: Personalplanung. Wiesbaden 1974, S. 5-39.

Kossbiel, H. (1975): Personalplanung. In: Gaugler, E. (Hrsg.): Handwörterbuch des Personalwesens. Stuttgart 1975, Sp. 1616-1631.

Kudert, St. (1990): Der Stellenwert des Umweltschutzes im Zielsystem einer Betriebswirtschaft. In: Das Wirtschaftsstudium, 19. Jg. (1990), H. 10, S. 569-575.

Küching, K.-F. (1973): Personalplanung und Unternehmensforschung. Baden-Baden – Bad Homburg v. d. H. 1973.

Küpper, H.-U. (1979): Produktionstypen. In: Kern, W. (Hrsg.): Handwörterbuch der Produktionswirtschaft. Stuttgart 1979, Sp. 1636-1647.

Kuhn, B. (1989): Zeiterfassung und Zugangskontrolle. Düsseldorf 1989.

Kurbel, K. (1989): Flexible Konzeptionen für die zeitwirtschaftlichen Funktionen in der Produktionsplanung und -steuerung. In: Hax, H./Kern, W./Schröder, H.-H. (Hrsg.): Zeitaspekte in betriebswirtschaftlicher Forschung und Praxis. 50. Wissenschaftliche Jahrestagung des Verbandes der Hochschullehrer für Betriebswirtschaft e. V., Köln, 24. - 28. Mai 1988. Stuttgart 1989, S. 189-202.

Kurbel, K. (1993): Produktionsplanung und -steuerung. München - Wien 1993.

Landau, R. (1990): Qualifiziertes Personal für PPS-Anwender. In: CIM-Management, 6. Jg. (1990), H. 1, S. 32-34.

Laux, H. (1991): Entscheidungstheorie I. 2. Aufl. Berlin u. a. 1991.

Lehmann, P.K.W. (1979): PDS: Das Personal-Informations-System in der Standard Elektrik Lorenz AG (SEL), Stuttgart. In: Reber, G. (Hrsg.): Personalinformationssysteme. Stuttgart 1979, S. 422-443.

Lermen, P. (1992): Hierarchische Produktionsplanung und KANBAN. Dissertation Universität Saarbrücken. Wiesbaden 1992.

MENTOR Management Systeme GmbH & CO KG (1990): MENTOR das System für Personal-Management. Rodgau 1990.

Mag, W. (1981a): Personalplanung und ihre interne Strukturierung. In: Wirtschaftswissenschaftliches Studium, 10. Jg. (1981), H. 5, S. 202-209.

Mag, W. (1981b): Personalplanung im Rahmen der unternehmerischen Gesamtplanung. In: Wirtschaftswissenschaftliches Studium, 10. Jg. (1981), H. 11, S. 519-526.

Mag, W. (1986): Einführung in die betriebliche Personalplanung. Darmstadt 1986.

Mag, W. (1990): Planung. In: Bitz, M. u. a. (Hrsg.): Vahlens Kompendium der Betriebswirtschaftslehre. Bd. 2. 2. Aufl., München 1990, S. 1-56.

Mag, W. (1992): Personalplanung für besondere Mitarbeitergruppen. In: Gaugler, E./Weber, W. (Hrsg.): Handwörterbuch des Personalwesens. 2. Aufl., Stuttgart 1992, Sp. 1769-1780.

Maier, W./Fröhlich, W. (1990): Standard-Software für den Personalbereich. In: Personalwirtschaft, 17. Jg. (1990), H. 3, S. 15-18.

Markt & Technik Verlag AG (Hrsg.) (1990): PC Softwarebuch '90. 3. Aufl., Haar bei München 1990.

Marr, R. (1982): Konfliktaspekte des Job Sharing. In: Heymann, H.-H./Seiwert, L.J. (Hrsg.): Job Sharing. Flexible Arbeitszeit durch Arbeitsplatzteilung. Grafenau 1982, S. 304-313.

Marr, R./Stitzel, M. (1979): Personalwirtschaft. München 1979.

Marx, A. (1963a): Die Personalplanung in der modernen Wettbewerbswirtschaft. Baden-Baden 1963.

Marx, A. (1963b): Personalplanung. In: Agthe, K./Schnaufer, E. (Hrsg.): Unternehmensplanung. Baden-Baden 1963, S. 459-492.

Mataré, J. (1984): Anwendung von Personalkenngrößen in der Personalbedarfsplanung und Personalrechnung. In: Arbeitsunterlagen zum BIFOA-Fachseminar CPIS III am 25./26. 10. 1984 in Köln, S. 1-35.

Mataré, J. (1986): Anwendung von Personalkennzahlen bei der Personalbemessung und Personalbedarfsplanung. In: Seibt, D./Mülder, W. (Hrsg.): Methoden- und computergestützte Personalplanung. Köln 1986, S. 199-236.

Meier, H. (1990): Personal Information Management Systeme (PIMS). In: Mertens. P. (Haupthrsg.): Lexikon der Wirtschaftsinformatik. 2. Aufl., Berlin u. a. 1990, S. 318-319.

Meier, P. (1988): Die engpassorientierte Grobplanung in der Fertigung... . ... ist Voraussetzung für eine lebensfähige Feinplanung. In: io Management Zeitschrift, 57. Jg. (1988), H. 11, S. 527-530.

Meiritz, W. (1984): Eignungsorientierte Personaleinsatzplanung. Frankfurt - Bern - New York 1984.

Mertens, P. (1988): Industrielle Datenverarbeitung 1: Administrations- und Dispositionssysteme. 7. Aufl., Wiesbaden 1988.

Mertens, P./Griese, J. (1988): Industrielle Datenverarbeitung 2. Informations- und Planungssysteme. 5. Aufl., Wiesbaden 1988.

Meyer, F.W. (1975): Die Erstellung von Anforderungs- und Fähigkeitsprofilen für arbeits- und personalwirtschaftlich orientierte betriebliche Informationssysteme. In: Schmidt, H. u. a. (Hrsg.): Handbuch der Personalplanung. Frankfurt - New York 1975, S. 145-158.

Meyer-Degenhardt, K. (1984): Was sind Personalinformationssysteme? In: Klotz, U./Meyer-Degenhardt, K. (Hrsg.): Personalinformationssysteme. Reinbek 1984, S. 53-90.

Missbauer, H. (1987): Optimale Werkstattbeauftragung unter dem Aspekt der Bestandsregelung. Linz 1987.

Moser, G. (1978): Individual-Assignment im Rahmen eines Personalinformations-Entscheidungs-Systems. Dissertation Universität Linz 1978.

Mülder, W. (1984): Organisatorische Implementierung von computergestützten Personalinformationssystemen. Berlin u. a. 1984.

Mülder, W. (1986): Probleme bei der Anwendung von Personalplanungsmethoden in der Praxis. In: Seibt, D./Mülder, W. (Hrsg.): Methoden- und computergestützte Personalplanung. Köln 1986, S. 73-94.

Mülder, W. (1989): Organisatorische Implementierung von Personalinformationssystemen. In: Handbuch der modernen Datenverarbeitung, 26. Jg. (1989), H. 149, S. 25-39.

Mülder, W. (1990a): Bessere Arbeitszeitgestaltung durch Zeitwirtschaftssysteme. In: Personalwirtschaft, 17. Jg. (1990), H. 9, S. 45-47.

Mülder, W. (1990b): Personalinformationssystem. In: Mertens, P. (Haupthrsg.): Lexikon der Wirtschaftsinformatik, 2. Aufl., Berlin u. a. 1990, S. 319-321.

Mülder, W. (1991a): Computergestützte Personalarbeit. In: Grünewald, H.-G. u. a. (Hrsg.): agplan-Handbuch zur Unternehmensplanung. 2. Aufl., Kennziffer 5272. Berlin (39. Erg.-Lfg. VII) 1991, S. 1-72.

Mülder, W. (1991b): Für die Personalarbeit die richtige Software wählen. In: Personalwirtschaft, 18. Jg. (1991), Sonderheft, S. 28-33.

Mülder, W. (1992a): Personalzeitwirtschaft – die Probleme werden oft unterschätzt. In: Lohn + Gehalt, 3. Jg. (1992), H. 3, S. 29-40.

Mülder, W. (1992b): Personalzeitwirtschaft mit System. In: Personal, 44. Jg. (1992), H. 4, S. 144-147.

Mülder, W./Schmitz, W. (1986): Personalkennzahlen und Personalberichtswesen - Aufbau und Computerunterstützung. In: Seibt, D./Mülder, W. (Hrsg.): Methoden- und computergestützte Personalplanung. Köln 1986, S. 95-126.

Mülder, W./Wanzenberg, N. (1978): Die Anwendung personalwirtschaftlich relevanter wissenschaftlicher Erkenntnisse in der betrieblichen Praxis - Teilgebiet Personalplanung. Forschungsbericht Universität Essen. Essen 1978.

Müller-Hagen, D. (1988): Instrumente der Personalarbeit. 4. Aufl., Köln 1988.

Müller-Zantop, S. (1990a): PIM-Organisation gegen Infoinfarkt. In: PC Magazin, Nr. 46 vom 7. 11. 1990, S. 100-106.

Müller-Zantop, S. (1990b): Die besten PIMs auf einen Blick. In: PC Magazin, Nr. 48 vom 20. 11. 1990, S. 84.

Nomina GmbH (Hrsg.) (1989): ISIS Software Report. Kommerzielle Programme, Bd. 2.1. 20. Jg., München 1989.

Nomina GmbH (Hrsg.) (1990a): ISIS Firmen Report. Bd. 1. 21. Jg., München 1990.

Nomina GmbH (Hrsg.) (1990b): ISIS Personal Computer Report. Bd. 1. 8. Jg., München 1990.

Nomina GmbH (Hrsg.) (1990c): ISIS Software Report. Kommerzielle Programme, Bd. 1.1. 21. Jg., München 1990.

Nomina GmbH (Hrsg.) (1990d): ISIS Unix Report. Bd. 1. 2. Jg., München 1990.

Nüßgens, K.-H. (1975): Führungsaufgabe Personalwesen. Berlin - New York 1975.

O. V. (1912): O. T. In: Hollerith Mitteilungen, 1. Jg. (1912), H. 1, S. 21-22.

O. V. (1987a): Amtliche Bekanntmachungen. Konkurse. In: Handelsblatt, Nr. 27 vom 9. 2. 1987, S. 16.

O. V. (1987b): Bereits in der Planungsphase muß an den Datenschutz gedacht werden. In: Karriere, Nr. 31 vom 24.7.1987, S. K 9.

O. V. (1990a): Flexibilität ist angesagt. In: PC Magazin, Nr. 19 vom 2. 5. 1990, S. 54-68.

O. V. (1990b): Personalinformationssystem. In: io Management Zeitschrift, 59. Jg. (1990), H. 3, S. 55.

O. V. (1990c): Softwarepaket Bisy soll die Bewerberanalyse erleichtern. In: Computerwoche, 17. Jg. (1990), H. 43, S. 69.

O. V. (1990d): So stabil wie nötig, so flexibel wie möglich. In: Computerwoche, 17. Jg. (1990), H. 41, S. 58-64.

O. V. (1992a): PPS-Software: Hang zur Integration. In: Topix, o. Jg. (1992), H. 10, S. 19-22.

O. V. (1992b): Mit Logistik und PPS auf dem Weg zur schlanken Fabrik. In: Beschaffung aktuell, o. Jg. (1992), H. 8, S. 18-19.

O. V. (1992c): Wir denken ein paar Züge voraus. In: Fortschrittliche Betriebsführung und Industrial Engineering, 41. Jg. (1992), H. 6, S. 285.

Oechsler, W.A. (1992): Personal und Arbeit. 4. Aufl., München - Wien 1992.

Ontra, K. (1992): Der Mensch ist entscheidend. In: Werkstatt und Betrieb, 125. Jg. (1992), H. 8, S. 583.

Pabst, H.-J. (1985): Analyse der betriebswirtschaftlichen Effizienz einer computergestützten Fertigungssteuerung mit CAPOSS-E in einem Maschinenbauunternehmen mit Einzel- und Kleinserienfertigung. Dissertation Universität Erlangen-Nürnberg. Frankfurt - Bern - New York 1985.

Papmehl, A./Rasche, T. (1990): DV-gestützte Personalplanung mit einem PCS (Personal-Controlling-System). In: Bellgardt, P. (Hrsg.): EDV-Einsatz im Personalwesen. Heidelberg 1990, S. 119-136.

Pfeiffer, W./Dörrie, U./Stoll, E. (1977): Menschliche Arbeit in der industriellen Produktion. Göttingen 1977.

Potthoff, E. (1974): Betriebliches Personalwesen. Berlin - New York 1974.

Pulte, P. (1987): Kapazitätsorientierte variable Arbeitszeit (KAPOVAZ). Heidelberg 1987.

REFA (1977): Methodenlehre des Arbeitsstudiums. Teil 4: Anforderungsermittlung. 4. Aufl., München 1977.

REFA (1978a): Methodenlehre des Arbeitsstudiums. Teil 2: Datenermittlung. 6. Aufl., München 1978.

REFA (1978b): Methodenlehre der Planung und Steuerung. Teil 2: Planung. 3. Aufl., München 1978.

REFA (1985b): Methodenlehre der Planung und Steuerung. Teil 2. 4. Aufl., München 1985.

RKW (1978a): RKW-Handbuch Praxis der Personalplanung. Teil I: Aufgaben der Personalplanung. Neuwied - Darmstadt 1978.

RKW (1978b): RKW-Handbuch Praxis der Personalplanung. Teil II: Planung des Personalbedarfs. Neuwied - Darmstadt 1978.

RKW (1978c): RKW-Handbuch Praxis der Personalplanung. Teil III: Planung der Personalbeschaffung. Neuwied - Darmstadt 1978.

RKW (1978d): RKW-Handbuch Praxis der Personalplanung. Teil IV: Planung des Personalabbaus. Neuwied - Darmstadt 1978.

RKW (1978e): RKW-Handbuch Praxis der Personalplanung. Teil V: Planung der Personalentwicklung. Neuwied - Darmstadt 1978.

RKW (1978f): RKW-Handbuch Praxis der Personalplanung. Teil VI: Planung des Personaleinsatzes. Neuwied - Darmstadt 1978.

RKW (1978g): RKW-Handbuch Praxis der Personalplanung. Teil VII: Planung der Personalkosten. Neuwied - Darmstadt 1978.

RKW (1978h): RKW-Handbuch Praxis der Personalplanung. Teil VIII: Stelle und Stellenplan. Neuwied - Darmstadt 1978.

RKW (1978i): RKW-Handbuch Praxis der Personalplanung, Teil IX: Personalstatistik. Neuwied - Darmstadt 1978.

RKW (1990): RKW-Handbuch Personalplanung. 2. Aufl., Neuwied - Frankfurt 1990.

Reber, G. (1979): Vorwort. In: Reber, G. (Hrsg.): Personalinformationssysteme. Stuttgart 1979, S. V-VI.

Renner, A. (1991): Kostenorientierte Produktionssteuerung. München 1991.

Röhsler, W. (1973): Die Arbeitszeit. Arbeitszeitregelungen für Arbeitnehmer unter Einschluß der gleitenden Arbeitszeit. Berlin 1973.

Roos, E./Loeffelholz, F. v./Miessen, E.D. (1987): Marktstudie: Was PPS-Systeme leisten können. In: CIM-Management, 3. Jg. (1987), H. 4, S. 70-75.

Roschmann, K. (1989): Betriebsdatenerfassung 1989. In: Fortschrittliche Betriebsführung und Industrial Engineering, 38. Jg. (1989), H. 5, S. 196-277.

Roschmann, K. (1991): Betriebsdatenerfassung. In: Geitner, U.W. (Hrsg.): CIM-Handbuch. 2. Aufl., Braunschweig 1991, S. 95-109.

Roschmann, K. u.a. (1979): Betriebsdatenerfassung in Industrieunternehmen. München 1979.

Sämann, W./Schulte, B./Weertz, K (1976): Struktureller Aufbau und Leistungsbreite bestehender Personalinformationssysteme. Frankfurt 1976.

Scheer, A.-W. (1983): Stand und Trends der computergestützten Produktionsplanung und -steuerung (PPS) in der Bundesrepublik Deutschland. In: Zeitschrift für Betriebswirtschaft, 53. Jg. (1983), H. 2, S. 138-155.

Scheer, A.-W. (1990a): EDV-orientierte Betriebswirtschaftslehre. 4. Aufl., Berlin u. a. 1990.

Scheer, A.-W. (1990b): Wirtschaftsinformatik. 3. Aufl., Berlin u. a. 1990.

Scheer, A.-W. (1991): Executive Informations Systems (EIS) - ein neues Modewort für die alte MIS-Konzeption nach dem Motto "Alter Wein in neuen Flaschen?". In: Information Management, 6. Jg. (1991), H. 4, S. 3.

Schiemenz, B. (1982): Betriebskybernetik. Stuttgart 1982.

Schildknecht, M. (1986): Wie man flexible Arbeitszeiten plant und einführt. Zürich 1986.

Schilling, G. (1991): Mehr Mut zur Standard-Software. In: io Management Zeitschrift, 60. Jg. (1991), H. 2, S. 53-54.

Schmidhäusler, F.J. (1990): "Pilot" bei Sony: Informationen ohne Wait-days. In: Office Management, 38. Jg. (1990), H. 6, S. 70-72.

Schmidt, G. (1980): Personalbemessung. In: Schmidt, G. (Hrsg.): Personalbemessung. Gießen 1980, S. 7-14.

Schmidt, G. (1989): Methode und Techniken der Organisation. 8. Aufl., Gießen 1989.

Schmidt, H. (1973): Personalplanung - ökonomische und gesellschaftliche Bedeutung betrieblicher Personalplanung. In: Arbeit und Leistung, 27. Jg. (1973), H. 11, S. 281-289.

Schneevoigt, I./Scheuten, W.K. (1992): Neue Informationstechnik und Personalführung. In: Kienbaum, J. (Hrsg.): Visionäres Personalmanagement. Stuttgart 1992, S. 403-461.

Schneeweiß, Ch. (1992a): Arbeitszeitmanagement und hierarchische Produktionsplanung. In: Schneeweiß, Ch. (Hrsg.): Kapazitätsorientiertes Arbeitszeitmanagement. Heidelberg 1992, S. 7-22.

Schneeweiß, Ch. (1992b): Einführung in die Produktionswirtschaft. 4. Aufl. Berlin u. a. 1992.

Schneeweiß, Ch. (1992c): Planung flexibler Personalkapazität. In: Corsten, H. u. a. (Hrsg.): Kapazitätsmessung, Kapazitätsgestaltung, Kapazitätsoptimierung – eine betriebswirtschaftliche Kernfrage. Festschrift für W. Kern zum 65. Geburtstag. Stuttgart 1992, S. 15-25.

Schnell, R./Hill, P.B./Esser, E. (1992): Methoden der empirischen Sozialforschung. 3. Aufl., München - Wien 1992.

Schoenfeld, H.-M.W. (1970): Personalplanung. In: Grünwald, H.-G./Kilger, W./Seiff, W. (Hrsg.): agplan-Handbuch zur Unternehmensplanung. Loseblattsammlung, Berlin 1970, Kennzahl 2305, S. 1-71.

Scholz, Ch. (1989): Der PC in der Personalabteilung. In: Personal, 41. Jg. (1989), H. 10, S. 416-421.

Scholz, Ch. (1991a): EDV im Personalwesen. In: Zeitschrift für Personalführung, 5. Jg. (1991), H. 2, S. 97-110.

Scholz, Ch. (1991b): Personalmanagement. 2. Aufl., München 1991.

Scholz, Ch. (1992): EDV im Personalwesen. In: Gaugler, E./Weber, W. (Hrsg.): Handwörterbuch des Personalwesens. 2. Aufl., Stuttgart 1992, Sp. 739-750.

Scholz, Ch./Oberschulte, H. (1991): Mit PSEARCH durch den EDV-Dschungel. In: Personalwirtschaft, 18. Jg. (1991), H. 3, S. 13-17.

Schröder, H.-H. (1989): Entwicklungsstand und -tendenzen bei PPS-Systemen. Arbeitsbericht Nr. 26 des Seminars für Allgemeine Betriebswirtschaftslehre, Industriebetriebslehre und Produktionswirtschaft der Universität zu Köln. Köln 1989.

Schröder, H.-H. (1990): Entwicklungsstand und -tendenzen bei Produktionsplanungs- und -steuerungssystemen: eine kritische Bestandsaufnahme. In: Information Management, 5. Jg. (1990), H. 4, S. 62-75.

Schröder, H.-H./Peters, U. (1983): Standard-Software-Pakete für Mikrocomputer in der Materialwirtschaft industrieller Klein- und Mittelbetriebe. In: Fortschrittliche Betriebsführung und Industrial Engineering, 32. Jg. (1983), H. 3, S. 76-90.

Schröder, H.-H./Vatteroth, H.-Ch. (1985a): Computergestützte Personalplanung auf der Basis von Personalinformationssystemen (I). In: Personalwirtschaft, 12. Jg. (1985), H. 11, S. 451-456.

Schröder, H.-H./Vatteroth, H.-Ch. (1985b): Computergestützte Personalplanung auf der Basis von Personalinformationssystemen (II). In: Personalwirtschaft, 12. Jg. (1985), H. 12, S. 491-499.

Schröder, H.-H./Vatteroth, H.-Ch. (1986): Computergestützte Personalplanung auf der Basis von Personalinformationssystemen (PIS): Was leisten Standard-Software-Pakete? In: Hentschel, B./Wronka, G./Mülder, W. (Hrsg.): Personaldatenverarbeitung in der Diskussion. Köln 1986, S. 171-194.

Schuh, S./Schultes-Jaskolla, G./Stitzel, M. (1987): Alternative Arbeitszeitstrukturen. In: Marr, R. u. a. (Hrsg.): Arbeitszeitmanagement. Grundlagen und Perspektiven flexibler Arbeitszeitsysteme. Berlin 1987, S. 91-113.

Schwab, J.L. (1959): Methods and Time Measurement - MTM. Zürich 1959.

Seibt, D. (1970): Organisation von Software-Systemen. Dissertation Universität zu Köln 1970.

Seibt, D. (1983): Software für das Personalwesen und für Personalinformationssysteme. In: Hentschel, B./Wronka, G. (Hrsg.): Personalinformationssysteme in der Diskussion. Köln 1983, S. 153-172.

Seibt, D. (1984): Einführung. In: Arbeitsunterlagen zum GI-Anwendergespräch "Aktuelle Probleme der Entwicklung von computergestützten Personalinformationssystemen" am 15./16. 3. 1984 in Köln, S. 1-10.

Seibt, D. (1986): Analyse von Teilbereichen der Personalplanung als Voraussetzung für die Entwicklung computergestützter Teilsysteme. In: Seibt, D./ Mülder, W. (Hrsg.): Methoden- und computergestützte Personalplanung. Köln 1986, S. 19-40.

Seibt, D. (1990): Computergestützte Personalinformationssysteme. In: Kurbel, K./Strunz, H. (Hrsg.): Handbuch Wirtschaftsinformatik. Stuttgart 1990, S. 119-136.

Seibt, D./Kanngießer, J./Windler, A. (1981): Kostenerfassung und Wirtschaftlichkeitsvergleich alternativer DV-Lösungen. BIFOA-Forschungsbericht 81/2. Köln 1981.

Seibt, D./Mülder, W. (1982): Aktuelle Probleme und Tendenzen bei der Entwicklung von rechnergestützten Personalinformationssystemen. In: Angewandte Informatik, 24. Jg. (1982), H. 6, S. 326-336.

Seibt, D./Mülder, W. (1986): Einführung. In: Seibt, D./Mülder, W. (Hrsg.): Methoden- und computergestützte Personalplanung. Köln 1986, S. 13-17.

Seidensticker, F.-J. (1990): Information Management mit Hypermedia-Konzepten. Konzepte und Lösungsmöglichkeiten für integriertes Personal Information Management von Fach- und Führungskräften mit PWS-basierten Hypertext-/Hypermediasystemen. Hamburg 1990.

Semlinger, K./Mendius, H.G. (1988): Personalplanung und Personalpolitik in der gewerblichen Wirtschaft. RKW-Projekt A-162. München 1988.

Sever, D. (1990): Strategische Personalplanung als Instrument des Konfliktmanagements. Wiesbaden 1990.

Sozialpolitische Gesprächsrunde (1971): Betriebliche Personalplanung. In: Sozialpolitische Informationen, 5. Jg. (1971), H. 20, S. 1-4.

Speith, G. (1982): Vorgehensweise zur Beurteilung und Auswahl von Produktionsplanungs- und -steuerungssystemen für Betriebe des Maschinenbaus. Dissertation RWTH Aachen 1982.

Springer, G. (1991): Qualifizierte Mitarbeiter - ein Schlüssel für die integrierte Auftragsabwicklung. In: VDI-Gesellschaft Produktionstechnik (ADB) (Hrsg.): Integrierte Auftragsabwicklung. VDI-Berichte 898. Düsseldorf 1991, S. 231-254.

Stadelmann, U. (1991): Komponenten eines DV-gestützten Managementinformationssystems. In: REFA-Nachrichten, 44. Jg. (1991), H. 5, S. 10-15.

Stadtler, H. (1988): Hierarchische Produktionsplanung bei losweiser Fertigung. Heidelberg 1988.

Steinke, D. (1980): Standard-Anwender-Software. 2. Aufl., Berlin 1980.

Steitz, F.K.H. (1990): Betriebliches Personalinformationssystem für Klein- und Mittelbetriebe. Bremen 1990.

Steven, M. (1991): Integration des Umweltschutzes in die Betriebswirtschaft. In: Das Wirtschaftsstudium, 20. Jg. (1991), H. 1, S. 38-42.

Steyrer, J. (1988): EDV-unterstützte Personalplanung. In: Zeitschrift Führung + Organisation, 57. Jg. (1988), H. 5, S. 343-346.

Streicher, H./Horschler, R. (1990): EDV-unterstützte Personalplanung hat sich bewährt. Interview (mit R. Horschler) zur Konzeption und zum Einsatz bei der Mannheimer Versorgungs- und Verkehrsgesellschaft mbH. In: Office Management, 38. Jg. (1990), H. 6, S. 28-33.

Stroh, M. (1992): Renaissance der Arbeit. In: Fortschrittliche Betriebsführung und Industrial Engineering, 41. Jg. (1992), H. 6, S. 278.

Struck, K. (1975): Personalbeurteilung als Mittel zur systematischen Personalentwicklungsplanung - ein Beispiel aus der Betriebspraxis. In: Schmidt, H. u. a. (Hrsg.): Handbuch der Personalplanung. Frankfurt - New York 1975, S. 168-179.

Terasaki, M. (1971): Personaldatenbank im Computer. In: Industrielle Organisation, 40. Jg. (1971), H. 12, S. 569-571.

Toepfer, A./Poersch, M. (1989): Aufgabenfelder des betrieblichen Personalwesens für die 90er Jahre. Neuwied - Frankfurt 1989.

Ulrich, H./Staerkle, R. (1965): Personalplanung. Köln - Opladen 1965.

Utsch, J. (1981): Flexible Arbeitszeit. Bedingungen und Ziele der Durchführung flexibler Arbeitszeiten unter besonderer Berücksichtigung ihrer Anwendung bei mechanischer Technologie. Frankfurt 1981.

Vatteroth, H.-Ch. (1988): Personalinformationssysteme für die Personalplanung - Anforderungen und deren Erfüllung durch derzeit verfügbare Standard-Anwendungs-Software. Interner Forschungsbericht des Seminars für Allgemeine Betriebswirtschaftslehre, Industriebetriebslehre und Produktionswirtschaft der Universität zu Köln. Köln 1988.

Vatteroth, H.-Ch. (1990a): Personalinformationssysteme für die Personalabteilung. In: Personalführung, o. Jg. (1990), H. 7, S. 480-482.

Vatteroth, H.-Ch. (1990b): Das Angebot an Standard-SW für die Personalplanung steigt. In: Computerwoche, 17. Jg. (1990), H. 50, S. 13-14.

Vatteroth, H.-Ch. (1990c): Pflichtenheft für die computergestützte Personalplanung auf der Basis von Personalinformationssystemen - Anforderungen an Standard-Software. Arbeitsbericht Nr. 34 des Seminars für Allgemeine Betriebswirtschaftslehre, Industriebetriebslehre und Produktionswirtschaft der Universität zu Köln. Köln 1990.

Vatteroth, H.-Ch. (1991a): Das Angebot an Standard-Software für die PC-gestützte Personalplanung - Die aktuelle Marktübersicht. Arbeitsbericht Nr. 40 des Seminars für Allgemeine Betriebswirtschaftslehre, Industriebetriebslehre und Produktionswirtschaft der Universität zu Köln. Köln 1991.

Vatteroth, H.-Ch. (1991b): Marktübersicht für die computergestützte Personalplanung auf der Basis von Personalinformationssystemen - Das aktuelle Angebot an Standard-Software. Arbeitsbericht Nr. 38 des Seminars für Allgemeine Betriebswirtschaftslehre, Industriebetriebslehre und Produktionswirtschaft der Universität zu Köln. Köln 1991.

Vatteroth, H.-Ch. (1991c): Standard-Software für die Personalplanung. In: Personalführung, o. Jg. (1991), H. 1, S. 53-54.

Vatteroth, H.-Ch. (1992a): Marktübersicht für die computergestützte Personalplanung auf der Basis von Personalinformationssystemen - Das aktuelle Angebot an Standard-Software. Arbeitsbericht Nr. 38 des Seminars für Allgemeine Betriebswirtschaftslehre, Industriebetriebslehre und Produktionswirtschaft der Universität zu Köln. 2. Aufl., Köln 1992.

Vatteroth, H.-Ch. (1992b): Neue Systeme für die PC-gestützte Personalplanung. In: Personalführung, o. Jg. (1992), H. 10, S. 826-829.

Vincke, Ph. (1986): Analysis of multicriteria decision aid in Europe. In: European Journal of Operations Research, 25. Jg. (1986), S. 160-168.

Voßbein, R. (1989): Schutz- und Sicherheitsprobleme bei der dezentralen Erfassung personenbezogener Daten. In: Handbuch der modernen Datenverarbeitung, 26. Jg. (1989), H. 149, S. 50-61.

Wächter, H. (1974): Praxis der Personalplanung. Herne - Berlin 1974.

Wagner, H./Sauer, M. (1992): Personalinformationssysteme. In: Gaugler, E./Weber, W. (Hrsg.): Handwörterbuch des Personalwesens. 2. Aufl., Stuttgart 1992, Sp. 1711-1723.

Waldschütz, S. (1986): Methoden der Personalbedarfsplanung. In: Seibt, D./Mülder, W. (Hrsg.): Methoden- und computergestützte Personalplanung. Köln 1986, S. 41-72.

Weissenberg, P. (1975): Informationssysteme im Personalbereich. In: Jaggi, B.L./Görlitz, R. (Hrsg.): Handbuch der betrieblichen Informationssysteme. München 1975, S. 285-303.

Welge, M./Al-Laham, A. (1992): Planung. Wiesbaden 1992.

Werntze, G. (1991): Personalführung und -entwicklung - eine Kernaufgabe des Produktionsmanagements. In: VDI-Gesellschaft Produktionstechnik (ADB) (Hrsg.): Produktionsmanagement '91. VDI-Berichte 930. Düsseldorf 1991, S. 47-50.

Wetzlar, G. (1991): Organisatorische Aspekte einer Implementierung von Qualitätsstrategien in Industriebetrieben. Arbeitsbericht Nr. 33 des Seminars für Allgemeine Betriebswirtschaftslehre, Industriebetriebslehre und Produktionswirtschaft der Universität zu Köln. 2. Aufl., Köln 1991.

Wiendahl, H.-P. (1987): Belastungsorientierte Fertigungssteuerung. München - Wien 1987.

Wiendahl, H.-P. (1988a): Die belastungsorientierte Fertigungssteuerung. In: Adam, D. (Hrsg.): Fertigungssteuerung II. Systeme zur Fertigungssteuerung. Wiesbaden 1988, S. 51-87.

Wiendahl, H.-P. (1988b): Erwiderung: Probleme der belastungsorientierten Auftragsfreigabe. In: Zeitschrift für Betriebswirtschaft, 58. Jg. (1988), H. 11, S. 1224-1227.

Wight, O.W. (1974): Production and Inventory Management in the Computer Age. Boston 1974.

Wild, B./Schneeweiß, Ch./Faißt, J. (1992): Flexibilisierung der Personalqualität durch zeitliche und räumliche Umverteilung. In: Schneeweiß, Ch. (Hrsg.): Kapazitätsorientiertes Arbeitszeitmanagement. Heidelberg 1992, S. 239-290.

Wildemann, H. (1983a): Produktion auf Abruf - Werkstattsteuerung nach japanischen Kanban-Prinzipien. In: Die Arbeitsvorbereitung, 20. Jg. (1983), H. 1, S. 3-8.

Wildemann, H. (1983b): Produktionssteuerung nach japanischen KANBAN-Prinzipien. In: Wirtschaftswissenschaftliches Studium, 12. Jg. (1983), H. 11, S. 582-584.

Wildemann, H. (1988): Produktionssteuerung nach KANBAN-Prinzipien. In: Adam, D. (Hrsg.): Fertigungssteuerung II. Systeme zur Fertigungssteuerung. Wiesbaden 1988, S. 33-50.

Wildemann, H. (1989a): Betriebswirtschaftliche Aspekte der zeitlichen Anpassung bei neuen Technologien und Logistikkonzepten. In: Warnecke, H.J./ Bullinger, H.-J. (Hrsg.): Flexibilisierung der Arbeitszeit im Produktionsbetrieb. Berlin u.a. 1989, S. 49-90.

Wildemann, H. (1989b): Flexible Werkstattsteuerung nach KANBAN-Prinzipien. In: Wildemann, H. (Hrsg.): Flexible Werkstattsteuerung durch Integration von KANBAN-Prinzipien. 2. Aufl., München 1989, S. 33-99.

Wimmer, P. (1985): Personalplanung. Stuttgart 1985.

Witte, W. (1991): Entwicklungen der EDV im Personalwesen. In: Personalwirtschaft, 18. Jg. (1991), Sonderheft, S. 37.

Wuppertaler Kreis e. V. (1989): Flexible Arbeitszeiten in mittelständischen Betrieben. Ein Leitfaden zur Einführung und Gestaltung. Köln 1989.

Zäpfel, G. (1982): Produktionswirtschaft. Berlin - New York 1982.

Zäpfel, G. (1989a): Strategisches Produktionsmanagement. Berlin - New York 1989.

Zäpfel, G. (1989b): Taktisches Produktionsmanagement. Berlin - New York 1989.

Zäpfel, G./Missbauer, H. (1987): Produktionsplanung und -steuerung für die Fertigungsindustrie – ein Systemvergleich. In: Zeitschrift für Betriebswirtschaft, 57. Jg. (1987), H. 9, S. 882-900.

Zäpfel, G./Missbauer, H. (1988a): Traditionelle Systeme der Produktionsplanung und -steuerung in der Fertigungsindustrie. In: Wirtschaftswissenschaftliches Studium, 17. Jg. (1988), H. 2, S. 73-77.

Zäpfel, G./Missbauer, H. (1988b): Neuere Systeme der Produktionsplanung und -steuerung in der Fertigungsindustrie. In: Wirtschaftswissenschaftliches Studium, 17. Jg. (1988), H. 3, S. 127-131.

Zelewski, St. (1987): Der Informationsbroker. In: Die Betriebswirtschaft, 47. Jg. (1987), S. 737-748.

Zelewski, St. (1988): Betriebswirtschaftliche Aspekte des industriellen Einsatzes von Expertensystemen - Anwendungsmöglichkeiten und Bewertung -. Arbeitsbericht Nr. 21 des Seminars für Allgemeine Betriebswirtschaftslehre, Industriebetriebslehre und Produktionswirtschaft der Universität zu Köln. Köln 1988.

Zimmermann, G. (1978a): Qualitätsmerkmale von Standardsoftware und Möglichkeiten ihrer Beurteilung, Teil 1. In: Online-adl-nachrichten, 8. Jg. (1978), H. 4, S. 300-303.

Zimmermann, G. (1978b): Qualitätsmerkmale von Standardsoftware und Möglichkeiten ihrer Beurteilung, Teil 2. In: Online-adl-nachrichten, 8. Jg. (1978), H. 5, S. 419-422.

Zimmermann, G. (1978c): Qualitätsmerkmale von Standardsoftware und Möglichkeiten ihrer Beurteilung, Schluß. In: Online-adl-nachrichten, 8. Jg. (1978), H. 6, S. 504-507.

Zimmermann, G. (1987): PPS-Methoden auf dem Prüfstand: was leisten sie, wann versagen sie? Landsberg 1987.

Zimmermann, G. (1988): Produktionsplanung variantenreicher Erzeugnisse mit EDV. Berlin u. a. 1988.

Zimmermann, G. (1989): Neue Ansätze zur Strukturierung von PPS-Systemen. In: Fortschrittliche Betriebsführung und Industrial Engineering, 38. Jg. (1989), H. 2, S. 72-77.

Zimmermann, H.-J./Gutsche, L. (1991): Multi-Criteria Analyse. Berlin u. a. 1991.